디지털 시대, 학생 독자들은 다문서를 어떻게 읽는가?

탐색·통합·비판 중심의 읽기 교육을 위하여

이 책은 이화여자대학교 한국문화연구원의 출판지원으로 이루어졌습니다.

이화연구총서 33

디지털 시대, 학생 독자들은 다문서를 어떻게 읽는가?

탐색·통합·비판 중심의 읽기 교육을 위하여

오은하 지음

역락

이화연구총서 발간사

이화여자대학교 총장 김은미

이화는 1886년 여성교육을 위한 첫 발걸음을 내딛었습니다. 소외되고 가난하고 교육의 기회를 갖지 못한 여성을 위한 겨자씨 한 알의 믿음이 자라나 이제 132년의 역사를 갖게 되었습니다. 배움을 향한 여성의 간절함에 응답하겠다는 이화의 노력을 통해 근현대 한국사회의 변화·발전이 이룩되었습니다.

이화여자대학교는 한국 근현대사의 중심에 서있었고, 이화가 길러낸 이화인들은 한국사회에서 최초와 최고의 여성인재로 한국사회, 나아가 세계를 선도하는 역할을 수행해 왔습니다. 오랜 역사 동안 이화는 전통과 명성에 안주하지 않고 항상 새로운 길을 개척하며 연구와 교육의 수월성 확보를 통해 세계적 경쟁력을 갖춘 대학으로 거듭나고자 매진해왔습니다.

이화여자대학교의 성취는 한 명의 개인이나 한 학교 차원에서 그치는 것이 아니라 사회적 책무를 다하려는 소명 의식 속에서 더 큰 빛을 발해왔다고 자부합니다. 섬김과 나눔, 희생과 봉사의 이화정신은 이화의 역사에서 일관되게 나타났습니다. 시대정신에 부응하려 노력하고, 스스로를 성찰하고, 민주적 절차를 통해 미래를 선택하려한 것은 이러한 이화정신의 연장선에 놓여 있는 것입니다.

섬김과 나눔의 이화 정신은 이화의 학문에도 반영되어 있습니다. 이화의 교육목표는 한 개인의 역량과 수월성을 강화하는 것에서 머무르지 않고, 사회적 약자와 소수자를 외면하지 않고 타인과의 소통과 공감능력을 갖춘 인재를 배출하는 것입니다. 이화는 급변하는 시대의 변화 속에서 뚜렷한 가치관과 방향성을 갖고 융합적 지식을 갖춘 인재를 양성하려고 노력해 왔습니다. 또한 학문의 지속성을 확보하기 위해 차세대 연구자에게 연구기반을 마련해줌으로써 학문공동체를 건설하려고 애써왔습니다. 한국문화의 자기 정체성에 대한 투철한 문제의식 하에 이화는 끊임없는 학문적 성찰을 해왔다고 자부합니다.

한국문화의 우수성을 국내외에 알리고자 만들어진 한국문화연구원은 세계와 호흡하지만 자신이 서있는 토대를 굳건히 하려는 이화의 정신이 반영된 기관입니다.

한국문화연구원에서는 최초와 최고를 향한 도전과 혁신을 주도할 이화의 학문후속세대를 지원하기 위해 매년 이화연구총서를 간행해 오고 있습니다. 이 총서는 최근 박사학위를 취득한 신진 학자들의 연구논문 가운데 우수논문을 선정하여 발간하는 것입니다. 이를 통해 신진 학자들의 연구를 널리 소개하고, 그 성과를 공유하여 이들이 학문 세계를 이끌 주역으로 성장할 수 있도록 도움을 주고자 합니다. 신진연구자들의 활발한 연구야말로 이화는 물론 한국의 학문적 토대이자 미래가 되기 때문입니다.

앞으로도 이화연구총서가 신진학자들의 도전에 든든한 발판이 되고, 학계에 탄탄한 주춧돌이 되기를 기원합니다. 이화연구총서의 발간을 위해 애써주신 연구진과 필진, 그리고 한국문화연구원의 원장을 비롯한 연구원들의 노고에 진심으로 감사드립니다.

머리말

부족했던 필자의 과거를 직면하고 계속해서 교정해 나가는 작업이 참으로 쉽지 않았던 것 같다. 박사 논문의 틀을 크게 훼손하지 않으면서 거의 다시 썼다고 해도 과언이 아니다. 매 순간 좌절하고 한탄하느라 진도를 못 나갈 때도 많았지만 역설적으로 그 순간은, 성장한 현재의 나를 마주할 수 있었던 시간이기도 했다. 지난하고 고독한 새벽의 나날을 견딘 나의 첫 책을 세상에 내어 놓는다.

필자는 이 책의 근간인 박사 논문을 통해 과(過)정보 시대 속 현대인의 읽기에 반영되는 편향된 사고, 옹고집 같은 성격을 문제적이라 보고, 주의력이 결핍된 인스턴트같은 읽기 습관에 경종을 울리고 싶었다. 특히 미래의 주역이 될 우리 청소년 독자들에게 좀더 깊이감 있는 읽기, 진득한 읽기, 나아가 주체적 읽기를 권하고 교육해야 한다는 사명감과 책임감을 많이 느꼈다. 오랜 고민 끝에 이를 위해서는 다양한 형식과 관점의 글을 적절히 찾아 읽고 비교하며, 통합하고 비판하면서 독자의 주관을 형성하고 자아를 확장해 나가는 다문서 읽기 교육이 반드시 필요하겠다는 결론에 다다랐다. 결국 이 책의 집필 목적은 현대 디지털 사회의 청소년 독자들을 비판적이고 주체적인 독자로 키우기 위한 다문서 읽기 교육 내용을 마련하는 것이라 할 수 있다.

책 출간을 준비하는 동안 2022 개정 교육과정이 고시되어 이 책에도 최신 교육과정을 반영하였고, 그간의 학술 논문이나 기타 자료들도 새로이 참고하였다. 특히 필자가 박사 학위 취득 이후 게재한 다문서 읽기 주제의 최근 논문들을 반영하여 박사 논문의 미진함을 보완하였다.

이 책의 내용을 간략히 언급하면, 1장에서는 다문서 읽기 연구가 왜 필요한 지, 다문서 읽기의 개념은 무엇인지에 대해 살펴본다. 다문서 읽기가 담화 종합, 주제 통합적 읽기, 상호텍스트적 읽기와 어떤 점에서 같고 다른지 제시할 것이다. 2장에서는 이 책에서 논하는 디지털 시대의 다문서 읽기의 토대 이론들을 살핀다. 단일문서 내 정보 탐색 연구, 정보 통합 중심의 전통적 다문서 읽기 연구, 디지털 텍스트 읽기 연구를 집중적으로 탐구하면서 텍스트 읽기의 영향 요인(텍스트, 독자, 맥락)이 다문서 환경으로 오면서 어떻게 변화했는지도 살펴본다.

3장에서는 연구 방법을 설계하고 실행하는 것에 대해 구체적으로 기술한 다. 이 책에서 활용하는 연구 방법이 조사 연구와 실험 연구인 만큼 연구 도구와 절차를 상세하게 보고하여 결과 분석의 타당성을 확보하고자 했다. 설문 조사(중·고등학생 242명), 현장 및 이론 전문가의 의견 조사(28명) 등을 거쳐 실험을 설계하고 실시하였다. 분석의 기초 자료는 중학생 7명, 고등학생 7명, 총 14명의 학생 독자들에게서 수집한 사고구술 자료, 노트북 화면 녹화 본, 음성 녹음본, 읽기 장면 촬영본, 사전·사후 면담, 사후 활동지이고, 주요 분석 방법은 근거 이론에 기반하는 지속적 비교 분석 방법이다.

4장에서는 실험 결과를 다문서 읽기 양상으로 보고하는 방식을 취하였다. 중·고등학생 독자 14인의 인쇄 텍스트와 디지털 텍스트 읽기 특성을 정보 탐색·통합·비판 과정에 기반하여 분석한 후 읽기 수준을 상·중·하로 구분하 여 그중 능숙한 다문서 읽기를 보여준 독자들을 중심으로 학교나 교육과정 등에 활용할 수 있는 다문서 읽기 전략을 제안한다.

5장에서는 4장에서 도출한 연구 결과와 국내외 교육과정 분석을 바탕으로, 교육 내용 체계화의 방향 및 근거를 제시하고 교육 내용을 마련한다. 구체적 으로, 다문서 읽기 교육의 목적 및 목표, 교육 내용 체계, 교육 내용 요소 및 성취기준을 제시할 것이다. 마지막으로 6장에서는 이 책에서 주목할 만한 사항들, 후속 연구로 제안할 만한 의미 있는 연구 결과들을 종합한다. 이 책에서 다루는 다문서 읽기라는 주제가 최근 '주제 탐구 독서'로 주목받고 있는 만큼 차기 국어과 교육과정이나 정책 개발 등에도 활용되길 기대한다.

이 책은 국어 교육을 심도 있게 공부하고 싶은 대학생, 대학원을 준비하는 예비 국어 교육 전공자, 석·박사 학위 논문을 쓰는 예비 연구자, 대학에서 강의하는 교수자나 연구자들이 유용하게 사용할 수 있을 것이다. 물론 국어 교육 전공이 아니더라도 공부를 업으로 삼는 예비 연구자들이 자신의 문제의식을 하나의 완결된 논문 형태로 풀어나가는 방법, 논리 전개 방식, 연구 방법과 결과 보고 방식 등 논문의 형식적인 측면에서도 참고할 만한 책이라 생각한다. 이 책을 최대한 많은 사람들이 읽어 보았으면 좋겠다는 바람은 있지만 내용의 전문성이나 깊이 때문에 일반 독자를 끌어 들이기는 어려울 것 같다. 그럼에도 불구하고 제목을 친근하게, 목차를 상세하게, 내용을 더욱 친절하게 기술하여 평소 '독서'에 관심 있는 독자들은 한번쯤 들여다 볼 수 있는 책으로 만들려고 했다.

6개월이라는 시간 동안 필자의 박사 학위 논문을 다시 읽어보고 수정하면서 손대지 않은 곳이 거의 없을 정도로 애썼음에도 불구하고 부족한 점이 많으리라 예상한다. 현재로서는 변경하기 어려운 집필 당시 논문의 논리 구조나 데이터 수집상의 한계로 수정이 어려운 부분들은 그대로 남겨 두어 아쉬운 점이 있다. 이 책의 미진한 부분은 동료 학자들, 후학들이 점진적으로 보완해 주었으면 하는 바람이다. 필자 역시 계속해서 다문서 읽기, 주제 통합적 읽기에 관심을 가지고 연구를 계속해 나갈 것이다.

박사 학위 논문과 이 책을 출판하기까지 많은 분들의 관심과 사랑, 지원이 있었다. 대학원 시절, 필자에게 학적으로 많은 기회를 주시고 변함없는 믿음을 주신 서혁 교수님께 큰 감사와 존경을 표하고 싶다. 서혁 교수님이 안 계셨다면 연구자로서의 필자도 없었을 것이다. 턱없이 부족한 박사 학위 논문을 심사해 주신 권순희 교수님, 김은성 교수님, 춘천교대 이성영 교수님, 경북대 김혜정 교수님께도 지면을 빌려 다시 한번 감사의 말씀을 드린다.

늘 진심으로 대해 주시는 김정우 교수님, 여전히 따뜻한 말씀을 아끼지 않으시는 정소연 교수님, 김지혜 교수님께도 감사 인사를 드리고 싶다. 청주교대 편지윤 교수를 비롯해 지금은 동료 연구자, 교수자로서 각자의 자리에서 자신의 역할을 하고 있는 우리 연구실 선·후배들과 앞으로의 긴 여정도 함께 하길 바란다.

박사 과정동안 외부 프로젝트의 연구 책임자로서 부족한 필자를 이끌어 주시고 학자로서의 역량을 키워 주신 경인교대 정혜승 교수님, 이화여대 옥현진 교수님께도 깊은 감사를 느낀다. 특별한 의미의 지도 교수님이자, 이제는 인생 선배처럼 느껴지는 영남대 신승용 교수님께도 존경과 감사의 말씀을 드리고 싶다. 필자의 학문적 성장과 배움을 이끌어 주신 모든 교수님들과 동학들에게 깊이 감사드린다.

삶의 가치와 학문적 방향성이 잘 맞아 오랫동안 인연을 이어오며 공부도 함께 오고 있는 숙명여대 백목원 교수, 서울교대 김희동 박사님, 20년 지기(知己)이자 심리상담센터장인 강명화 박사는 필자의 원고를 꼼꼼히 읽고 아낌없는 조언을 해주었다. 이들에게도 애틋한 감사의 마음을 전한다.

마지막으로 필자의 뿌리, 가족들에게 사랑과 감사의 인사를 전하고 싶다. 딸의 늦은 학업에도 물심양면으로 지원해 주신 나의 아버지, 어머니, 필자를 늘 응원해 주는 언니, 오빠, 이모부, 사랑하는 조카 백지혜, 백지훈, 백승호. 결혼 전부터 공부하는 며느리를 믿고 실질적으로 지원해주신 시아버지, 시어머니께도 감사 인사를 전한다. 남편은 필자가 미우나 고우나 힘들 때나 기쁠 때나 늘 그 자리에서 나를 믿어주고 지켜주는 사람이다. 존경하고 사랑하는 남편과 서로 좋은 영향을 주고받으며 평생 함께 배우고 성장하고 싶다. 엄마가 논문과 책을 쓰는 동안 자신도 논문을 쓰겠다며 습작하는 나의 딸 김규리,

사랑한다.

부족한 논문을 기꺼이 이화연구총서로 선정해주신 이화여자대학교 한국
문화연구원과 원고 완성까지 묵묵히 기다려 주신 역락 출판사 선생님들께도
감사드린다.

2023년, 크리스마스에

오은하

차례

제1장

디지털 시대의 다문서 읽기란?

1. 연구의 목적 및 필요성[1]

현대 사회를 살아가는 우리의 글 읽기를 생각해 보면 한 순간도 단 하나의 글만 읽는 경우는 없다. 동시에 여러 개의 글을 읽기도 하고 시간차를 두고 여러 글을 읽기도 한다. 여러 글을 읽는다는 뜻을 지니는 '다문서 읽기'는 글 읽는 삶을 살아가는 자라면 누구나 수행하고 있는 셈이다. 꼭 애독자가 아니더라도 최근 급격한 정보화 사회에서 독자들의 읽기 대상은 더 이상 주어진 하나의 책이나 글에 국한되지 않으며, 그들이 직접 찾으면서 임의적이든 의도적이든 접해 읽는 수많은 글로 확장되었다.

이 변화의 가장 큰 이유는 사람들이 접하는 문식 환경의 변화이다. 인터넷이라는 거대한 읽기의 장에는 수많은 글이 난무한다. 전통 사회로 따지자면 우리들은 24시간 내내 도서관이나 서점에서 살아가는 셈이다. 인터넷에서는 더 많은 유형, 더 많은 자료, 심지어 원치 않는 글, 믿을 수 없는 글, 과제와 관련 없는 글들을 독자의 의지나 의도, 선택과 상관없이 계속해서 접하게 된다.

---

1   1, 2장에서는 필자의 박사 논문 후속 연구격인 오은하(2020ㄴ), 오은하(2023ㄱ), 오은하(2023ㄴ)를 참고하였다.

이러한 시대에 우리는 무엇을, 어떻게 읽어야 할까? 인터넷의 바다에 푹 빠져 있는 우리 청소년들에게 무엇을, 어떻게 읽으라고 가르쳐야 할까? 이것이 이 책에서 탐구하고자 하는 근원적인 물음이다.

한국인터넷진흥원(2022)에 따르면 우리나라 만 3세 이상 국민 5,081명 중 컴퓨터 보유율은 81%, 인터넷 이용률은 93%에 이른다. 인터넷 이용자의 93.7%는 하루에 1회 이상 인터넷을 이용하며, 주 평균 이용 시간은 22.1시간으로 그중 65.6%가 주 평균 14시간 이상 이용한다. 7일 중 하루 정도는 꼬박 인터넷 이용에 시간을 소비한다고 볼 수 있다. 2010년의 인터넷 이용률이 77.8%인 것을 참고하면, 디지털 매체 이용의 확산 속도가 얼마나 빠른지 짐작할 수 있다.

특히 10대 청소년들의 모바일 인터넷 이용률, 스마트폰 이용률 모두 99.1%로 10명 중 9명 이상이 스마트폰, 인터넷을 이용하고 있으며 이는 20대~50대 성인의 스마트폰, 인터넷 이용률과 거의 유사한 정도이다. 초등학교 3~4학년이 되면 대부분의 학생들이 개인 스마트폰을 소지하며 인터넷을 이용한다고 봐도 무방하다.

독자들은 인터넷을 이용해 주로 무엇을 할까? 역시 한국인터넷진흥원(2022)을 참고하면, 인터넷 이용 목적 중 가장 높은 비율은 여가 활동(99.1%), 커뮤니케이션(97.7%), 자료 및 정보 획득(97.7%)으로 나타났다. 2018년 조사 결과에서는 커뮤니케이션(94.8%)이 가장 높았고, 2010년에는 자료 및 정보 획득 목적의 비율(91.6%)이 가장 높았던 것을 참고하면, 여가 활동을 위한 인터넷 이용 빈도가 최근 들어 매우 높아진 한편 자료 및 정보 획득 목적의 이용 비율은 지속적으로 높다는 것을 알 수 있다. 인터넷이 정보 획득의 중요한 통로가 된다는 것이다.

인터넷 자료 및 정보 획득을 위해서는 반드시 여러 글이나 자료를 읽는 활동 즉, 다문서 읽기가 필요한데 그 지점에서 청소년 학습자들은 어려움을 느끼고 있다. 중학생 독자들은 인터넷 읽기 과제를 해결할 때 정보를 총체적으로 종합하기보다는 일부 정보들을 그대로 복사하고 삭제하는 데 그치기도 한다(최숙기, 2013). 또한 고등학생 독자들의 경우 인터넷 정보 구조나 신뢰성에 대한 인식이 낮고, 그중에서도 미숙한 독자들은 텍스트를 찾는 것부터 어려움을 겪기도 한다(이소라, 2014). 이러한 사례들이 모든 학생들을 대표하는 것은 아니지만 대한민국 청소년 독자들의 현주소를 짐작케 하는 일부 사례임은 분명하다.

최근 들어 많은 연구자들이 위와 유사한 문제 현상들을 포착하고 교육적 대안을 제시하기 위해 다문서 읽기에 관심을 가지고 있다. 최근 국내외에서 다문서 읽기(김종윤, 2014, 2017; 최숙기, 2014; 이소라, 2017ㄱ; Bråten & Strømsø, 2011; Hartman, 1995), 디지털 텍스트 읽기(조병영, 2012; 최숙기, 2013; Coiro, 2011; Leu et al., 2004; Rouet & Britt, 2011) 등의 연구가 지속되는 것을 보면 알 수 있다.

특히 다문서 읽기가 국내에 본격적으로 소개된 이후로(김종윤, 2014) 국내 연구자들 사이에서 문식 환경 변화에 대한 인식과 문제 제기, 이에 대한 국어교육적 대응 방식에 대한 논의가 활발해졌다(강미정, 2017; 김종윤, 2017; 박수자, 2019; 오은하, 2020ㄱ, 2020ㄴ; 장성민, 2021; 최숙기, 2016).

최근 개정된 2022 국어과 교육과정에서도 복합양식텍스트 읽기, 디지털 텍스트 읽기와 함께 다문서 읽기가 강조되고, 이는 구체적으로 '다문서 환경'(노은희 외, 2022ㄱ: 229; 노은희 외, 2022ㄴ: 248), '다문서 상황'(노은희 외, 2022ㄱ: 97), '다문서 읽기'(노은희 외, 2022ㄴ: 31) 등의 용어로 제시되었다. 이는 '다문서'를 디지털 사회의 필수불가결한 문식 환경으로 본다는 것을 방증한다.

무엇보다도 2015 국어과 교육과정에서 중학교급, 고등학교급에 일부 제시되었던 다문서 읽기 관련 성취기준이, 최근 고시된 2022 국어과 교육과정에서는 공통 교육과정 중학교부터 선택 중심 교육과정의 공통 과목, 선택 과목까지 분포되면서 폭넓은 학교급, 다양한 과목으로 확장되었고, 용어 또한 '다양한 글(자료) 읽기', '동일 화제를 다룬 여러 글(자료) 읽기', '주제 통합적 읽기' 등으로 다양하게 제시되고 있다. 특히 고등학교 선택 중심 교육과정의 진로 선택 과목으로 '주제 탐구 독서'가 신설된 점은 다문서 읽기의 교육적 위상이 그만큼 높아졌음을 보여준다.[2]

이처럼 다문서 읽기가 최근 강조되고 많은 전문가들이 관심을 갖고 있음에도 불구하고, 학습자들이 수많은 글 중 자신에게 필요한 것을 어떻게 찾아 읽으며, 어떤 방식으로 엮어 읽는지, 제대로 따져 읽는지에 대한 종합적 논의는 아직 미진하다. 교육과정에서도 교사들에게 학습자들이 다문서 읽기를 할 수 있도록 가르치기를 요구하지만 다문서의 특성을 고려한 텍스트 선택 기준과 방법, 학습자들이 선택한 다문서의 특성을 분석하여 지도할 수 있는 기준이나 방법이 부재한 상황이다.

예컨대, 교육과정과 교육과정 해설에 제시된 진로와 관심 분야 글 찾아 읽기, 자신의 관점을 바탕으로 논증 재구성하기, 학습 목적의 주제 통합적 읽기와 같은 성취기준은 텍스트 선택과 통합의 구심점(진로, 관심 분야, 독자의 관점이나 목적)이 될 수는 있지만, 구체적으로 학생들이 어떤 텍스트를 선택하고 의미 구성을 어떻게 해야 하는가에 대한 교육적 지침이 되기는 어렵다.

단적으로 말하자면, '요약하기' 성취기준에는 직·간접적으로라도 요약의 원리가 제시되고, '논증하기' 성취기준에는 논증의 요소가 제시되는 것처럼[3]

---

2 이에 대해서는 5장에서 자세히 다룬다.

3 2022 국어과 교육과정의 성취기준 중 '[6국02-01] 글의 구조를 고려하며 주제나 주장을 파악하고 글 내용을 요약한다.'의 해설에 해당 성취기준의 내용 요소로 '요약하기의 일반 원리를 이해하기'가 제시된다. '[9국01-08] 토론에서 반론을 고려하여 타당한 논증을 구성하고 논리적으로 반박한다.'라는 성취기준 해설에는 해당 성취기준의 내용 요소로 '주장·이유·근거·반론에 대한 고려 등 논증 구성 요소들이 타당한지 비판적으로 분석하여 반박하

'다문서 읽기' 성취기준과 관련하여서도 교육과정 해설이나 그 외의 부분에 다문서 읽기 원리나 요소 등 지도의 방향이나 기반이 되는 사항이 언급되어야 한다. 그러나 지금은 교육 내용을 구체화할 수 있는 다문서 읽기의 요소나 범주, 원리, 방법 등에 대한 언급이 매우 부족한 편이다.

선행 연구를 살펴보아도 마찬가지이다. 다문서에 대한 이론적 접근(김종윤, 2014, 2017), 다문서 읽기 양상 분석(오은하, 2020ㄴ; 이강일·양일호, 2019; 이소라, 2017ㄱ; 최숙기, 2016), 다문서 읽기와 자료 통합적 글쓰기 연계 연구(김태호, 2016; 장성민, 2015, 2022) 등의 연구는 비교적 활발하게 이루어졌지만, 이를 교육적으로 적용하려는 논의는 매우 부족하다.[4] 다문서를 탐색하고 선별하는 방법과 기준에 대한 탐구(오은하, 2023ㄱ, 2023ㄴ; 옥현진 외, 2018; 장성민, 2022)가 몇몇 이루어지기는 했지만, 여전히 다문서 읽기 교육에 적용하기에는 역부족이다.

이러한 상황을 타개하기 위해서는 청소년 독자들이 실제 다문서 읽기 상황에서 어떻게 읽는지 면밀히 관찰하고 그것에 대한 교육적 대안책을 마련하고 적용할 수 있어야 한다. 학생들의 읽기 현상과 특징을 토대로 교육하는 것이 그들의 상황과 요구를 반영할 수 있는 통로가 되기 때문이다. 이 책에서는 학생들의 다문서 읽기 전 과정을 다문서 찾아 읽기, 다문서 엮어 읽기, 다문서 따져 읽기로 구분하고 이를 각각 탐색적 다문서 읽기, 통합적 다문서 읽기, 비판적 다문서 읽기로 범주화하여 연구를 진행하려 한다.

기'가 제시된다.

4 다문서 읽기의 교육적 적용을 시도한 논의는 대표적으로 박수자(2019, 2021), 장성민(2021)이 있다. 박수자(2019, 2021)는 학생의 질문과 다문서 읽기 활동을 중심으로 읽기 과제 및 목적 기반의 다문서 읽기 지도 방안을 모색하고 다문서 읽기 과제 개발 사례를 탐구하였다. 장성민(2021)은 그동안 내용학적 지식의 목록으로 제시되어 왔던 다문서 읽기 이론을 교육적 적용을 위한 쟁점으로 전환하기 위한 시도라는 점에서 본고의 문제의식과 맞닿는 지점이 있다.

이 책에서 논하고자 하는 문제는 다음과 같다.

1. 중·고등학생 독자들은 다문서를 어떻게 읽는가?
2. 능숙한 중·고등학생 독자들은 어떤 전략을 활용하여 다문서를 읽는가?
3. 중·고등학교 다문서 읽기 교육의 목표와 내용을 어떻게 구성해야 하는가?

첫 번째 연구 질문을 해결하기 위해 중·고등학생 독자들에게서 수집한 읽기 자료를 단일문서와 다문서 상황으로 나누어 살펴본 후, 다문서 읽기 양상 차이를 과정별(탐색, 통합, 비판), 매체별(인쇄, 디지털), 학교급별(중학생, 고등학생)로 구분하여 분석할 것이다. 특히, 정보 통합과 정보 비판 부분에서는 디지털 텍스트 내, 인쇄 텍스트 내, 인쇄 텍스트와 디지털 텍스트 간의 읽기를 심화 분석한다. 이를 통해 청소년 독자들이 읽기 과정에 따라, 매체에 따라, 학교급에 따라 다양한 텍스트를 어떻게 읽는지를 폭넓게 확인하고 점검할 수 있을 것이다.

두 번째 연구 질문을 해결하기 위해 이 연구에 참여한 중·고등학생 독자들 중 다문서 읽기에 능숙한 역량을 지닌 독자들의 자료를 심화 분석하여 탐색적·통합적·비판적 다문서 읽기 전략을 제시할 것이다. 이를 통해, 후술할 다문서 읽기 교육의 목표와 내용 설정의 실증적 근거를 마련하고자 한다.

세 번째 연구 질문을 해결하기 위해 국내외 다문서 읽기 교육과정을 검토하고, 이를 4장의 연구 결과와 종합하여 다문서 읽기 교육의 목적과 목표, 내용 체계, 내용 요소, 성취기준을 마련할 것이다. 이를 통해 마련된 내용들은 추후 중·고등학생을 위한 다문서 읽기 교육과정 개발이나 교육 정책 등에 유용한 자료로 활용될 수 있을 것이다.

2. 다문서, 다문서 읽기의 개념 및 특성

1) 다문서의 개념 및 조건

다문서 읽기 교육을 논하기 위해서는 '다문서'와 '다문서 읽기'의 개념에 대한 합의가 선행되어야 한다. 많은 연구자들이 '복수 텍스트(multiple texts), 다문서(multiple document)', '다문서 읽기(reading), 다문서 이해(comprehension)' 와 같은 용어를 사용하고 있지만 이에 대한 제대로 된 논의는 없었다. 하지만 어떤 분야든 용어 정립의 문제는 용어의 의미를 명확히 한다는 점 외에 학문 의 이론적 기반을 공고히 하고, 대응되는 용어들의 개념을 결정하는 토대가 되며, 학문적 소통을 원활하게 할 수 있는 통로가 된다는 점에서 중요하다.

다문서 읽기의 개념을 논하기 전에 관련 용어 사용 및 개념화 방식을 선행 연구를 통해 먼저 살펴보고자 한다. 다문서 읽기에 관한 주요 선행 연구에서 직·간접적으로 제시하는 용어와 개념은 다음 [표 I -1]과 같다.

[표 I -1] 선행 연구에 제시된 다문서 읽기의 개념

용어	개념
다문서 읽기	• 여러 글(문서)에 함의된 의미를 총체적으로 구성하는 행위(multiple text comprehension)[5](김종윤, 2014: 141) • 여러 문서를 비교·대조하며 선택하여 통합하고 자신의 관점으로 구성해 가는 읽기(multiple-text comprehension)(이소라, 2017ㄱ: 184) • 하나 이상의 문서를 통합적으로 읽을 수 있는 다문서 읽기 능력 (조병영·서수현, 2014: 638) • 두 편 이상의 텍스트를 읽는 독자의 행위(multiple documents reading)(최숙기, 2016: 159)

복합 문서 처리 과정	• 같은 주제에 대해 다양한 정보를 포함하거나 혹은 다른 논쟁적 관점을 내포한 자료들 간의 공통점 혹은 차이점을 탐색하며 목적에 따라 하나의 통일된 의미 체계를 구축하는 과정(최숙기, 2014: 294)
복수 텍스트 읽기	• 독자가 여러 텍스트를 함께 읽고, 이들 텍스트의 내용을 관계지어 의미를 구성하는 읽기(복수 텍스트 독서)(김도남, 2004: 3) • 주제나 소재 또는 작가를 중심으로 통합될 수 있는 텍스트들을 서로 연결하여 읽는 방식(박정진·이형래, 2009: 13)
다중 텍스트 읽기	• 독자가 주제나 화제로 관련성을 가진 다수의 정보 텍스트를 텍스트의 단위를 인식하며 상호텍스트적으로 이해하고 의미를 재구성하는 행위(multiple-text comprehension)(강미정, 2017: 17)
연관 텍스트 읽기	• 특정 텍스트의 이해를 위하여 그 텍스트와 특정한 관계를 맺고 있는 여러 텍스트를 함께 읽는 것(김유미, 2013: 213)
multiple documents comprehension	• 정보를 찾기 위해 문서를 선택적으로 훑고 다양한 출처 정보를 통합하는 것(Rouet, 2006: iv) • 특정 화제, 주제 또는 상황에 대한 통합적이고 유의미한 표상을 구성하기 위해 다양한 정보의 출처를 찾고 평가하며 사용할 수 있는 능력(Multiple-documents literacy)(Bråten & Strømsø, 2010: 635)
multiple texts comprehension	• 동일 문제나 상황에 대한 서로 다른 텍스트를 읽고 이해하는 것 (Strømsø, 2017: 3) • 단일 출처가 아닌 여러 텍스트에 제시된 정보에 기반하여 복잡한 주제나 문제를 이해하는 과정과 행위(List & Alexander, 2017: 143)
multiple sources comprehension	• 다양한 정보 출처의 아이디어를 찾고(search), 선택하고(selection), 평가하고(evaluation), 비교하고(comparison), 통합하는(integration) 과정(Wiley et al., 2009: 1061) • 다양한 출처로부터 정보를 찾고, 평가하고, 통합하는 것(Goldman et al., 2012b: 176)

---

5 해당 연구자가 외국어를 함께 제시하는 경우에 한하여 병기한다.

국내 연구는 대부분 '다문서'의 개념을 따로 밝히지 않으며, '이해'보다는 '읽기'라는 용어를 사용한다. 현재 가장 많이 사용하는 용어는 '다문서 읽기 (김종윤, 2014, 2017; 조병영·서수현, 2014; 최숙기, 2016; 이소라, 2017ㄱ)'이다. 그 외에 복합 문서 처리 과정(최숙기, 2014), 복수 텍스트 읽기(박정진·이형래, 2009), 복수 텍스트 독서(김도남, 2014), 다중 텍스트 읽기(강미정, 2017), 연관 텍스트 읽기(김유미, 2013)로 사용된다. 병기하는 외국어는 'multiple text comprehension'(강미정, 2017; 김종윤, 2014; 이소라ㄱ), 'multiple documents reading'(최숙기, 2016)이다.

국외 연구는 주로 'multiple documents comprehension'(Bråten & Strømsø, 2010; Rouet, 2006), 'multiple texts comprehension'(List & Alexander, 2017; Strømsø, 2017), 'multiple sources comprehension'(Goldman et al., 2012b; Wiley et al., 2009)이라는 용어를 사용한다. 'multiple texts'는 복수의 텍스트를 읽고 이해한다(Strømsø, 2017)는 넓고 느슨한 의미를 지니는 데 비해, 'multiple documents'는 복수의 텍스트를 이해하는 심리적 모형에 기반하면서도 읽기 의 범주를 확장하는 의미를 담기 때문에 다문서 읽기의 특징을 더 잘 드러낸 다. 국외의 다문서 읽기 관련 연구에서는 'reading'보다는 폭넓은 의미를 지 니는 'comprehension'을 선호한다.

기존의 선행 연구에서 사용하는 위의 용어들은 다음의 측면에서 정련화될 필요가 있다. '복수 텍스트(Multiple texts)'인가, '다문서(Multiple document)'인 가? 이에 답하기 위해서는 다문서 읽기의 이론적 기반인 퍼페티 외Perfetti et al.(1999)[6]의 'The Documents Model'을 살펴볼 필요가 있다. 와인버그 Wineburg(1991)나 하트만Hartman(1995)이 다문서 읽기 연구에 대한 관심을

---

6   가독성을 위해 외국 학자를 본문에 제시할 경우 한국어명을 주로 삼고 영어명을 병기한다. 한국어명은 외래어 표기법을 따르되, 용례가 없는 경우 관용 발음을 따른다.

환기했다면, 퍼페티 외Perfetti et al.(1999)는 다문서 읽기 이론을 모형화하여 제시하였다.

퍼페티 외Perfetti et al.(1999)는 기존의 읽기 모형(구성 통합 모형, Construction-Integration Model)(Kintsch, 1988, 1998a, 1998b)이 단일 텍스트 읽기 현상을 설명하는 데는 유용하지만 다양한 글을 읽는 독자의 심리적 기제를 설명하기 어렵다 보고, 기존 이론을 확장하여 문서 모형(Document Model)을 제안한다. 이를 루에Rouet(2006)가 정교화하였으며 브릿·루에Britt & Rouet (2011)가 수정하였다(Bråten et al., 2011: 49). PISA 2018 읽기 평가틀의 이론적 기반이 된 다문서 읽기 관련 대표 모형인 다문서의 과제 기반 관련성 평가 및 정보 추출 모형(Multiple-Document Task-based Relevance Assessment and Content Extraction) 역시 'Document'(Rouet & Britt, 2011)라는 용어를 사용한다. 다문서 읽기의 이론적 기반에 활용된 용어는 text가 아닌 document라는 것을 확인할 수 있다.

두 단어의 개념적 의미를 살펴보면, 'document'에 내재된 의미는 '자체적으로 완결된 의미를 지닌 언어 집합체'를 가정하는 것으로, 'text'가 상황 맥락에 따라 단어나 문장을 지시하기도 하는 것과 대조적이다. 'text'는 어떤 문서 안의 글을, 'document'는 글이 담긴 문서 자체를 뜻할 때 주로 사용한다. 가령, 한국어에서 '교육과정 글, 교육과정에 담긴 문서'는 어색하지만 '교육과정에 담긴 글, 교육과정 문서'가 자연스럽게 느껴지는 이유도 여기에 있다.

다문서 읽기 상황에서 단어나 문장이 하나의 텍스트로 인정받기 위해서는 그것과 관련되는 응집적 의미 구성물이 있어야 하며 다른 글과의 관련성을 확보할 수 있어야 한다. 예컨대, 독자가 동일한 사회적 사건을 다루는 몇 개의 뉴스 기사를 읽는 상황은 다문서 읽기라 할 수 있다. 제목과 관련된 응집된 내용이 있고, 동일 화제와 관련된 다른 글들이 있기 때문이다.

이에 비해 '불이 났다.'라는 독립된 문장은, 그와 관련되는 여타의 응집적 의미 구성물이 없고 관련되는 글 또한 없기 때문에 다문서 읽기의 대상 텍스트가 되기 어렵다. 하지만 그 문장을 텍스트로 보는 것은 무리가 없다. 이런 점 때문에 다문서 읽기 연구자들이 텍스트text 대신 문서document라는 용어를 사용하였다고 본다.

또한 '다문서'라는 용어를 채택할 경우, 관련 논의 시 언급되는 음절 및 어절 수를 최소화할 수 있기 때문에 표현의 경제성이나 소통의 효율성이 높아질 수 있다. 이 글을 쓰는 현재, 이 책에 쓴 '다문서'를 검색해 본 결과 1,749개가 검색되었다. 만약 두 어절이었다면 필자는 3,498개의 단어를 쓰고, 독자는 읽어야 했을 것이다. 또, '다문서 이해, 다문서 읽기 활동에서, 다문서 읽기 연구의 이론적 기반은' 같은 구절은 '복수 텍스트 이해, 복수 텍스트 읽기 활동에서, 복수 텍스트 읽기 연구의 이론적 기반은'으로 표현되어, 용어에 담긴 의미에 비해 어절 구성의 복잡성이 높아지고 가독성은 낮아졌을 것이다.

따라서 이 책에서는 이론적 기원, 개념적 의미, 학문적 소통의 효율성을 고려하여 '다문서(multiple document)'라는 용어를 채택하고자 한다. 자연적으로 다문서에 대응하는 개념어는 '단일문서(a single document)'가 된다. 현재 표준국어대사전에는 '단일문서'라는 용어가 등재되어 있지 않지만, 이는 하나의 개념을 가지는 단일 용어이기 때문에 붙여 쓸 것이다.

다음으로, 선행 연구에서 제시하는 다문서 읽기의 개념화 방식을 살펴보면 다음과 같다. [표 I-1]의 국내 연구에 제시된 용어들의 공통된 개념적 특성은 '여러 글'을 '연결하고 통합하는' 독자의 읽기 '(사고) 능력/과정/행위/방식'이다. 다문서 읽기가 '주제/화제/저자가 다르면서도 관련 있는 하나 이상의 글에 대한 통합적 의미 구성'을 기본 개념으로 한다는 것에는 거의 일치하는 견해를 보인다. 이를 통해 읽기 대상으로서의 '텍스트의 개수, 양식, 형식, 내용'이 다양하다는 점, 여러 텍스트를 다양한 방식으로 '통합한다'는 점이 다문서 읽기의 핵심 개념임을 알 수 있다. 그 외에는 연구자에 따라 텍스트의 특성을 추가하기도 하고, 통합 이외의 범주들을 포함하기도 한다. 한편 그것이 독자의 의미 구성 '능력인가, 과정인가, 행위인가, 방법인가'에 대해서는 연구마다 다른 관점으로 접근하는 것으로 보아 일정한 합의에 이르지 못한 것으로 보인다.

[표 I-1]의 국외 연구에서 제시한 관련 용어의 공통된 개념적 특성은 '과제 해결이나 목적 달성을 위해' '여러 출처의 아이디어를' '선택하고 통합하고 평가하는' 독자의 읽기 '(사고) 능력/과정/행위'이다. 국내의 개념 정의와 다른 점은 다문서 읽기의 '과제나 목적'을 중요한 요소로 상정한다(Bråten & Strømsø, 2010; Rouet, 2006)는 점이다. 또, 다문서 읽기의 '(사고) 능력/과정/행위'를 '통합하기'뿐 아니라, 정보나 텍스트를 '찾기', '평가하기'로 확장한다. 국내 선행 연구에서 제시한 다문서 읽기의 개념이 주로 '통합하기'에 초점화되어 있는 것과 차이가 난다. 그리고 '찾기, 평가하기'의 대상이 여러 '출처'로부터 수집하는 정보나 아이디어라는 점도 다르다.

이상의 검토를 통해, 다문서 읽기 논의에서는 단일문서 읽기 논의에 비해 '읽기 상황', '읽기 대상', '읽기 범주'가 확장됨을 알 수 있다. '읽기 상황'은 다문서 읽기가 특정 과제나 목적을 해결하기 위한 읽기 활동이라는 점을 전제한다. 읽기 목적이 독자가 달성하고자 하는 과제라 할 때, 결국 다문서 읽기는 특정 과제와 관련된 것이어야 한다. '읽기 대상'에 대한 강조는 텍스트의 개수, 내용(화제, 주제)뿐 아니라 출처(저자, 배경)의 다양성이 있을 때, 그리고 텍스트 간의 유의미한 관계가 있을 때 다문서 읽기가 성립된다는 것을 보여준다. 읽기의 (사고) 능력/과정/행위가 '통합하기' 하나만으로 설명되기 어렵다는 점은, 다양한 텍스트에 대한 의미 구성이 단일한 범주로 설명될 수 있는 것이 아니며 정보 비판하며 읽기 등의 읽기도 다문서 읽기에 포함될 수 있음을 시사한다.

이상의 논의를 종합하여 다문서의 개념을 다음과 같이 설정하고자 한다.

다문서란 화제나 과제 측면에서 서로 관련성을 지니면서도 내용이나 형식, 저자나 배경 측면에서 서로 이질성을 지닌 복수의 텍스트이다.

다문서의 개념 정의에 포함된 다음 여섯 요소는 다문서가 구성될 수 있는 다문서 환경의 최소 조건이다. '화제'란 텍스트에서 논의의 대상이 되는 소재로 이야깃거리, 글감으로 불리기도 하며 텍스트에 내재된 요소다. '과제'란 독자의 내·외적 읽기 의도나 목표로서 상황 맥락에 의해 발생한다. '내용'은 텍스트에 담겨 있는 의미로, 텍스트가 다루는 화제와 관련하여 기술되는 중심 내용이나 세부 내용 등의 내용 그 자체이며 주제로 요약될 수 있다. '형식'은 텍스트가 갖고 있는 일종의 틀이나 유형으로서 대상 표지(지시어, 제시어, 대용어), 관계 표지(개념어, 연결어)를 통해 표현되는 단어나 문장, 문단의 표면적 연결 형태이다. 나아가 텍스트의 문체나 유형(예: 편지글, 주장 글 등)을 일컫기도 한다. '저자'는 텍스트를 생산한 자로서 이름, 지위, 관점, 입장 등으로 나타난다. '배경'은 텍스트 생산의 시·공간적 맥락, 유통의 주체, 사회·역사적 배경 등이다(오은하, 2020ㄱ: 78-85). 이때 저자와 배경은 '출처'로 상위 범주화된다.

다문서의 개념을 심리적 표상으로 형상화하면 [그림 Ⅰ-1]과 같다. (A)에 제시된 낱낱의 점들은 다문서 읽기의 환경으로서 '복수의 텍스트'를 의미하고, (B)에서 노드(▭)와 링크(____)로 연결된 점들의 집합은 '다문서'의 성립 조건, (C)의 노드와 링크는 다문서를 의미적·형식적으로 재구성하는 심리적 구성체로서 독자의 '다문서 읽기'를 형상화한 모습이다. (C)에서 굵은 링크는 텍스트 간 연결이 강하게 되었음을, 얇은 링크는 텍스트 간 연결이 비교적 약함을 뜻한다.

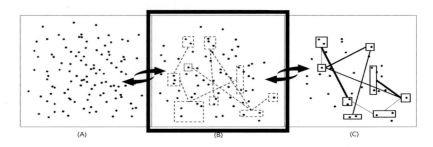

[그림 Ⅰ-1] 다문서(B)의 개념 형상화(오은하, 2020ㄱ: 37)

복수의 텍스트(A)가 다문서(B)로 구성되기 위해서는 두 가지 조건이 필요하다. 첫째, 단일 문서 간의 화제(topic) 혹은 독자의 읽기 과제(task) 측면에서 관련성(relevance)이 있어야 한다(제1조건). 여러 텍스트가 화제나 과제 중 최소 하나의 측면에서 관련성을 갖고 있어야 다문서로 구성될 수 있다는 것이다. 제1조건 내에서 만약 과제와 관련되지 않는 여러 텍스트가 있다면 화제 측면에서 관련되어야 하며, 화제와 관련되지 않는 텍스트가 있다면 과제와 관련되어야 한다.

예컨대, 독자가 '보고서 작성을 위한 자료 수집'이라는 읽기 과제를 해결하기 위해 여러 텍스트를 읽는 상황이라면 보고서 주제나 내용과 관련되는 어떠한 텍스트라도 다문서 구성에 일조할 수 있다. 꼭 보고서의 주제와 관련되지 않아도, 주로 찾고 있는 화제와 동떨어져 있어도 독자의 과제나 목적에 적절하고 자료로 사용할 수 있다면 다른 텍스트와 엮어 읽을 수 있다.

반대로, 독자의 읽기 과제나 목적은 뚜렷하지 않지만 우연히 최근 '역사'라는 화제의 글을 두 편 읽은 후 역사에 관심이 생겨 관련 글을 더 읽게 된다면 그것 또한 다문서라고 볼 수 있다. 하지만 다른 상황에서 읽게 된 다른 화제의 글, 예컨대 '요리'에 대한 글은 '역사' 관련 다문서로 보기 어렵다. 그 이유는 요리 글은 역사라는 화제로 엮을 수 있는 요소가 적기 때문이다. 한편 독자에게 뚜렷한 읽기 과제도 관심 있는 화제도 없다면 읽기의 방향성이나 구심점이 존재하지 않기 때문에 다문서 구성이 불가능하다.

둘째, 다문서가 구성되려면 단일 문서 간에 내용, 형식, 저자, 배경 측면의 이질성이 있어야 한다(제2조건). <그림 2>의 (B)에서 점선(_____)으로 연결되는(┌┈┐) 텍스트(•)가 하나가 아니라 여러 개라는 것은 각 텍스트가 어느 측면에서는 다른 특성을 갖는다는 것을 의미한다. 그 다른 특성은 내용, 형식, 저자, 배경 중 하나에서 온다. 그중 내용과 형식은 텍스트의 내적 요소이기 때문에 텍스트 요인, 저자와 배경은 텍스트의 외적 요소이기 때문에 맥락 요인으로 볼 수 있다.

텍스트의 상호 이질성 조건은 세 가지 경우로 나누어 볼 수 있다. 하나는 텍스트와 맥락 요인 간의 하위 요소들이 이질적인 경우이다. 내용과 형식이 유사하지만 저자와 배경이 다른 텍스트가 있다고 가정해 보자. 예컨대, '역사'에 대한 '주장 글'이 두 편 있는데 저자, 출판 시기, 사회·문화적 배경이 다른 경우 독자는 두 글을 읽으면서 화제 측면에서 혹은 읽기 목적 중심으로 연결할 수 있다. 또한 내용, 형식이 다르지만 저자, 배경이 유사하거나 동일한 경우도 생각해 볼 수 있다. 예컨대, 헤르만 헤세의 동시대 출판물 중 내용과 형식이 다른 글들을 읽는다면 동일 배경의 저자에 대한 탐독이 이루어지는 다문서 읽기가 가능하다.

다음으로 텍스트와 맥락 각 요인 내의 하위 요소들 중 어느 하나가 다른 경우이다. 동일 저자가 서로 다른 사회·문화적 배경에서 유사한 내용이지만 다른 형식으로 쓴 글을 두 편 읽을 수 있다. 예컨대, 특정 저자가 A나라에 살면서 작성한 수필과 B나라에 살면서 작성한 유사 내용의 대본을 독자가 읽는다면 글의 형식이나 장르에 대한 이해를 강화할 수 있고, 저자가 몸담았던 사회의 시대상이나 상황 맥락을 이해할 수 있다. 또한 유사한 사회·문화적 배경을 갖는 두 저자가 생산한 서로 다른 내용의 주장 글을 읽는 상황을 상정할 수 있다. 예컨대, 한국의 동시대 사람인 저자 A와 저자 B가 각기 다른 관점과 주제로 독자들을 설득하려는 글을 쓴 경우, 독자는 그 글을 읽음으로써 설득의 방식과 글의 소통성에 대해 생각해 볼 수 있다.

마지막으로 모든 요소들이 다 다른 경우이다. 두 글의 내용도, 형식도, 저자도, 배경도 다르면 두 글 간의 이질성이 극대화된다. 이러한 글들을 독자의 다문서 읽기에 활용하기 위해서는 독자의 읽기 목적이 뚜렷해야 하고, 과제가 명확해야 한다. 전술하였듯 독자의 읽기 목적과 과제가 명확하다면 어떤 글이든 다문서로 엮어 읽을 수 있다.

이상의 논의를 종합하여 다문서 구성의 요인 및 조건을 제시하면 다음과 같다.

[표 I-2] 다문서 구성의 요인 및 조건

요인 \ 조건	상호 관련성(제1조건)	상호 이질성(제2조건)
텍스트	화제	내용, 형식
맥락	과제	저자, 배경[출처]

정리하면, 다문서 읽기 환경이 갖추어지기 위한 조건은 텍스트 간의 화제나 독자의 읽기 과제 측면에서 관련되어야 한다는 '상호 관련성', 단일 문서들이 내용, 형식, 저자, 배경 측면에서 일정 부분 이질적이어야 한다는 '상호 이질성'이다. 그중 화제, 내용, 형식은 텍스트 요인, 과제, 저자, 배경은 맥락 요인에 속한다.

2) 다문서 읽기의 개념 및 유관 개념

'텍스트 읽기'는 단어나 문장에 의해 활성화되는 개별 관념의 연합을 통해

'의미를 (재)구성하는 과정'(김혜정, 2002; 윤준채, 2006; McNeil, 1987)으로 정의할 수 있다. 이 정의에는 읽기의 '의미 구성'과 '과정'이 중요한 용어로 포함된다. 읽기 행위는 종이 위에 쓰인 낱자와 단어들을 빠르고 정확하게 지각·재인해야 하고 심성 어휘집을 탐색하여 의미를 할당해야 하며, 더 나아가 그것들을 좀 더 큰 단위인 문장 및 문단으로 통합해서 의미를 만들어야 하는 상향적 사고 과정을 포함하는 것이다(윤준채, 2006: 92). 그리고 이러한 일련의 과정에 독자 자신의 세상 지식을 적절하게 관련해야 하는 하향적 사고 과정도 포함된다.

이렇게 볼 때, 읽기는 상향적 사고 과정과 하향적 사고 과정이 만나서 의미를 구성하는 일련의 상호적인 인지 과정이라 할 수 있다.[7] 이는 텍스트 읽기가 의미 구성이라는 것은 독자가 형성하는 텍스트의 의미가 텍스트에 담긴 내용도 아니고, 그렇다고 독자의 독창적 창조물도 아닌, 텍스트와 독자 사이에서 구성되고 또다시 재구성되는 의미라는 뜻이다. 이 관점은 그동안 저자에게 묶여 있었던 텍스트의 의미를 독자에게로 이양하고, 독자를 텍스트 읽기의 주체로 자리매김하는 데 큰 역할을 했다.

다문서 읽기의 개념 역시 '의미 구성'과 '과정'을 핵심으로 하되, 앞서 살펴보았듯이 '읽기 대상'이 강조되면서, '통합하기'가 기본 개념이 된다. '텍스트에 대한 의미 구성 과정'이 다차원적 범주의 의미 구성으로 확대되면서 텍스트 읽기의 대상이 하나의 텍스트가 아닐 뿐 아니라 텍스트의 양식, 형식, 내용도 다양해진다는 것은 쉽게 동의할 수 있는 사항이다. 다만, [표 I-1]에서 국내·외 다문서 읽기에 대한 개념 검토에서 해결되지 않은 두 가지 사항을 정리할 필요가 있다.

---

7   연구 시기에 따라 상향식 모형(bottom-up model)(Fries, 1962; Gouph, 1972), 하향식 모형 (top-down model)(Smith, 1973), 상호작용 모형(interactive model)(Rumelhart, 1977)으로 발전하였다.

첫째, 다문서 읽기의 기본 개념은 '통합하기'로 충분한가? 앞서 다문서의 개념 논의에서 살펴보았듯이 기존의 다문서 읽기 관련 연구들은(김종윤, 2014; 조병영·서수현, 2014; 최숙기, 2014; Hartman, 1995; List & Alexander, 2017; Strømsø, 2017) 다문서 읽기를 '통합적 의미 구성'의 범주에서 바라보았다. 다양한 텍스트를 비교·대조하며 읽고, 자신의 통일된 의미 체계를 구축하는 인지 과정이라는 것이다. 이는 다문서를 접하는 독자들에게 '다양한 텍스트를 어떻게 연결하여 읽을 것인가'가 가장 중요한 과제가 된다는 점에서 다문서 읽기의 핵심 개념에 해당한다. 그러나 다문서 읽기의 개념은 복수의 텍스트를 '연결'하는 것에서 그칠 것이 아니라, '다양한 텍스트 중 어떤 텍스트를 선택해 읽을 것인가, 다양한 텍스트를 그대로 수용하기만 할 것인가'라는 문제로 확장되어야 한다.

독자들은 여러 글에 나타난 다양한 내용과 맥락들을 단순히 기억하거나 회상하는 데 그치는 것이 아니라, 많은 텍스트 중 읽고 싶은 텍스트, 혹은 읽어야 하는 몇몇 텍스트를 여러 경로를 통해 '찾아 읽는다'. 또 주제가 비슷한 몇 개의 텍스트를 대상으로 텍스트 간, 텍스트와 독자 간에 발생하는 의미적 간극을 메우면서 '엮어 읽는다'. 그리고 여러 텍스트에 내재된 정보와 맥락을 바탕으로 저자나 독자의 생각을 다각도로 평가하고 성찰하면서 '따져 읽는다'. 그 과정에서 형성되고 재구성되는 의미가 바로 다문서 읽기의 결과물이다.

다양한 텍스트를 찾아 읽고, 엮어 읽고, 따져 읽는 것을 무리 없이 수행한다면 다문서 읽기에 능숙한 독자라 볼 수 있다. 하지만 어떤 독자는 텍스트를 찾는 것에서부터 실패할지도 모른다. 또 읽기 목적에 적절한 텍스트를 찾는 데는 성공하나, 그것을 엮어 읽는 것을 잘 못할 수도 있다. 또 다른 독자는 텍스트를 찾아 읽고, 엮어 읽는 데는 능숙하나 그것을 따져 읽는 것에 어려움을 토로할 수도 있다. 이런 독자들은 다문서 읽기에 능숙한 독자라 하기 어렵다. 다문서 읽기 능력이 불균형적이기 때문이다. 이 점에서 다문서 읽기의 개념은 기존에 초점화되었던 '통합적 읽기'에서 '탐색적 읽기(찾아 읽기), 통합적 읽기(엮어 읽기), 비판적 읽기(따져 읽기)'로 확장되어야 한다.[8]

둘째, 위에서 제시한 다문서 읽기의 개념은 (사고) 능력인가? 과정인가? 행위인가? 방식인가? [표 Ⅰ-1]에서 잠시 살펴보았듯 선행 연구에서도 합의되지 않은 사항인 만큼 각 용어들이 정확히 구분되는 것은 아니지만 정보 탐색·통합·비판을 행위와 방식으로 보기보다는 사고의 관점에서 접근하는 것이 이론의 정합성과 설명의 용이성 측면에서 유리하다. 탐색과 비판은 책이나 글을 고르고 선택하는 활동, 사회 참여 등의 행위로 일부 구현되지만 정신 작용을 제외한다면 설명할 수 있는 부분이 매우 제한되고, 더군다나 통합은 고도의 정신적·심리적 작용이기 때문에 행위로 표출되는 경우가 극히 적다. 탐색·통합·비판을 사고로 접근한다면 다문서를 읽는 독자의 내적 정신 작용을 능력, 과정, 수준 측면에서 소상히 밝힐 수 있을 뿐 아니라 그로 인해 나타나는 행위와 연계하여 더욱 깊이 설명할 수 있고 결과적으로 사고와 행위를 모두 포섭할 수 있다는 이점이 있다. 사고와 행위의 총체적 접근을 취한다면 독자의 역량으로도 충분히 다룰 수 있을 것이다.

그러므로 이 책에서는 다문서 읽기를 설명하는 탐색·통합·비판이라는 개념을 사고의 측면에서 바라보고 그중에서도 사고 '과정'으로 접근하고자 한다. 정보 탐색이 먼저 이루어져야 정보 통합이 가능하고 그 후에 제대로 된 정보 비판이 이루어질 수 있기 때문이다. 하지만 탐색·통합·비판이 반드

---

8   이와 관련된 논의는 [표 Ⅰ-1]의 국외 연구에서 확인할 수 있고(Goldman et al., 2012b; Wiley et al., 2009), 최근 이루어지는 디지털 환경에서의 다문서 읽기 연구에서도 찾아볼 수 있다(Cho & Afflerbach, 2017; Salmerón et al., 2018). 이러한 변화는 국제 읽기 능력 평가(PISA, 2008; ePIRLS, 2016)의 준거에도 반영되어 정보 찾기, 종합하여 이해·해석하기, 성찰 및 평가하기 등의 읽기 과정에 기반한 평가 영역이 설정되었다. 이에 대한 상세한 논의는 오은하(2020ㄱ: 44~51)를 참고할 수 있다.

시 순차적인 것은 아니며 동시에 작용할 수도 있고 세 과정이 반드시 균등하게 나타나지도 않는다. 다만 이들을 사고 수준으로 볼 경우, 세 과정의 이질성이 부각되고 난도 측면에서 위계화가 가정될 가능성이 높다. 또 학교급, 독자에 따라서 최고 수준에 도달하는 것이 어렵고 불필요하다고 여겨질 수 있어 다문서 읽기의 총체적 특성이 훼손될 수 있다. 반면, 탐색·통합·비판을 과정으로 바라볼 경우, 교수·학습의 순차성을 인정하면서도 세 과정이 총체적·균형적으로 작용해야 함을 명시할 수 있는 근거가 마련된다. 하나의 과정이라도 누락될 경우 결과물을 제대로 얻을 수 없기 때문이다. 따라서 이 책에서는 다문서 읽기를 행위를 내재한 사고의 측면으로, 탐색·통합·비판을 사고 과정으로 바라본다.

지금까지의 논의를 바탕으로 다문서 읽기의 개념을 정의하면 다음과 같다.

> 다문서 읽기란 내용, 형식, 저자, 배경 측면에서 이질성을 갖는 여러 텍스트를 화제나 과제 관련성을 바탕으로 탐색·통합·비판하는 일련의 의미 (재)구성 과정이다.

환언하면, 다문서 읽기란 내용, 형식, 저자, 배경 측면에서 서로 관련이 없는 이질적인 복수의 텍스트를 화제나 과제 중심으로 서로 관련짓고, 응집적 의미로 구성해 나가는 일체의 의미 (재)구성 과정이다. 그 과정에서 독자들은 읽기 목적에 맞는 텍스트를 탐색하고, 통합하고, 비판하는 의미 구성 활동에 참여하게 된다.

탐색적 다문서 읽기는 '다양한 텍스트를 찾아 읽는 의미 (재)구성 과정'이다. 다양한 텍스트를 찾아 읽는다는 것은 독자기 과제 해결과 관련되는 텍스트가 있을 것으로 예상되는 공간에 접근하고, 여러 텍스트에 담겨 있는 정보들을 미시적 혹은 거시적으로 훑어 읽고, 여러 텍스트를 연달아 읽으면서 자신만의 응집적인 텍스트 목록을 구축하는 것을 포함한다. 이와 관련하여 기존의 연구에서 사용하는 학술 용어는 'location, exploring (Cho, 2014; Coiro, 2011; Leu et al., 2004), searching(schmar-Dobler, 2003), seeking(Lawless et al., 2003), information retrieval(Belkin, 1996), search(Rieh, 2002)' 등으로 학자나 분야에 따라 다양하게 사용되고 있다.

통합적 다문서 읽기란 '다양한 텍스트에서 추출되는 정보와 출처(source)를 엮어 읽는 의미 (재)구성 과정'이다. 텍스트를 엮어 읽는다는 것은 여러 텍스트 사이에 발생하는 의미의 간극을 다른 텍스트에 담긴 정보를 통해 메우고, 텍스트 간의 관계를 의미적으로 혹은 형식적으로 관련지으며, 각 텍스트에 포함된 서로 다른 정보에 기반하여 다차원적으로 해석하는 것을 포함한다. 이와 관련하여 기존의 연구에서 사용하는 학술 용어는 주로 'link(Hartman, 1995; Perfetti, 1999), integration(Wineburg, 1991; Rouet, 2006), connection (Wolfe & Goldman, 2005)'이다.

비판적 다문서 읽기는 '다양한 텍스트를 개별 텍스트 간의 관계와 맥락에 비추어 따져 읽는 의미 (재)구성 과정'이다. 다양한 텍스트를 따져 읽는다는 것은 특정 텍스트의 진위나 가치 여부를 다른 텍스트와의 관련성과 맥락 속에서 판단 및 평가하고, 서로 다른 텍스트를 종합하여 독자의 의견을 제시 하거나 자신의 신념을 성찰하는 것을 포함한다. 이와 관련하여 기존의 연구 에서 사용하는 학술 용어는 주로 evaluating(Cho, 2014; Leu et al., 2004), critical reading/thinking(Shiveley & Vanfossen, 1999; Walz, 2001)이다.

이상에서 밝힌 다문서 읽기의 개념을 좀 더 명료화하기 위해 기존에 다루 어진 유사 용어와의 관련성을 살펴보자. 다문서 읽기와 가장 유사한 맥락에 서 쓰이는 용어는 담화종합(discourse synthesis)(Spivey, 1984, 1992; Spivey & King, 1994), 주제 통합적 읽기(syntopical reading)(Adler, 1972), 상호텍스트적 읽기(intertextual reading)(Hartman, 1995; Kristeva, 1986)다. 세 용어 모두 복수의 텍스트를 통합하는 의미 구성 행위를 지칭한다는 공통점이 있으나, 다음 지점에서 다문서 읽기와 차별점을 지닌다.

담화종합(discourse synthesis)은 필자가 여러 텍스트를 읽고 그것을 바탕으로 자신의 텍스트를 생산하는 과정을 지칭하는 것으로, 스피비Spivey(1984)가 처음 사용한 용어이다. 스피비Spivey(1996: 243)에서 직접 밝혔듯, 이 용어는 필자가 자신의 텍스트를 '쓰기' 위한 목적으로 텍스트를 읽거나, 보다 직접적인 목적으로 텍스트를 사용하는 문식 행위(literacy act)에 제한하여 사용된다. 즉, 담화종합은 쓰기 과제 분석을 위한 읽기(reading to writing) 혹은 쓰기 결과물 분석을 통한 인지적 접근에 관심이 있기 때문에 쓰기라는 용어와 거의 동등하게 사용(Spivey, 1996: 243)된다.

이에 담화종합은 텍스트 읽기에서 나타나는 정신 표상이나 의미 구성 과정이 아니라 의미 통합의 결과물로 나타나는 텍스트 '조직, 연결, 변형'에 초점이 있다(Spivey, 1984, 1992). 텍스트 분석의 기반 이론 또한 반다이크·킨치van Dijk & Kintsch(1983)의 명제 분석, 그라임스Grimes(1975)의 계층적 분석을 주로 수행하며, 다문서 읽기 이론(Britt et al., 1999; Rouet, 2006; Rouet & Britt, 2011)에 근거하지 않는다.

주제 통합적 읽기(syntopical reading)는 동일 주제에 대한 두 종 이상의 책이나 글을 읽는 행위를 지칭하는 것으로, 아들러Adler(1972)가 처음 사용한 용어이다. 주제 통합적 읽기는 아들러가 제시한 독서의 4수준(초급 독서, 점검 독서, 분석 독서, 주제 통합적 독서) 중 최고 수준에 해당하는 읽기 방법이다. 아들러Adler(1972)는 최고 수준의 읽기를 다시 5단계로 나누어 자세하게 설명하고 있는데, 이때 핵심이 되는 것은 읽는 대상으로서의 텍스트가 아니라 독자의 읽기 목적, 관심사와 관련되는 주제나 화제이다. 또한 독자의 정신 과정보다는 읽기 수행 방법을 주로 다루며 읽기 단계 체계화에 초점을 둔다는 점에서 차이를 보인다. 이 관점에서는 주제 통합적 독서 수준에 도달하기 위한 독자의 단계적 노력이 중요하며, 하위 수준의 전략을 숙지하지 못하면 다음 단계로 나아갈 수 없는 순차적이고 단계적인 과정이다(Adler, 1972).

상호텍스트적 읽기(intertextual reading)는 텍스트의 근원에 내재되어 있는 정신 작용에 대한 관점에서 비롯된 개념으로, 크리스테바Kristeva(1978)가 창안한 용어이다. 러시아 비평가 미하일 바흐친(Mikhail Bakhtin)의 대화주의와 카니발 이론에 관한 글에서 '모든 텍스트는 인용의 모자이크로서 구축되며, 모든 텍스트는 다른 텍스트의 흡수이며 변형'(Kristeva, 1978: 190)이라고 지적하며 '상호텍스트성'이라는 용어를 창안한다(송병선, 2015: 2에서 재인용). 이 관점에서는 텍스트를 어떻게 바라보느냐에 따라 상호텍스트적 읽기를 아래의 네 가지 개념역으로 설명한다(Hartman, 1995: 523).

첫째, 기존의 텍스트 개념이 언어적 기호에 국한되었다면 상호텍스트성에서는 의미로 소통되는 모든 기호(Peirce, 1931; Saussure, 1966) 즉 언어적·비언어적 기호(sings) 둘 다를 포함할 수 있다. 둘째, 텍스트가 반드시 시·공간적으로 실재하는 것일 필요는 없다. 즉, 텍스트는 독자의 정신 속에 기억되고 구성된 경험이나 아이디어를 포괄한다(Witte, 1992). 따라서 모든 텍스트는 텍스트의 표층 구조인 현상 텍스트(phenotext)와 심층 구조 및 모든 의미의 원천인 생성 텍스트(genotext)로 이루어져 있다고 본다(Kristeva, 1974). 셋째, 의미 단위(chunk of meaning)(Rowe, 1987)는 어떤 단위로도 존재할 수 있으며 다양한 수준에서 발생할 수 있다. 예컨대, 의미 단위는 긴 담화, 짧은 요약, 하나의 단어, 개념, 아이디어, 주제(Lemke, 1985) 등으로 폭넓게 설정될 수 있다. 넷째, 텍스트는 결코 무에서 창조되지 않으며, 다른 텍스트들을 '요소(elementS)'로 하여 구성된다(Kristeva, 1969). 환언하면, '모든 텍스트는 다른 텍스트의 메아리다'(Plotte, 1978).

이처럼 상호텍스트적 읽기에서 설명하는 텍스트의 개념은 철학적이고 기호학적인 학문에 바탕을 두고 있기 때문에, 누가 텍스트를 연결하는지, 텍스트를 연결하는 과정은 어떠한지, 언제 어디서 텍스트 연결이 일어나는지 등에 대한 질문에 답하기가 어려우며 이러한 특성 때문에 크리스테바가 창안한 개념을 읽기 교육에 그대로 적용하기란 쉽지 않다.

이런 점을 극복하기 위해 제안된 다문서 읽기 연구는 크리스테바를 필두로 한 상호텍스트성 연구에 기반하면서도 두 가지 측면에서 확장하는 연구이다 (Hartman, 1995: 526). 첫째, 다문서 읽기 연구는 독자가 주제적으로 관련된 텍스트를 읽을 때의 심리적 표상(mental representation)의 중요성을 인정한다. 상호텍스트성에 기반한 이전 연구는 독자가 쓰기 위해 읽은 텍스트들을 상호 연결하거나(예: McGinley, 1992), 한 문단을 읽고 그 안에서 언어 요소들을 연결하는 데 초점을 두는 데 비해(예: Gevinson, 1990), 다문서 읽기 연구는 여러 텍스트를 읽는 중에 일어나는 독자의 인지 과정과 개별적 실체들에 관심을 기울인다는 점에서 차이가 있다.

둘째, 이론적 기원 측면에서의 확장이다. 다문서 읽기는 하나의 학술적 담론에 바탕을 둔 것이 아니라 몇 가지 전통적 담론의 요소들에 의해 형성된다는 점에서 이전 연구들의 접근법과 대조되는 측면이 있다. 예컨대, 스피비 Spivey(1984)는 상호텍스트성을 인지심리학적 관점에서 접근하였고, 비트 Witte(1992)는 기호학적 관점에서, 브라운Brown(1990)은 문식성 이론에서 접근하였다. 이에 비해 다문서 읽기는 이 세 가지 학술적 접근법 모두에 기반하며 이들을 읽기의 관점에서 재조명하는 연구 조류이다.

3) 다문서 읽기의 영향 요인

텍스트 읽기에 영향을 미치는 요인은 '텍스트, 맥락, 독자'로 논의된다(김봉순, 2008; 김혜정, 2002; 한철우 외, 2012; Alexander & Jetton, 2000; Gaskins, 1998; Gaskins & Elliot, 1991). '읽는다'는 행위는 '누가'라는 주체에 의해 수행

되며, '무엇을'이라는 대상을 전제로 한다. 누가 무엇을 읽는 데에는 '시·공간'과 그 모든 것을 지배하는 '사회·역사적 배경'이 전제되어 있다. 이런 연유로 '텍스트 읽기'는 '텍스트, 맥락, 독자'의 영향 관계 하에서만 논의될 수 있다. 다문서 읽기 또한 복수의 '텍스트', 개별적 차이를 지니는 '독자'와 관련되며, 과제에 의해 추동되고, 광범위한 '맥락' 속에서 발생한다(List & Alexander, 2017: 145).

(1) 텍스트

'텍스트'는 문장 또는 명제들이 구조적으로 연결된 의미 체계이다. 이는 어휘소, 문장의 연결로 이루어지는 미시 구조, 여러 미시 구조의 결합으로 이루어지는 문단이나 글 전체의 의미 관계로 재구성되는 거시 구조, 전체 텍스트의 의미 구성에 관여하는 상위 구조로 설명된다(김혜정, 2002; Kintsch & van Dijk, 1978). 이들은 대상 표지(지시어, 제시어, 대용어), 관계 표지(개념어, 연결어)를 통해 텍스트의 형식 구조로 표출되고, 다시 전개 구조, 중심 내용, 주제 등의 내용 구조로 구현된다(김봉순, 1996). 전자는 텍스트 차원의 결속성(cohesion) 형성에, 후자는 응집성(coherence) 형성에 기여한다. 결속성은 각 요소나 문장(명제)들의 표층적 연결 관계이고, 응집성은 내용들 간의 심층적 연결 관계이다(Beaugrande & Dressler, 1981).

다문서 읽기 상황에서는 텍스트의 미시 구조보다 거시 구조에 대한 이해와 상위 구조 간의 관계 형성이 중요하다. 다문서 읽기 과정은 개별 단일문서에 대한 이해를 복수의 텍스트 간의 관계 속에서 재배치하고 재구축하는 작업이기 때문이다. 형식 구조와 내용 구조는 다문서라는 거대한 망 속에서 새로운 의미를 부여 받게 된다. 단일문서 내에서 유의미했던 수많은 표지나 중심 문장들이 다른 텍스트와의 관계 구성 과정에서 그 의미를 상실할 수도 있다. 독립된 텍스트에서는 오히려 두드러지지 않았던 요소들이 다문서 읽기 상황에서 부각될 수도 있다. 단일문서 내의 내용과 형식은 다른 텍스트의 내용과 형식, 다른 텍스트에서 제공되는 맥락적 조건들과 '연합'될 때 새로운 의미를 획득하기 때문이다. 따라서 다문서 읽기 상황에서 '텍스트' 요인은 '맥락' 요인에 크게 좌우된다.

(2) 맥락[9]

맥락은 그 자체로 주체가 되지도, 대상이 되지도 못한다. 맥락은 어떤 주체가, 서로 다른 대상에 대해, 관계를 맺을 때 발생한다. 맥락은 어떤 것과 어떤 것의 관계 맺음으로만 형성되는, 현상 혹은 상태이다. 주체나 대상이 결여된 맥락은 존재하지 않으며, 단 하나의 주체나 대상이 독립적으로 맥락을 발생시키는 일 역시 불가능하다. 따라서 텍스트 읽기의 '맥락'에는 언제나 텍스트를 읽는 '독자(혹은 저자)'가 전제되고, 관계지을 만한 둘 이상의 '(물리적, 심리적) 텍스트' 혹은 텍스트 자체에 얽힌 여러 상황 맥락이 필요하다.

다문서 읽기에서의 '맥락'은 다양한 텍스트의 생산·수용에 관여하는 물리적, 상황적, 사회·역사적 의미에 의해 형성된다. 먼저, 다문서의 맥락은 물리

---

[9] 지금까지 '맥락'에 대한 논의는 국내외에서 활발히 이루어졌다. 말리노프스키Malinowski (1923: 306-309)가 처음 '상황 맥락(context of situation)' 개념을 도입한 이래, 비트겐슈타인Wittgenstein(1953)의 '언어 게임'이나 오스틴Austin(1975)의 화행 이론, 바흐친Bakhtin(1981)의 대화 이론, 비고츠키Vygotsky(1978)의 ZPD 개념, 윌슨·스퍼버Wilson & Sperber(2002)의 관련성 이론에 이르기까지, 맥락에 대한 논의가 여러 학문에 걸쳐 다양하고도 복잡하게 이루어졌다(박수자, 2001: 70 참고하여 재정리). 그중에서도 국내의 국어 교육 분야에서는 김재봉(1994), 박수자(2001)를 필두로, 이재기(2006), 김재봉(2007), 김혜정(2009, 2011), 김유미(2013) 등의 논의가 계속되어 왔고, 국외에서는 야콥슨Jakobson(1960), 하임스Hymes(1967), 할리데이·하산Halliday & Hasan(1989), 스피비Spivey(1996), 스노우Snow(2002), 루에 외Rouet et al.(2017)까지 계속되고 있다. 본고에서는 기존에 논의되어 온 '상황 맥락'의 층위를 수용하면서, '사회·문화적 맥락'을 '사회·역사적 맥락'으로 심화·확장하고, 유기체와 상호 소통하는 '물리적 맥락(김혜정, 2009; Mercer et al., 1988)'을 추가하여 논한다.

적 '환경'에 의해 형성될 수 있다. 물리적 환경이 텍스트를 매개로 독자의 읽기와 결합될 때 그것은 더이상 '물질'이 아닌 '물리적 맥락'이 된다. 예컨대, 독자가 하나의 텍스트만 읽는 상황에서 다문서를 둘러싼 맥락이 형성되기는 어렵다. 물리적 실체로서의 여러 텍스트를 읽는 상황에서만 다문서의 맥락이 형성될 조건을 갖출 수 있다.

따라서 물리적 맥락은 확정되거나 고정된 물리적 환경이 아니라 독자와 상호작용을 주고받을 수 있는 또 하나의 유기적 실체로 인정되어야 한다. 김혜정(2009: 57), 머서 외Mercer et al.(1988: 124) 역시 물리적인 상태로 존재하는 사물이라 해도, 담화(텍스트) 중 명시적이거나 암시적으로 환기(구성)되는 경우는 맥락성을 띠게 된다고 본다. 서로 다른 물질이 주체에 의해 관계 맺을 때 맥락이 형성된다는 것이다. 주체와의 관계 맺음이 제거된 물리적 환경이 독자라는 주체와의 관계 맺음을 내재하는 물리적 맥락으로 전환될 때 독자의 심리적 의미 구성이 시작된다. 따라서 다문서 읽기에 영향을 미칠 수 있는 '물리적 환경'을 제어하고 조성하는 것은 독자의 '물리적 맥락' 형성에 중요하다.

다문서의 맥락은 시·공간적 '상황'에 의해서도 형성될 수 있다. 상황은 독자의 주체적 활동을 촉발하는 매개로서의 구체적 시·공간을 의미한다. 상황은 온전히 독자 스스로 구성하는 것도, 외부 자극에 의해서만 구성되는 것도 아닌, 독자와 외부 자극 혹은 사회가 함께 구성하는 것이다. 이 점에서 이해는 객관적 구조에 대한 주체의 정신적 조작을 통하여 이루어지는 것이 아니라, 외부 자극으로서의 사회 공동체에 대한 합법적인 주변적 참여(legitimate peripheral participation) 과정에 독자가 실제로 개입하면서 획득하는 것을 의미한다(Lave & Wenger, 1998: 12). 마찬가지로 독자의 다문서에 대한 이해는 개인의 정신 속에서만 이루어지는 것이 아니라, 과제를 해결하기 위한 읽기 활동에 참여하는 것으로부터 발생하며, 그 과정에서 '상황 맥락'을 형성하게 된다.

마지막으로, 다문서의 맥락은 '사회·역사적' 조건에 의해 형성될 수 있다.[10] 상황 맥락이 다문서 읽기의 공시적 특성을 지닌다면, 사회·역사적 맥락은 공시적·통시적 특성을 동시에 지닌다. 텍스트에는 당대의 사회·문화적 특성이 반영되고, 당대의 특성에는 과거의 특성이 내재되기 때문이다. 이에 다문서를 읽는 독자는 텍스트와 관련된 주체들(예: 저자, 출판사), 당대의 사회·문화(예: 상식, 이념)를 여러 텍스트를 통해 이해할 수 있고, 시대 배경이 다른 텍스트를 연결하면서 사회·역사적 맥락을 깊이 있게 체험할 수 있다. 이 과정에서 다문서를 읽는 독자들은 '사회·역사적 맥락'을 형성하게 된다.

지금까지 살펴본 맥락에 대한 논의는 다문서 읽기 상황에서 각각 텍스트 읽기의 물리적 환경(물리적 맥락), 과제(상황 맥락), 출처(사회·역사적 맥락)에 대한 논의로 구체화할 수 있다. 그중 다문서 읽기 요인으로 중요하게 다루어지는 과제와 출처를 중심으로 상술하고자 한다.

과제는 독자가 텍스트를 활용해 처리하거나 해결해야 할 문제로서, 독자의 의미 구성과 판단을 유도하는 일련의 목표와 관련된다(Rouet et al., 2017). 독자들이 무엇을 어떻게 읽는가는 그들이 텍스트를 읽는 목적과 해결해야 할 과제에 따라 달라진다.

독자가 여러 개의 텍스트를 몇 개월의 간격을 두고 따로 읽는 경우는 다문서 읽기라고 하기 어렵다. 반면 특정 과제를 해결하기 위해 그와 관련된 여러 개의 텍스트를 함께 읽는 경우, 다문서 읽기라 할 수 있다(Rouet & Britt,

---

10　상황이라는 용어는 '맥락'이라는 용어의 하위 범주로 사용되기도 하지만(Fairclough, 1995; Spivey, 1996), 대부분의 연구에서는 '맥락'을 오랜 시간 사회·문화적으로 구성되어 온 방식인 '사회·문화적 맥락'과 일시적으로 이루어지는 의사소통 사건인 '상황 맥락'을 포괄하는 개념으로 사용해 왔다(유상희 외, 2018). 본고에서도 넓은 의미에서 맥락은 상황을 포함한다고 보지만 위의 논의처럼 과제 해결 상황과 같은 일시적 시·공간적 맥락을 강조할 때는 '상황'으로 특정하여, 사회·역사적 맥락과 구분하였다.

2011). 그런데 이때 독자들이 최초로 접하는 여러 개의 텍스트는, 독자 스스로
가 찾아 선택한 텍스트라고 해도 과제 및 주제 응집성이 단일문서만큼 강한
것은 아니다. 어떤 텍스트는 독자의 읽기 과제나 주제와 밀접하게 관련되지
만, 어떤 텍스트는 관련되지 않을 수 있다. 또, 개별 텍스트 간의 관련성이
높을 수도 있지만, 낮을 수도 있다.

이러한 다문서 읽기의 상황을 두고, 다문서는 응집성이 결여되어 있다고
표현할 수 있다. 독자는 산재되어 있는 여러 텍스트를 과제 해결을 위한
응집적 구성물로 만들기 위해, 먼저 과제와 관련된 텍스트와 그렇지 않은
텍스트가 무엇인지 판단하고 과제 관련성이 높은 텍스트를 선택해 이를 통합
하며 읽어야 한다. 이 때문에 다문서 읽기에서는 텍스트의 과제 관련성을
평가하는 것이 중요한 읽기 능력으로 간주된다.

관련성(relevance)이라는 개념은 논리학, 의사소통학, 심리학, 정보 과학 등
의 분야에서 다양한 방식으로 정의된다(Saracevic, 2007). 텍스트 읽기 활동에
서 관련성이란 '독자가 읽는 텍스트가 읽기 목표와 관련되는 정도'며, 이는
곧 독자가 텍스트의 의미를 처리하고 평가하는 데 들이는 인지적 노력과도
관련된다(Wilson & Sperber, 2002).

관련성 개념은 텍스트의 '중요성' 개념과 비교하면 그 특성이 잘 드러난다.
관련성은 텍스트가 세부 과제 혹은 목표에 적절한 정도인 반면, 중요성은
독자가 텍스트를 이해하는 데 필요한 필수 정보를 포함하는 정도이다. 즉,
관련성은 독자의 목표와 같은 텍스트 외부의 정보(Cirilo & Foss, 1980)에 의해,
중요성은 저자가 규정한 텍스트 내부의 정보(예, 텍스트 표지, 첫 문장)에 의해
결정된다(Alexander & Jetton, 1996; Kintsch, 1988, 1998a, 1998b). 이 점에서
중요성은 일반적으로 '독자의 과제와 관계없이' 텍스트의 핵심 내용을 명제
적 구조를 바탕으로 이해하는 데 필수적인 개념이다. 단일문서를 읽는 독자
에게는 '텍스트가 중요한 정보를 포함하였는가'와 같은 텍스트의 중요성을

판단하는 것이 중요한 임무가 되지만, 다문서를 읽는 독자에게는 '텍스트가 과제와 관련되는가, 텍스트와 텍스트가 서로 관련되는가'와 같은 텍스트와 과제의 관련성, 텍스트와 텍스트의 관련성을 판단하는 것[11]이 주요 임무이다.

다음으로, 사회·역사적 맥락을 형성하는 주요 단서가 되는 텍스트의 출처는 저자, 배경으로 구분할 수 있다.

<출처>
- 저자: 이름, 지위, 관점 등
- 배경: 텍스트가 생산·수용된 사회 역사적 시기와 공간, 유통 및 공유 구조, 텍스트 생산·수용에 관여하는 참여 주체

독자는 다양한 텍스트를 저자의 이름, 지위, 관점을 중심으로 탐색·통합·비판할 수 있다. 저자의 이름은 익명의 텍스트가 존재하는 공간에서 다문서를 읽을 때 더욱 중요한 요인이 된다. 텍스트의 내용이 통일성 있게 구성되었다 하더라도 텍스트의 저자를 알 수 없는 경우에는 다른 정보를 통해 텍스트의 저자를 알아내지 않는 한, 그 텍스트의 신뢰성을 확보하기 어렵고 의미 구성의 타당성도 보장할 수 없기 때문이다.

---

11 일례로 텍스트와 텍스트의 관련성을 다문서 응집성으로 개념화하고, 관련 인지 과정을 제시하는 연구를 들 수 있다. 조병영·애플러백Cho & Afflerbach(2017)은 디지털 다문서 읽기의 핵심 과정을 '응집성(coherence)'(van den Broek et al., 1995)으로 제시한다. 응집성은 '일관되고 종합적인 의미를 구성하는 질적 특성이며, 유용하면서 관련성 있는 정보들을 연결하는 데 필요한 기본 규칙(Cho & Afflerbach, 2017: 114)'이다. 그들은 디지털 다문서 읽기의 의미 구성 수준을 '응집적 읽기 경로 구축, 응집적 정보 표상, 응집적 다문서 관계화'로 제시하고, 읽기 과정을 (1) 다문서 링크 확인 및 의미 구성, (2) 다문서의 관련성 점검, (3) 단일문서·다문서의 출처 확인 및 평가로 모형화하였다. 이 연구는 다문서를 읽을 때에는 다른 인지 요소보다도 텍스트 간 응집성을 구축하는 능력, 그것을 과제와의 관련성 속에서 판단하는 능력이 중요하다는 것을 보여준다.

저자의 지위는 텍스트의 내용과 형식을 구성하는 중요한 원천이 된다. 같은 주제에 대해 교수가 작성한 텍스트와 초등학생이 작성한 텍스트는 정보의 질, 인지적 권위 면에서 큰 차이가 난다. 독자는 이런 점을 고려하여 텍스트를 탐색하고, 통합하고, 비판해야 한다.

저자의 관점은 텍스트를 생산하고 소통하는 핵심 기제다. 다문서를 읽는 독자들은 동일 주제에 대해서도 각 텍스트마다 다른 '진실'을 말하려고 한다는 것을 알아채야 한다. 다양한 텍스트에 시시각각 달리 드러나는 관점을 파악함으로써 다문서 읽기 능력을 향상할 수 있다.

배경은 텍스트가 생산·수용되는 사회·역사적 시기 및 공간, 유통 및 공유 구조, 텍스트 생산·수용에 관여하는 참여 주체로 구분할 수 있다. 텍스트는 진공의 상태로 생산되지 않는다. 텍스트의 저자도, 텍스트의 독자도 각자의 시·공간 속에 머물러 있다. 시·공간에 소속된 저자가 구성하는 텍스트 역시 사회·역사적 공간과 시간을 함축한 기호라 볼 수 있다. 그 속에는 당대의 이해관계, 영향 관계에 놓인 수많은 참여 주체들의 목소리가 저자의 목소리를 통해 발성된다. 독자는 다양한 텍스트를 읽을 때 이러한 텍스트의 맥락적 특성을 고려해야 한다.

따라서 다문서 읽기 시 텍스트가 생산된 시·공간을 고려하는 것은 매우 중요하다. 독자가 비슷한 주제를 다룬 21세기의 텍스트(예: 유발 하라리의 '사피엔스')와 B.C. 5세기의 텍스트(예: 헤로도토스의 '역사')를 함께 읽을 때, 서양의 텍스트(예: 유발 하라리의 '사피엔스')와 동양의 텍스트(예: 자와할랄 네루의 '세계사편력')를 함께 읽을 때 공시적·통시적으로 더욱 풍부한 의미를 생성할 수 있다.

유통 및 공유 구조 측면에서 살펴보면, 하나의 사회적 사건에 대해 쏟아지는 여러 편의 신문 기사들 중 추구하는 가치가 확연히 대립되는 신문사의 기사문을 찾아 함께 읽는 것이 다문서의 의미를 심화하고 확장하는 데 도움

이 된다. 특히, 대부분의 디지털 텍스트들은 다양한 유통 및 공유 구조, 사회·
경제적 이해 관계와 얽혀 있다. 이러한 측면에서 텍스트가 생산되고 공유되
는 맥락은 다문서 읽기의 중요한 요인이다.

또, 독자는 하나의 주제에 관한 다양한 글의 상대적 의미를 파악하고 현재
읽는 글이 어떤 사회·문화적 참여 주체와 관련되는지, 불일치하는 글들은
이면에 어떤 관계를 함의하고 있는지, 어떤 의도가 숨겨져 있는지, 다른 글들
과 비교했을 때 지금 읽는 글이 어떤 사회·역사적 위상을 갖는지 등과 관련된
인식을 다양한 정보가 담긴 다문서 읽기를 통해 구성할 수 있어야 한다.

다문서 읽기 시 정보를 탐색하고 통합하고 비판하는 과정에서 텍스트의
저자, 배경은 각기 독립적으로 작용하는 것이 아니다. 이들 텍스트 맥락은
언제나 함께 작용하며, 다문서에 대한 의미 구성에 통합적으로 기여한다.
이러한 특성을 지니는 맥락은 독자에 '의해' 형성된다는 점에서 독자 요인과
밀접하게 관련된다.

(3) 독자

독자는 텍스트를 읽으면서 의미를 구성하는 주체로, 텍스트를 읽고 학습하
는 독자의 인지·정의·행동적 측면을 모두 포함한다. 다문서 읽기 시에는
독자의 배경지식(Bråten et al., 2011; Coiro, 2011; McNamara, 2001; Wineburg,
1998)과 주제 신념 혹은 인식론적 신념(이소라, 2017ㄴ; Bråten & Strømsø, 2010;
Kardash & Howell, 2000; Kim, 2014; Rukavina & Daneman, 1996)이 큰 영향을
미친다.

다문서를 읽는 독자들은 자신에게 필요한 텍스트나 정보가 무엇인지를
결정하기 위해 과제에서 요구하는 것과 자신의 배경지식을 계속해서 비교해
야 한다(Raphael, 1984; Rouet & Coutelet, 2008). 읽기 경험이 풍부하고 텍스트
친숙도가 높은 학생 집단이 그렇지 않은 집단보다 자신의 경험에 비추어

텍스트를 이해하고 다른 텍스트와 통합하는 능력이 뛰어났다는 연구 결과 (Hartman, 1995)에서도 배경지식이 다문서 읽기에 미치는 영향을 짐작할 수 있다.

다만, 단일문서 읽기 상황에 비해 다문서 읽기 상황에서는 배경지식이 절대적 영향을 미치지는 않는다. 다문서 읽기 상황에서는 다양한 텍스트를 찾아 읽으면서 부족한 배경지식을 보완할 수 있기 때문이다. 또한 현재 읽는 텍스트에서 이해되지 않는 부분이 있을 경우 다른 텍스트를 참고할 수 있다.

특히, 디지털 다문서 읽기 상황에서는 독자의 배경지식의 중요도가 낮아지고 시스템 지식의 중요도가 높아지는 것으로 보고된다. 대표적으로 코이로 Coiro(2011)에 의하면 디지털 다문서 읽기 상황에서는 텍스트 내용에 대한 배경지식(내용 지식, 어휘 지식)이 다소 부족하다 하더라도 독자의 시스템 지식을 활용하여 텍스트를 찾아 읽고, 그것을 다른 텍스트와 통합하여 읽을 수 있다.

다문서에 대한 의미 구성에 지속적으로 영향을 미치면서도 그 과정에서 변화되기 어려운 부분은 배경지식이 아니라 신념이다. 신념이란 어떤 사건이나 행위와 같은 환경적 자극에 대해 각 개인이 갖는 태도로서, 개인의 믿음 체계 또는 사고 방식이다(Ellis, 1958, 1962). 독자들은 다양한 텍스트를 통해 세계에 대한 신념을 형성하기도 하고, 기존 신념을 바탕으로 텍스트에 담긴 세계를 수용하기도 비판하기도 한다.

러빈·머피Levine & Murphy(1943)의 보고에 의하면, 독자들이 자신의 태도나 신념과 모순되는 정보에 직면했을 때 보이는 전형적인 반응은 확증 편향 혹은 태도 편극화로 설명된다. 독자들은 자신의 신념과 불일치하는 정보를 접할 때 정보를 왜곡하여 받아들이는 경향이 있고(확증 편향, biased assimilation), 자신의 신념을 강화하기 위해 다른 정보를 이용하는 경향이 있다(태도 편극화, attitude polarization)(Kardash & Howell, 2000: 525에서 재인용).

또, 독자의 초기 신념과 부합하는 정보일수록 수용될 가능성이 높은 반면, 일치하지 않는 정보들은 거부되는 경향이 있다는 것을 텍스트-신념 일관성 효과(Text-Belief consistency effect)로 설명하기도 한다(Maier & Richter, 2014). 그만큼 텍스트에 대한 의미 구성 과정에 독자의 신념이 큰 영향을 미친다는 것이다. 이와 관련된 연구도 다수 진행되어 왔다(Garner & Chambliss, 1995; Lord et al., 1979; Miller et al., 1993).

다문서 읽기 연구에서는 독자의 인식론적 신념(이소라, 2017ㄴ; Bråten & Strømsø, 2006, 2010; Jacobson & Spiro, 1995; Kim, 2014), 주제 신념(Garner & Chambliss, 1995; Kardash & Howell, 2000; Kardash & Scholes, 1995)을 다문서 읽기에 영향을 미치는 중요한 요인으로 다룬다.

인식론적 신념(epistemological belief)이란 지식의 본질과 앎의 과정에 대해 개인이 가지는 믿음(Hofer & Pintrich, 1997: 80)이다. 지식에 대한 인식론적 신념은 무엇이 지식인지, 지식을 어떻게 학습하는지, 지식의 확실성의 정도는 어떠한지, 지식을 확정하는 기준과 한계가 무엇인지에 대한 개인의 관점을 반영한다(Perry, 1981)(Brownlee et al., 2001: 248에서 재인용).

다문서는 저자의 관점, 내용을 다루는 방식, 소통 구조 등이 서로 다르기 때문에 독자가 거시적 안목과 합리적 의심을 갖고 이해하는 것이 무엇보다 중요하다. 그러한 읽기를 촉발하는 기제가 지식의 구성성에 대한 인식, 즉 인식론적 신념이다(이소라, 2017ㄴ: 184). 실제로 높은 인식론적 신념을 가진 독자는 초보적인 인식론적 신념을 지닌 독자보다 다문서 읽기를 더 잘한다는 결과(Bråten & Strømsø, 2010; Rukavina & Daneman, 1996)에서도 인식론적 신념이 다문서 읽기에 영향을 미치는 주 요인이라는 것을 알 수 있다.

주제 신념(topic-specific beliefs)이란 특정 주제와 관련된 지식의 단순성 및 근원에 대한 믿음(Bråten et al., 2008: 819)이다. 주제 신념은 특정 주제와 관련된 텍스트를 이해하고 해석하는 기반이 되기도 하지만, 확증 편향, 태도 편극화라는 결과를 낳기도 한다(Kardash & Schols, 1996). 또, 특정 주제에 대한 신념은 관련 주제의 텍스트뿐 아니라, 다른 주제의 텍스트를 이해할 때에도 영향을 미친다. 독자의 특정 주제에 관한 신념이 배경지식과 상호작용하면서 다문서 읽기 과정에 영향을 미치기 때문이다(Kim, 2014). 예컨대, 독자는 텍스트의 타당성(validity)을 평가할 때에도 해당 주제에 대한 자신의 주제 신념과 배경지식을 활용하여 읽는, 신념 조절 과정을 거친다(Richter et al., 2009).

다문서 읽기 교육은 특정 주제에 대한 독자의 믿음 체계가 불균형적으로 왜곡되는 위험을 최소화하는 데 반드시 필요하다. 다문서 읽기 상황에서는 독자의 기존 신념과 동일한 텍스트뿐 아니라, 그와 다르거나 대립되는 텍스트에 대한 이해가 필수적으로 요구되기 때문이다. 또한 다문서 읽기 교육은 독자가 서로 다른 텍스트를 관계 짓는 과정에서 특정 텍스트의 다양한 측면들을 다른 텍스트의 시각에서 바라볼 수 있는 기회를 줄 수 있다. 학생 독자들은 발달 단계상 인식론적 신념이나 주제 신념이 불확정적이고 유동적이기 때문에 다양한 텍스트를 다면적으로, 그리고 유연하게 이해할 수 있는 경험을 제공하는 것은 그들 자신의 텍스트 읽기 방식과 세계에 대한 사유 방식을 확장하는 데 기여할 것이다.

제2장

다문서 읽기 연구의 이론적 토대는 무엇인가?

본고에서 개념화하는 탐색·통합·비판 중심의 다문서 읽기와 가장 유사한 연구는 루에·브릿Rouet & Britt(2011)이다. 이 연구는 읽기의 대상 텍스트를 단일문서에서 다문서로 확장하여, 다문서의 기능적 사용과 관련된 자원 및 처리 과정을 과제 관련성 기반의 MD-TRACE 모형(Multiple-Document Task-based Relevance Assessment and Content Extraction)으로 제안하였다. 이 모형은 '읽기 목표 및 과제(task model) 구성, 필요한 정보에 대한 접근 및 선택, 텍스트 정보의 처리 및 통합, 과제 생산물(task product) 구성, 생산물의 질 평가' 등 다섯 가지 처리 과정으로 구성된다. 그중 접근 및 선택은 탐색적 다문서 읽기, 정보 처리 및 통합은 통합적 다문서 읽기, 과제 구성 및 생산물의 질

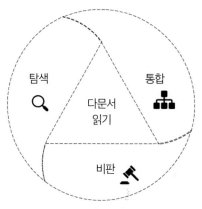

[그림 Ⅱ-1] 다문서 읽기의 총체적 과정

평가는 비판적 다문서 읽기와 밀접하게 관련된다. 이 연구는 인쇄 혹은 디지털 매체에 두루 적용될 수 있는 다문서 읽기 과정이 탐색, 통합, 평가로 구성될 수 있음을 이론적으로 뒷받침해 준다([그림 Ⅱ-1] 참고).

그러나 대부분의 다문서 읽기 관련 선행 연구는 탐색, 통합, 평가 중 어느 하나의 과정을 초점화하여 다룬다. 오히려 이 책에서 다루고자 하는 탐색적 다문서 읽기는 기존의 디지털 텍스트 읽기 연구와 유사하고, 비판적 다문서 읽기는 비판적 담화 분석이나 정보 평가 관련 연구를 참고할 수 있다. 엄밀히 말하면 이 책에서 다루는 다문서 읽기의 세 과정 중 통합적 다문서 읽기만이 기존의 전통적 다문서 읽기 연구에서 다루는 내용과 일치하는 것이다.

그러나 대부분의 전통적 다문서 읽기 연구들이 인쇄 텍스트 읽기(Hartman, 1995; Wolfe & Goldman, 2005)에 기반하여 수행되었으며, 다문서를 읽는 독자들의 통합적 표상에 대한 탐구 중심으로 이루어져 왔다. 이러한 접근 방식의 문제점은 이제 더 이상 다문서 읽기 현상 자체를 특정 매체 읽기에만 한정할 수 없는 시대가 되면서 발생하였다. 현대 사회의 독자들은 인쇄 매체보다 디지털 매체 텍스트 읽기에 더 많은 시간과 공을 들이며, 때로는 인쇄 텍스트와 디지털 텍스트 읽기를 병행하기도 한다. 또 그들은 여러 텍스트를 통합하는 데 그치는 것이 아니라 자신에게 필요한 텍스트를 찾는 것에도 많은 시간을 투자하며, 그 과정에서 정보의 진위를 판단하고 평가할 것을 요구 받는다. 이처럼 현대 사회가 될수록 다문서 읽기 현상의 외연이 확장되고 있기에 연구에서도 이를 포섭할 수 있도록 연구 범위를 확장할 필요가 있다. 특정 국면에서는 시스템이나 환경적 제약을 받을 수밖에 없겠지만, '여러 개의 텍스트'를 읽는 상황에서 매체에 상관없이 공통적으로 적용될 수 있는 독자의 읽기 전략에 대한 연구도 이루어져야 한다는 것이다.

이를 위해서는 다문서 읽기가 이루어지는 매체 환경을 기존의 인쇄 텍스트에서 디지털 텍스트로 확대해야 하며, 다문서 읽기의 초점을 기존의 '통합'

중심 탐구에서 탐색·통합·비판의 사고 과정 중심 탐구로 넓혀야 한다. 이에 이 책에서는 다문서 읽기와 관련되는 기존의 디지털 텍스트 읽기, 정보 통합적 읽기, 비판적 읽기를 '다문서 읽기'로 통칭하고, 각각을 언급할 때는 '다문서 읽기'에 초점화하여 탐색적 다문서 읽기, 통합적 다문서 읽기, 비판적 다문서 읽기로 칭한다.

이제 탐색, 통합, 비판의 기저 이론이 되는 정보 통합 중심의 전통적 다문서 읽기 연구, 단일문서 내 정보 탐색 연구, 디지털 텍스트 읽기 연구에 대해 살펴보자.

1. 정보 통합 중심의 전통적 다문서 읽기 연구

단일문서 읽기 논의에서 '통합'의 개념은 절, 문장, 문단 사이의 관계를 추론하고 연결하는 의미 구성 과정(Irwin, 2007)으로 설명된다. 킨치Kintsch (1988, 1998a, 1998b)가 제안한 구성 통합 모형(Construction-Integration Model)[1]은 독자의 텍스트 읽기 과정에서 일어나는 통합적 정신 작용을 설명하는 가장 영향력 있는 이론이다. 독자들이 글을 읽을 때 단어, 문장으로 구성되는 텍스트 표면 구조를 인지함으로써 텍스트 기저(textbase)에 대한 이해가 발생하며, 독자의 배경지식이나 맥락과의 상호작용을 통해 상황 모형(situation model)을 형성하게 된다는 원리이다.

그런데 단일문서 읽기 상황에서의 심리적 기제를 설명하는 킨치Kintsch

---

1   텍스트 읽기 모형은 텍스트를 읽는 독자의 머릿속 과정을 입력과 산출의 형태로 각종 요인과의 영향 관계를 반영하여 설명하는 방식 중 하나이다. 이는 텍스트 읽기의 과정이나 절차를 중심으로 인지 행위를 탐색하기 위한 노력의 일환이다. 따라서 행위적, 물리적 자원의 입력과 산출 과정을 전제하는 '읽기 교수·학습 모형'이나 '읽기 평가 모형'에서의 용어 쓰임과는 차이가 있다.

(1988, 1998a, 1998b)의 구성-통합 모형이 더이상 독자들의 복잡한 이해 과정을 설명하기 어렵다는 최초의 문제 의식이 와인버그Wineburg(1991)에 의해 촉발되고, 퍼페티 외Perfetti et al.(1999)와 브릿 외Britt et al.(1999)에서 본격적으로 이론화되었다. 퍼페티 외Perfetti et al.(1999)는 기존의 읽기 모형(Kintsch, 1988, 1998a, 1998b)은 기존 이론으로는 여러 텍스트 간의 연결과 그에 대한 독자의 의미 표상을 설명하기 어렵다고 판단하고, 독자의 다문서 읽기를 설명할 수 있는 새로운 텍스트 표상 이론(모형)을 제안하였다. 그것이 바로 다문서 읽기 연구의 이론적 기반을 제공하는 문서 모형(Document Model)이다.

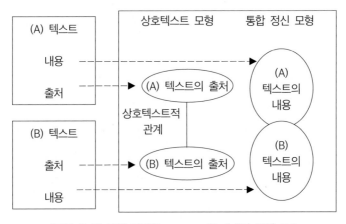

[그림 II-2] 문서 모형(Document Model)의 구성 요소
(Britt & Rouet, 2012: 285)

문서 모형은 다문서 읽기의 심리적 기제를 설명하기 위해 기존의 상황 모형에 상호텍스트 모형(intertext model)과 통합 정신 모형(integrated mental model)(Britt & Rouet, 2012; Rouet, 2006)[2]이라는 두 가지 표상을 추가한다([그림

---

2   최초의 문서 모형은 역사 영역에서 제안되었지만, 수정된 문서 모형(Britt & Rouet, 2012)

Ⅱ-2] 참고).

상호텍스트 모형은 '텍스트의 출처 간 통합적 표상'을 바탕으로 성립된다. 이에 따르면 텍스트의 출처는 저자(예: 이름, 지위), 환경(시간, 공간, 문화), 양식 (출판 날짜, 출판 유형), 수사적 목표(저자의 의도, 독자) 등 다양한 특징들로 나타날 수 있다(Britt & Rouet, 2012: 286). 또한 상호텍스트적 연결은 텍스트의 출처와 독자가 구성한 내용 간의 관계(예: '저자 A가 ~라고 말한다', '저자 B가 ~라고 말한다.'), 각 텍스트 출처 간의 관계(예: '저자 A가 저자 B를 반대한다')를 표상할 수 있는 연합(association) 작용이다(Braasch et al., 2016: 1573). 상호텍스트 모형은 다문서 읽기의 핵심 정신 작용이 텍스트 출처에 대한 인식과 출처 간의 상호텍스트적 연결이라는 것을 시사한다.

통합 정신 모형은 '여러 텍스트의 기저 의미에 대한 독자의 상황적 의미 표상'을 바탕으로 성립된다. 구성 통합 모형(Kintsch, 1988, 1998a, 1998b)이 텍스트의 기저 의미에 대한 이해, 텍스트와 독자의 배경지식 간의 상호작용에 의한 통합적 의미 구성을 설명한다면, 통합 정신 모형은 '텍스트 간'의 의미 연결(connections)을 통해 구성되는 상황 혹은 현상에 대한 통합적 정신 표상을 설명한다. 요약하면 상호텍스트 모형은 여러 텍스트의 '출처 간 연결', 통합 정신 모형은 여러 텍스트의 '내용 간 연결'을 바탕으로 한 독자의 의미 구성을 나타낸다.

이 관점에서 보면 다문서를 능숙하게 읽는 독자는 다양한 문서에 나타나는 의미들 간의 '관계'를 표상하는 독자이다(Goldman, 2004). 예컨대, 통합 정신

은 사회, 자연과학을 포함한 영역 일반의 표상을 설명한다. 수정된 문서 모형은 역사 영역 뿐 아니라(Britt & Aglinskas, 2002; Nokes et al., 2007; Rouet et al., 1996; Wolfe & Goldman, 2005), 의학(Sanchez et al., 2006; Stadtler & Bromme, 2008), 생물학(Cerdán & Vidal-Abarca, 2002), 지리학(Wiley et al., 2009), 기후학(Bråten et al., 2009; Strømsø, Bråten, & Britt, 2010), 사회학(Le Bigot & Rouet, 2007) 분야의 다문서 읽기 관련 연구의 기반이 되고 있다(Bråten et al., 2011: 51에서 재인용).

모형에 기반하면, 다양한 관점에서 설명되는 역사적 사건에 대한 응집성 있는 표상, 논쟁적 과학 문제를 다루는 다문서에 대한 이해 등을 독자의 통합적 의미 구성 측면에서 설명할 수 있다. 또한 특정 분야의 텍스트 읽기만이 아니라 사회과학, 자연과학을 포함하는 다양한 분야의 텍스트 읽기에서 나타나는 정보 표상을 설명할 수 있다(Bråten et al., 2011).

다문서 읽기 관련 선행 연구들은 이와 관련된 이론을 다양한 방식으로 제안하고 검증해 왔다. 와인버그Wineburg(1991)는 렉싱턴 전투(1775.4.19.)에 관한 텍스트 사료 8개, 그림 사료 3개를 제공하고, 참여자(역사학자 8명, 고등학생 8명)들의 읽기 전략을 사고구술 방법을 활용하여 분석하였다. 분석 결과, 역사가들의 다문서 읽기 전략은 (1) 확증(corroboration), (2) 출처 확인(sourcing), (3) 맥락화(contexualization)인 것으로 나타났다. 확증 전략은 하나의 텍스트를 다른 텍스트와 비교·대조하는 것으로, 독자가 텍스트를 타당한 정보로 수용하기 전에 주요 세부 사항을 다른 텍스트들을 통해 확인하고 검토하는 것이다. 출처 확인 전략은 역사 텍스트를 읽을 때, 1차 자료의 출처가 무엇인지 살펴보기 위해 참조할 만한 다른 자료를 찾아보는 것이다. 맥락화는 사건이 발생한 시·공간적 상황을 떠올리며 텍스트를 이해하는 것으로, 사회·문화적 조건들을 고려하여 다양한 텍스트를 해석하는 것이다. 이 연구에서 제시한 다문서 통합 전략이나 양상은 후속 연구에도 큰 영향을 미쳤고, 여러 실험들을 통해 반복적으로 입증되어 왔다.

다문서 읽기 연구의 시초인 하트만Hartman(1995)은 8명의 독자들이 5개의 텍스트를 읽을 때 발생하는 다문서 통합(intertextual links) 유형을 제시하였다. 분석 결과, 의미 통합은 '텍스트 내 통합, 텍스트 간 통합, 텍스트 외 통합'의 세 가지 유형으로 나타났다. 텍스트 내 통합은 단일 텍스트 안의 내용 언결을, 텍스트 간 통합은 둘 이상의 텍스트에 포함된 내용들의 연결을, 텍스트 외 통합은 텍스트와 텍스트 외적 자원(예: 과제 환경)과의 연결이다. 그중 텍스트 간 통합에서 나타나는 독자들의 다문서 통합 전략은 여러 텍스트에 나타난 정보 간의 공통점과 차이점 비교하기, 여러 텍스트에 나타난 관점(point of view) 비교하기 등이었다.

와인버그Wineburg(1991)가 텍스트의 출처에 대한 이해를 강조한 데 비해, 하트만Hartman(1995)은 여러 텍스트에 나타난 관점뿐 아니라, 주제(topics, themes), 장르(genre) 측면의 비교·대조를 통해 다문서의 의미를 정교화하고 통합하는 양상을 밝혔다는 데 의의가 있다.

브로텐 외Bråten et al.(2011: 51)에서는 와인버그Wineburg(1991)가 제시한 확증(corroboration) 전략을 텍스트 읽기의 주요 전략 중 하나로 제시한다. 그에 따르면, 독자들은 여러 텍스트의 내용이나 관점을 전략적으로 비교하면서 다문서에 대한 의미를 구성한다. 세부 전략은 텍스트 간의 일치·불일치를 비교·대조하기(situation model), 여러 텍스트의 출처나 관점을 비교하기(source-source links), 텍스트의 출처 정보 확인 및 검토하기(document node information), 텍스트의 출처와 내용 연결하기(source-content links)이다. 앞선 두 전략은 텍스트 간 정보들을 계속해서 비교·대조하는 것(corroboration)이고, 나머지 두 전략은 각 텍스트의 출처를 확인 및 검토(sourcing)하는 것과 관련된다.

다양한 텍스트를 효율적으로 통합하기 위해서는 여러 텍스트의 내용과 출처를 활용한 읽기 전략뿐 아니라, 텍스트들의 관계를 배열하고 조직하는 전략 즉 다문서를 구조화하는 전략도 필요하다. 이와 관련하여 애플러백·조병영Afflerbach & Cho(2009)은 '텍스트 간 연결을 통해 의미 구조 형성하기, 개념 지도 등을 활용하여 텍스트 간 관련 정보 조직하기' 전략을 제시하였다. 브로텐·스트룀쇠Bråten & Strømsø(2011)는 '다문서에 대한 거시적 지도(complete picture) 형성하기' 전략을 다문서 정교화 전략의 하위 전략으로 제시하였다. 이들은 다문서 읽기가 단순히 정보 축적 과정이라기보다 문서들 간의 정보를 연결하는 수사적 예측의 다양성을 필요로 하는 과정(Rouet &

Britt, 2011)으로 보았다.

앞서 밝혔듯 전통적 다문서 읽기 이론은 '인쇄' 텍스트 읽기 상황에서의 '통합' 과정을 중심으로 이루어졌기 때문에 디지털 사회의 현대 독자들의 다문서 읽기 양상, 특히 다문서 읽기 상황에서의 정보 평가 양상을 포착하고 설명하기 어렵다. 이 부분을 보완하기 위해 단일문서 내 정보 탐색에 대해 밝힌 연구, 디지털 텍스트 읽기 연구를 추가적으로 살펴 보고자 한다.

2. 단일문서 내 정보 탐색적 읽기 연구

탐색적 읽기 연구의 시초는 2000년대 이전에 이루어진 '정보 찾아 읽기' 연구에서 찾을 수 있다. 정보 독해와 정보 탐색 모두 읽기 활동에 속하지만 관여하는 인지 요소, 정보 처리 절차가 각기 다르기 때문에 전통적 읽기 과정 논의에서 분리하여 다루어야 한다는 주장(Bransford et al., 1979; Guthrie & Mosenthal, 1987; Morris et al., 1977)이 제기되면서 학계의 주요 논제로 부각 되었다. 정보 독해를 위한 읽기는 텍스트의 전반적인 구조나 아이디어를 해석하는 데 중점을 두고 정보 처리가 이루어지는 반면, 정보 탐색을 위한 읽기는 텍스트 내의 세부 사항에 중점을 두고 정보 처리가 이루어진다는 것이다.

대표적으로 스타인 외Stein et al.(1984)와 하르텔Haertel(1985)에서 두 범주 (독해, 탐색)의 읽기가 객관적으로 정의되고, 각각이 대등한 정보 처리 과정을 연구하는 영역이 될 수 있음을 주장하였다. 정보 찾기는 문장 회상과는 구분 되는 독립적 영역(Guthrie & Mosenthal, 1987: 289)이라는 것이다.

거스리·커시Guthrie & Kirsch(1987) 역시 그 당시 읽기 연구 방법으로 활용되던 회상(recall)(Anderson & Pearson, 1984)은 기억을 연구하는 데 유용하지만, 정보 찾기를 위한 읽기를 포착하기는 어려운 것으로 보았다. 정보 찾기(Locating information)는 독해하기(Reading comprehension)와 구분되는 영역이라는 것이다. 정보 찾기 과제에서는 일반적인 독해 활동에 영향을 준다고 알려진 요인들 즉, 배경지식, 추론(Anderson & Pearson, 1984), 단어의 의미 추론(Levin, 1986), 텍스트 구조(Meyer & Rice, 1984), 상위 인지(Baker & Brown, 1984) 등이 달리 나타날 수 있기 때문이다(Guthrie & Kirsch, 1987: 220).

그들에 의하면 정보 찾기는 (1) 분명한 목표 형성하기 (2) 텍스트에 나타난 정보의 범주 인식하기 (3) 각 범주에서 중요한 사항 발견하고 발췌하기 (4) 목표와 사전 지식 통합하기 (5) 목표가 달성될 때까지 (1)–(5) 단계 반복하기로 이루어진다. 해당 연구는 '정보 수집을 위한 읽기'를 기존에 논의되던 '의미 구성을 위한 읽기'에서 분리하여 정보 수집 읽기 자체의 하위 인지 요소가 존재한다는 결론을 내면서, 정보 수집 읽기의 독자적인 인지 모형이 필요함을 제안한 초기 연구이다.

그 후 거스리Guthrie(1988)는 텍스트 정보 수집 모형(Process model of locating information in documents)을 제안하면서 대학생 26명을 대상으로 컴퓨터 화면에 나타나는 자극물을 읽고 정보를 찾도록 하였다. 참여자들은 비행기 일정표 화면(비행편, 출발지, 출발 시각, 도착지, 도착 시각, 식사 메뉴, 날짜, 가격 등이 제시됨)을 읽고, 세 가지 조건을 만족하는 여행을 선택하는 과제를 수행하였다. 연구 결과, 정보 찾기의 하위 인지 요소는 '(1) 읽기 목표 형성 (2) 정보의 범주 선택 (3) 정보 추출 (4) 정보 통합 (5) 재시작'으로 나타나 거스리·모젠탈Guthrie & Mosenthal(1987)에서 제시한 것과 유사했다.

그들은 그중 범주 선택과 정보 추출이 정보 찾기의 핵심 요소임을 주장하였다. '범주 선택'은 읽기 목표에 맞게 텍스트 내용의 범주를 초점화하여 읽는 과정이다. 능숙한 독자들은 읽기 과제를 해결하기 위해 목적에 맞는 최소한의 범주를 선택하지만, 과제에 초점을 맞추지 못하는 독자들은 매우 광범위한 범주를 선택하였다. '범주 추출'은 독자가 이전 단계에서 선택한 범주에서 읽기 과제에 맞는 세부 사항 혹은 사실들을 뽑아내는 것으로, 읽기의 정확성을 확인하는 단계이다.

지금까지 살펴본 탐색적 읽기의 초기 연구는 정보 탐색 과정이 일반 독해 과정과 구분되는 지점이 있다는 것을 밝혔다는 의의가 있다. 그러나 텍스트의 범위가 단어, 문장, 문단, 하나의 글로 한정되고 연구 수행 또한 주어진 텍스트 내에서 읽기 목표에 맞는 정보를 선택하고 추출하는 인지 과정 수립에 집중되어 있었다는 점(예: 색인(index) 찾기, 목차를 통해 책 개관하기 등)에서 다문서 읽기 논의에 그대로 적용하기 어렵다.

따라서 탐색적 다문서 읽기는 단일문서에서의 정보 찾기와는 다른 방식으로 설명되어야 한다. 다양한 텍스트가 존재하는 상황에서는 정보 찾기의 문제가 읽기의 목표나 과제와 결부되는 데 그치는 것이 아니라, 읽기의 경로 형성이나 전략 활용의 확장적 변화를 의미하며, 나아가 읽기의 인지 과정 전반의 변화를 초래하기 때문이다. 이에 본고에서는 탐색적 다문서 읽기를 단일문서 내에서 정보를 찾는 협소한 의미를 넘어서, 다문서 읽기 상황에서의 정보 탐색으로 확장하여 다룰 것이다. 이때 참고할 만한 논의가 디지털 텍스트 읽기 관련 연구이다.

3. 디지털 텍스트 읽기 연구

디지털 텍스트 읽기 상황에서는 다양한 텍스트를 읽을 수밖에 없기 때문에 다문서 읽기와 필연적으로 관련된다. 더군다나 인터넷에서 독자의 읽기 목표와 과제에 적절한 정보를 탐색해야 하고, 그 과정에서 정보들을 통합할 뿐 아니라 판단하고 평가해야 하는 독자의 역할이 다문서 읽기에서 상정하는 독자의 모습과 유사하다.

디지털 텍스트 읽기에 대한 연구는 국외의 경우 시기별로 두 가지 흐름으로 설명될 수 있다. 첫째, 연구 초기의 텍스트 읽기 이론에 기반한 접근(RRSG 보고서, Snow et al., 2002; 오은하, 2016 참고)이다. 이에 따르면 디지털 텍스트 읽기는 기존의 전통적 텍스트 읽기 연구에 기반하되, 사회·문화적 요인이 읽기 변화에 큰 영향을 미친다는 점이 강조된다. 디지털 텍스트 읽기 상황에서도 여전히 읽기의 주체인 '독자', 읽기의 대상인 '텍스트', 읽기가 이루어지는 '활동', 텍스트의 생산과 소비의 장인 '사회·문화적 맥락'이 텍스트 읽기에서 핵심적 역할을 한다(Jetton & Alexander, 2004)는 것이다. 다만 최근 인터넷상에서 접하는 텍스트나 독자의 읽기 활동의 범위가 다변화됨에 따라 독자들의 인지 과정을 설명하는 읽기 전략에 대한 새로운 관점의 연구가 필요하고, 다양한 사회·문화적 요인이 디지털 텍스트에 대한 의미 구성에 영향을 미칠 수 있다는 것에 대한 관심도 높아졌다고 보고한다.

둘째, 기존의 인쇄 텍스트 읽기와 구분되는 디지털 텍스트 읽기의 특성을 강조하는 경우이다. 이는 독자의 새로운 인지 과정 분석에 관심을 두는 신문식성 연구와 흐름을 같이 한다(Lankshear & Knobel, 2003; Leu et al., 2004). 신문식성 논의에서는 새로운 기술의 출현 및 발달에 따라 문식성을 재개념화하면서, 디지털 텍스트 읽기 환경을 중요한 맥락으로 다룬다. 이 관점의 연구자들은 문식성과 학습의 본질이 새로운 기술로 인해 빠른 속도로 변화하고 재구조화되고 있으며(Coiro & Moore, 2012), 디지털 텍스트 읽기의 많은 측면들이 인쇄 텍스트 읽기를 넘어서는 새로운 이해 능력이나 전략을 필요로 한다(Afflerbach & Cho, 2009)고 주장한다. 그중에서도 디지털 텍스트 읽기 과정에서는 정보 찾기, 평가하기, 종합하기, 소통하기 전략이 핵심이 될 수 있다(Coiro & Dobler, 2007)고 본다. 동시에 인쇄 텍스트 읽기와 디지털 텍스트 읽기 전략 간의 복잡한 상호작용을 이해하는 데 노력을 기울인다.[3]

관련 연구인 애플러백·조병영Afflerbach & Cho(2009)은 기존의 읽기 전략을 디지털 공간으로 확장하면서, 기존의 '중요한 정보 확인 및 학습', '점검하기', '평가하기' 범주에 '잠재적 텍스트(potential text)를 깨닫고 구성하기'라는 읽기 범주를 추가하였다. 잠재적 텍스트란 독자에게 이미 주어진 텍스트가 아니라, 존재할 것이라고 가정하는 미지의 텍스트이다. 예컨대, 독자가 과제를 해결하기 위해 읽어야 할 책 혹은 접근해야 할 인터넷 사이트나 찾아야 할 텍스트 등을 의미한다. 디지털 텍스트 읽기 전략으로는 '읽을 정보에 접근하기 위해 관련 웹 사이트나 정보 검색 시스템 찾기', '접하게 될 정보의 범위를 줄이기 위해 주제 및 과제와 관련되는 핵심어 생성하기', '정보(links) 간의 응집성 및 관련성을 고려하여 읽기 순서를 선택하고 배열하기' 등을 제시한다.

치마 도블러Schmar-Dobler(2003)는 인쇄 텍스트 읽기와 구분되는 디지털 텍스트 읽기 전략을 알아보기 위해 능숙한 5학년 독자들의 디지털 텍스트 읽기 양상을 관찰하고 면담하였다. 그 결과, 대부분의 독자들이 디지털 텍스트를 읽을 때에도 인쇄 텍스트 읽기 전략(사전 지식 활성화, 핵심 내용 확인하기, 종합하기, 추론하기)을 활용하였으나, '중심 내용 훑어 읽기(skimming)', '세부 내용 훑어 읽기(scanning)',[4] '항해하며 읽기(navigate)'는 디지털 텍스트 읽기

---

3   레우Leu et al.(2004)는 인쇄 텍스트 읽기 능력이 뛰어난 중등학교 학생들을 대상으로 한 실험에서 다섯 가지 디지털 읽기 전략으로 '과제 생성과 발견, 정보 수집, 정보 평가, 정보 분석과 종합, 정보 공유'를 도출하였다. 이는 디지털 텍스트 읽기의 핵심 능력이며 기존의 인쇄 텍스트 읽기와 차별화되는 부분임을 밝혔다. 그 후 레우 외Leu et al.(2005)에서도 디지털 텍스트 읽기 결과(ORCA, 온라인 읽기 평가)와 인쇄 텍스트 읽기 결과(common standardized state assessment, 공통 표준화 주 평가) 사이에 상관관계가 매우 적거나 나타나지 않는다는 것을 밝혔다. 또한 인쇄 텍스트 읽기 과제와 디지털 텍스트 읽기 과제의 수행 결과 간 유의미한 상관관계를 발견할 수 없었다고 보고한다. 인쇄 텍스트 읽기와 디지털 텍스트 읽기는 동질적이지 않으며 상이한 읽기 능력을 요구한다는 것을 뒷받침하는 연구들이다.

상황에서 더 중요하게 활용하였다고 보고하였다. 디지털 텍스트를 읽는 독자들은 처음에 웹페이지의 주요 정보들을 훑어 읽고(skimming), 자신이 찾는 정보의 단서가 될 수 있는 단어나 구를 발견할 경우 웹페이지로 돌아가 세부 사항에 더 신경을 쓰면서 주의 깊게 읽기(scanning)를 반복한다. 또, 항해하며 읽기는 정보를 찾기 위해 웹사이트 등의 인터넷 공간을 둘러보는 것인데 이는 텍스트를 통한 의미 구성뿐 아니라, 수많은 텍스트 읽기 상황에서 정보를 찾을 수 있는 주요 전략임을 밝혔다.

관련 국내 연구를 살펴보면, 대표적으로 최숙기(2013)가 온라인에서 나타나는 중학생 독자들의 읽기 특성을 사고구술 방법을 활용하여 실험하였다. 분석 결과, 독자들은 인터넷에서 정보를 찾으려 할 때 검색어의 범주를 한정하거나(예: 청소년의), 접속어를 추가하거나, 쟁점에 해당하는 키워드를 검색하는 등의 전략을 활용한다고 보고하였다. 기세령(2014)은 초등학생들의 사고구술 자료를 활용하여 디지털 텍스트 읽기 전략을 분석한 결과, 독자들은 주어진 문제의 핵심어를 생성하기 위해 용어의 정의를 검색하거나, 사전지식과 관련지어 검색어를 생성하거나 자동 검색 용어를 활용하여 정보를 찾는 특성을 보인다는 것을 밝혔다. 이소라(2014)는 고등학생 독자들의 시선 추적 양상 분석을 통해, 정보를 탐색하는 과정에서는 전체적인 내용 훑어 읽기를, 중요한 부분에 대해서는 초점화된 읽기를 수행하는 패턴을 보여준다고 보고하였다. 또한 능숙한 독자는 미숙한 독자에 비해 효율적으로 검색어를 생성

---

4   치마 도블러Schmar-Dobler(2003: 84)는 'skimming', 'scanning'을 'Monitor and Repair comprehension'이라는 항목으로 범주화하여 제시하였으나, 필자는 상위 인지의 범주보다는, 두 읽기 전략이 중요하다고 판단하여 하위 전략들을 개별적으로 제시하였다. 번역어는 임병빈(1993)의 다음 정의를 참고하여 제시하였다.

'훑어 읽기란 'skimming'과 'scanning'의 개념을 포함시킨 것으로, 'skimming'은 가능한 한 빠른 시간에 읽은 내용에 관한 개략적인 요지 파악 기능을 가리키며, 'scanning'은 특정한 정보를 신속하게 찾아내는 기능을 말한다(임병빈, 1993: 76).'

하고, 자신이 생각한 결과와 다른 내용이 검색 결과 목록으로 제시될 경우 검색어를 조정하여 입력한다는 것을 밝혔다.

그 외의 연구들도 '효과적인 키워드 검색하기'(Bilal, 2000; Guinee et al., 2003), '검색 엔진 결과들을 이용·연결하며 추론하기'(Henry, 2006), '웹사이트 내의 관련 정보 훑어 읽기'(McDonald & Stevenson, 1996; Rouet et al., 2011) 등을 밝힌 것을 보면, 디지털 텍스트 읽기 연구에서는 검색어를 생성하며 정보에 접근하고 훑어 읽는 것과 관련된 전략들을 밝히는 것이 주요 과제 중 하나라 볼 수 있다.

한편, 디지털 정보에 대한 검색과 접근뿐 아니라 정보 평가 방법이나 전략을 밝히려는 연구도 다수 이루어지고 있다. 예컨대, 안마르크루드 외 Anmarkrud et al.(2014)는 다문서 읽기 상황에서 나타나는 정보 평가 양상을 분석하기 위해 대학생 참여자들에게 온라인 환경에서 제공되는 텍스트를 읽은 후 출처의 신뢰도를 평가하고 에세이를 작성하도록 하였다. 분석 결과, 참여자들의 읽기 과정은 중요한 정보를 학습하고 확인하기, 조정하기, 평가하기의 세 가지 범주로 나타났고, 모든 범주에서 여러 텍스트의 정보를 연결하는 양상도 나타났다. 또한 참여자들의 다문서 읽기 전략 활용 양상은 출처의 신뢰성 평가, 에세이에 인용한 출처와 상관관계가 있었다. 이 연구는 디지털 텍스트 읽기 상황에서 출처를 인식하고 평가하는 것이 정보를 통합적으로 이해하는 데 중요한 영향을 미친다는 것을 실증적으로 밝혔다.

골드만 외Goldman et al.(2012a)는 디지털 정보 평가와 정보 읽기의 관계를 연구하기 위해 능숙한 독자 10명과 미숙한 독자 11명을 대상으로 사고구술 방법을 활용하여 실험을 진행하였다. 분석 결과, 능숙한 독자가 신뢰할 수 없는 사이트에 비해 신뢰할 수 있는 사이트에서 더 이해도가 높고 자기 설명 및 점검 전략을 더 많이 활용했다. 또한 능숙한 독자들은 미숙한 독자들보다 목표 지향적인 탐색(navigation)의 정도가 더 높게 나타났다. 특히 독자들의 다양한 출처에 대한 이해는, '자기 점검 및 정보 평가'와 밀접한 관련이 있었고, 이들 모두는 전략적 읽기를 촉진하였다.

시블리·반포센Shiveley & Vanfossen(1999)은 인터넷 정보 평가(assessing, evaluating) 관련 논문 14편을 메타 분석한 결과, 온라인 정보를 평가할 수 있는 일반 기준은 '정보의 객관성, 편향성, 타당성, 시의성, 정확성, 출처, 참고 문헌, 링크'인 것으로 나타났다. 이수영·벨킨Rieh & Belkin(1997)은 전문가 14인의 면담 자료 수집을 통해 인터넷 정보의 질 평가 기준으로 '출처, 내용, 형식(format), 표현, 시의성, 정확성'이 활용됨을 밝혔다. 조병영·애플러백Cho & Afflerback(2017)은 출처를 정보 평가의 중요한 단서로 보고, 여러 글에 담긴 정보를 활용하고 연결하여 출처의 신뢰성, 정확성, 유용성 등을 판단하는 것을 다문서 평가 전략으로 내세웠다. 이처럼 많은 연구 결과들이 정보의 질 평가, 출처 평가가 디지털 텍스트 읽기 과정에서 나타나는 정보 평가의 핵심 요소가 될 수 있음을 보여주었다(Rieh, 2002). 이처럼 디지털 텍스트 읽기 연구에서는 독자들이 수행하는 읽기의 과정 및 전략, 정보의 질 평가, 저자 및 출처의 특성 인식에 대해 밝히는 연구가 활발히 수행되고 있다. 특히 텍스트의 정보나 출처의 신뢰성에 대한 평가는 디지털 텍스트 읽기 상황에서 더욱 강조되고 있다.

국내에서는 디지털 텍스트 읽기 양상이나 과정을 밝히고자 하는 연구가 수행되고 있다. 대표적으로 앞서 살펴본 최숙기(2013)는 중학생 독자 5명이 디지털 텍스트를 읽을 때 '정보 탐색을 위한 읽기, 평가하며 읽기, 종합하며 읽기, 의사소통하기' 등 4단계의 디지털 독해 과정을 거쳤다고 보고하였다. 이를 통해 효율적 정보 탐색을 위한 읽기, 디지털 텍스트에 대한 비판적 읽기, 다양한 텍스트 종합하여 읽기에 대한 지도가 필요함을 제안하였다. 기세령(2014)의 연구 결과에서도 초등학생 독자들이 디지털 텍스트를 읽을 때 '잠재적 텍스트의 실현과 구축, 텍스트의 이해와 학습, 독서 과정의 점검과 조정, 텍스트에 대한 평가 전략'을 사용하는 것으로 나타났다. 그중 '잠재적 텍스트의 실현과 구축'은 최숙기(2013)가 분석한 전략 중 '정보 탐색을 위한 읽기'와 유사하고, '텍스트의 이해와 학습'은 '종합하며 읽기'와, '독서 과정의 점검과 조정 및 평가 전략'은 '평가하며 읽기'와 유사한 특성을 지닌다.

김종윤 외(2018ㄱ) 역시 디지털 텍스트 읽기 평가 요소로, 과제 상황과 목적에 맞는 정보를 찾아 선택하는 '탐색', 선택한 정보들을 이해하고 종합하는 '해석과 통합', 다양한 정보를 비판적으로 수용·생산하는 '평가'를 제안한다. 이들 연구 결과는 디지털 텍스트 읽기의 핵심 전략이 본고에서 제안하는 바와 유사한 '정보 탐색, 정보 통합, 정보 평가'를 중심으로 구체화됨을 보여 주었다.

또 다른 측면에서는 디지털 텍스트 읽기 연구 분야와 앞서 살펴본 통합 중심 다문서 읽기 연구 분야를 종합하는 관점의 연구가 등장하고 있다. 앞서 언급했듯이 루에·브릿Rouet & Britt(2011)은 인쇄 및 디지털 매체를 모두 포함하는 다문서 읽기 과정을 과제 관련성(Task-based Relevance) 기반의 MD-TRACE 모형으로 제안하였다. 이 모형은 다문서 읽기에 적용되는 자원 및 과정을 관련성을 기반으로 설명하는 인지 모형이다. 이때 관련성 평가는 과제 관련성, 주제 관련성 평가만을 의미하는 것이 아니라, 다른 정보 평가(신뢰성, 진실성, 공정성, 전문성, 유용성)를 포괄하는 인지적 통어 기제로 작동한다.[5]

MD-TRACE 모형은 텍스트 차원을 넘어서는 읽기 활동인 외적 자원, 그러

---

5   이를 확인할 수 있는 부분을 원문에서 발췌해 일부 제시하면 다음과 같다.
    '독자들은 글의 주제뿐 아니라 출처 특성을 평가함으로써(예: 저자의 편향성 혹은 전문성, 출판 날짜, 출판사) 그리고 각 글에 담긴 정보의 일관성을 비교함으로써(예: 비교·대조하기) 글의 관련성을 평가한다. … MD-TRACE 모형에 따르면 과제 목표에 비추어 글의 유용성을 평가하는 일은 해당 글이 관련성이 있는지를 결정하는 중요한 요소이다(Rouet & Britt, 2011: 11)'

한 활동을 활성화하는 내적 자원(인지적 자원)을 기반으로 텍스트 읽기 과정을 설명한다. 외적 자원은 읽기 과제, 정보 자원, 독자 자원으로 구분되며, 내적 자원은 앞서 언급한 [그림 Ⅱ-2]의 문서 모형(Documents model)(Britt & Rouet, 2012)에 과제 모형(Task model)을 새로이 추가한 것이다.

과제 모형은 독자가 읽기 과제를 구체화하여 표상하고, 과제 해결의 제약이 무엇인지 파악하는 과정을 통해 형성되는데, 이때 독자의 인지 과정은 문서 모형의 지배를 동시에 받게 된다. 그만큼 과제 분석, 과제 관련성 평가, 과제 생산물(읽기 결과물) 분석 등의 과제 처리를 위한 인지 작용이 다문서 읽기 과정에 전반적으로 영향을 미친다는 뜻이다. 위 연구는 다문서 읽기를 독자 고유의 심리적 현상으로 간주하지 않고 독자와 독자를 둘러싼 맥락(과제, 외부 자원)과의 상호작용 과정에서 발생하는 의미 처리 과정으로 보아 그동안 간주해 왔던 다문서 읽기의 개념역을 확장했다는 의의를 지닌다.

다만 이 모형은 읽기에 관여하는 모든 외적 자원과 인지 과정을 과제 관련성 평가로 수렴하여 다문서 읽기 과정에서 나타나는 다양한 읽기 양상을 깊이 있게 설명하는 데에는 적합하지 않다. 예컨대, 해당 모형에서는 '독자들은 글의 출처 특성 평가(예: 저자, 출판 날짜, 출판사), 정보들의 일관성 비교(예: 확증)를 통해, 내용의 신뢰성, 진실성 등의 측면에서 다문서 간 관련성을 평가한다.'(Rouet & Britt, 2011: 11)고 설명한다. 즉, 독자들은 거의 모든 읽기 장면에서 과제 관련성을 판단하고 평가하며, 다른 평가 요소들은 다시 관련성을 평가하는 기준이 된다는 논리이다.

이에 루에 외Rouet et al.(2017)는 다문서 읽기의 기제를 과제 이외의 맥락으로 확장하면서 맥락 및 과제 모형(RESOLV)[6]을 제안하였다. 이는 루에·브

---

6   원어를 직역하면 '읽기 맥락 및 과제에 대한 독자의 표상(Readers' Representation of Reading Contexts and Tasks)' 모형이다.

릿Rouet & Britt(2011)의 과제 모형을 업데이트한 인지 모형으로, 독자가 읽기 '과제'를 해결하기 위해(가설 1) 어떤 방식으로 '맥락적 단서'들을 활용하는가(가설 2)를 밝히는 데 중점을 둔다.

이 연구에서 제시되는 맥락은 읽기 장소, 시간, 목적 등과 직접적으로 관련되는 독자의 신체적·사회적·소통적 맥락을 가리킨다. 맥락의 유형은 읽기 과제(예: 텍스트를 읽고, 질문하고, 쓰는 것과 관련된 구두 지시),[7] 문식성 후원자(예: 교사, 부모, 친구), 환경적 자원(예: 공간-교실, 시간-수업, 자료-과학 텍스트), 독자 자신(읽기에 대한 자기 개념)으로 구성된다.

이에 따르면 독자는 물리적·사회적 맥락으로서의 자신의 읽기 자원(예: 교사에 대한 사전 지식, 읽기 능력 및 전략적 지식, 학교 경험)을 바탕으로 다문서에 대한 통합적 의미를 추론하고 정교화한다. 그리고 텍스트 읽기 과정과 결과를 점검하면서 맥락 모형과 과제 모형을 형성하고 수정하는 것을 반복한다. 이 연구는 기존의 과제 중심 인지 모형을 상황 맥락 기반의 인지 모형으로 확장하였다는 데 의의가 있다.

하지만 온·오프라인을 모두 포섭하는 매체 확장형 다문서 읽기는 관련성 평가나 맥락의 특성을 고려하는 것만으로는 설명하기 어렵다. 인쇄 텍스트와 디지털 텍스트를 넘나들며 읽는 독자들에게서 나타나는 관련성 평가 양상과 그들이 접하고 형성하게 되는 읽기 맥락은 일부 또 다른 특성을 띠게 될 수 있기 때문이다. 이 점에서 매체의 제약을 넘어서는 다문서 읽기 양상이나 전략을 포괄적으로 밝히는 연구가 필요하다. 특정 국면에서는 시스템이나 환경적 제약을 받을 수밖에 없겠지만, '여러 개의 텍스트'를 읽는 상황에서 매체에 상관없이 공통적으로 적용될 수 있는 독자의 읽기 전략에 대한 연구

---

7   이 연구는 텍스트를 읽고, 질문하고, 쓰는 것을 '신체적 행위로서의 맥락'으로 설정하여 맥락의 범위를 세분화하였다.

도 이루어져야 하는 이유가 여기에 있다.

　이를 위해서는 다문서 읽기의 초점을 기존의 '통합' 중심에서 탐색·통합·비판 중심의 총체적 다문서 읽기로 넓혀야 하고, 다문서 읽기가 이루어지는 매체 환경을 기존의 인쇄 텍스트에서 디지털 텍스트로 확대해야 한다. 이러한 의도 하에 이 책에서는 다문서 읽기, 정보 탐색적 읽기, 디지털 텍스트 읽기 연구(디지털 정보 평가 연구)를 종합적으로 검토하였고, 이를 다시 '다문서 읽기'로 초점화하여 탐색·통합·비판 중심의 총체적 다문서 읽기로 칭하였다. 지금까지 체계적으로 검토하고 수립한 이론과 선행 연구를 토대로 다음 장에서는 실증적 근거 수집을 위한 실험을 설계하고자 한다.

제3장

연구를 어떤 방법으로 수행했는가?

중·고등학생 독자들의 다문서 읽기 양상을 알아보기 위해 조사 연구와 실험 연구[1]를 병행하였다. 조사 연구의 일환으로 실시한 설문 조사는 다문서 읽기 실험 도구의 타당성을 확보하기 위한 목적으로 실시하였고, 실험은 학생 독자들의 다문서 읽기 양상을 알아보기 위한 목적으로 진행하였다. 먼저 연구 방법 및 내용의 전반적인 사항을 [표 Ⅲ-1]에 제시한다.

[표 Ⅲ-1] 연구 내용 및 방법

시기	연구 절차	연구 내용	연구 방법
2016.~17.	논의의 기틀 마련	• 다문서, 다문서 읽기의 개념 정의 • 다문서 읽기 과정, 변인에 대한 논의	• 이론 연구
2016.~17.	선행 연구 검토	• 정보 통합 중심의 전통적 다문서 읽기 연구 • 단일문서 내 정보 탐색적 읽기 연구	• 문헌 연구

---

1   이 연구는 조사 대상 변수 간의 관계에 대한 통제를 최대화하고자 하는 연구 설계의 형태 (통제 집단, 실험 집단 설정)는 아니지만, 어떤 대상에 일정한 조건을 인위적으로 설정하고 부여하여 참여자들이 그 조건 하에서 수행하는 결과를 도출한다는 점에서 '조사'보다는 '실험'이라는 용어를 사용하는 것이 더 적절하다고 판단하였다. 또한 읽기 관련 연구에서 사고구술이나 기타 도구들을 활용하여 진행한 주요 선행 연구 대부분이 '실험(experiment)' 이라는 용어를 사용하고 있다(Cho, 2013; Coiro & Dobler, 2007; Hartman, 1995; Wineburg, 1991).

		• 디지털 텍스트 읽기 연구	

⇩

		[연구 도구 설계] • 실험 주제 선정 • 실험 자료 텍스트 6개 선정 • 읽기 과제 설계	
17.03.~ 17.07.	연구 도구 설계 및 검토	[연구 도구 검토] • 실험 주제에 대한 흥미도, 친숙도, 학습경험 설문 조사(중·고등학생, 총 242명) • 실험 자료 텍스트의 특성 및 수준에 대한 의 견 조사(내용 전문가, 총 28명)	• 설문 조사

⇩

17.08.~ 17.09.	예비 실험	• 인천 소재 중학교 2학년, 2명 • 서울 소재 고등학교 2학년, 2명	• 사고 구술 • 사후 면담

⇩

17.10.~ 17.11.	본 실험	[참여자] • 서울 소재 중학교 2학년, 7명 • 서울 소재 고등학교 2학년, 7명 [전] • 사전 조사 • 사고 구술 시범 및 훈련 • 과제 안내 [중] • 인쇄 글 6개 읽기 • 인터넷 글² 읽은 후 2개 선택 [후] • 인쇄 글 6개와 인터넷 글 2개에 대한 다문서 구조도 작성 • 사후 활동지 작성 • 사후 면담	• 사전 조사 • 사고 구술 • 사후 면담

⇩

17.11.~ 18.01.	자료 분석 및	• 참여자들의 사고 구술 자료 전사, 분절 • 분석 기준에 대한 국어 교육 전문가 협의회	• 질적 분석 -근거 이론

18.09.~ 19.05.	신뢰도 확보	실시 • 사고구술 자료에 대한 개방 코딩, 선택 코딩, 이론적 코딩 실시 • 분석자 3인의 신뢰도 검증 수행	기반 –지속적 비교 분석
		⇩	• 양적 분석 –상관관계 분석 –계층적 군집 분석
19.03.~ 19.12.	결과 분석 및 교육 내용 설계	• 다문서 읽기 양상 분석 • 다문서 읽기 독자의 수준 범주화 • 능숙한 독자의 다문서 읽기 전략 도출 • 다문서 읽기 교육 목표 및 내용 설계	

실험을 본격적으로 진행하기에 앞서 실험 주제를 선정하고 실험 자료 텍스트 6개를 구성한 후, 읽기 과제를 설계하였다. 그 과정에서 연구 도구의 타당성, 신뢰성을 확보하기 위해 설문조사를 실시하였다. 그 후 예비실험을 통해 실험 설계를 수정하고 본 실험을 실시한 후 결과를 분석하였다.

1. 실험 주제 및 텍스트 선정

1) 실험 주제 선정

참여자들에게 제시할 글의 주제를 선정하기에 앞서 여러 후보 주제에 대한 검토를 실시하였다. 먼저 다문서 읽기 교육 내용이 담긴 2009 개정 중학교 국어 교과서 12종의 제재, 고등학교 국어 교과서 6종에 제시된 제재, 최근에

---

2   3장부터는 '디지털 텍스트 읽기'와 '인터넷 텍스트 읽기, 인터넷 글 읽기'를 상황에 맞게 혼용하여 쓴다. 실험 장면이라는 전제가 있을 때, 실험의 한 장면인 '인쇄 글 읽기'와 대응되는 의미일 때 주로 '인터넷 글 읽기'를 사용하였다.

쟁점으로 다루어지고 있는 청소년 토론 제재를 조사·분석하여 쟁점이 가장 뚜렷하게 나타나는 후보 주제 8개를 선정하였다.

그 후 글의 주제를 최종 선정하는 데 참고하기 위해 중·고등학생들의 인식과 경험을 조사하였다. 설문 조사 참여자는 D중학교 2학년 114명, H고등학교 2학년 128명이다([표 III-2] 참고). 설문 참여 학교 및 참여자는 임의 표집으로 선정하였고, 두 학교 모두 A광역시 소재의 남녀 공학이며, 고등학교는 인문 계열이다.

[표 III-2] 실험 주제에 대한 설문 참여자 정보

참여자		빈도(명)	비율(%)
학년	중학교 2학년	114	47.1
	고등학교 2학년	128	52.9
계		242	100
성별	여자	111	45.9
	남자	129	53.3
	무응답	2	0.8
계		242	100

실험에서 제시되는 글이 독자의 인지적·정서적 수준에 적절할수록 읽기 수행의 실제성이 높아질 수 있기 때문에 글의 주제를 선정하는 것은 중요하다. 특히, 다문서 읽기 상황에서는 독자들의 주제에 대한 흥미도와 배경지식이 정보 탐색 및 통합에 중요한 요인으로 작용하며, '일정한 조건'에서 독자의 의미 표상 및 통합이 촉진된다(Hartman, 1995; Anmarkrud et al., 2014).

'일정한 조건'이란 주제에 대한 흥미는 높되, 배경지식·친숙도는 보통인 경우이다. 독자가 좋아하는 주제의 텍스트를 읽을 때, 너무 낯설지도 너무 익숙하지도 않은 텍스트를 읽을 때 다문서 통합이 잘될 가능성이 높다는 것이다(Hartman, 1995; Wineburg, 1991; Wolfe & goldman, 2005). 하트만Hartman(1995)

은 텍스트의 주제나 내용이 낯설 경우 통합이 잘 일어나지 않거나, 단일 글 내의 통합(primary endogenous links)에 비해 글 간의 통합(exogenous links)이 적게 일어난다고 보고하였다. 이러한 선행 연구 결과들을 참고하여 실험 텍스트 주제를 선정하기 위한 기준을 다음과 같이 설정하였다.

(ㄱ) 흥미도: 독자들의 흥미와 성찰을 환기하는 주제
(ㄴ) 친숙도: 독자들이 일상 생활에서 실제로 접할 만한 낯설지 않은 주제
(ㄷ) 학습 경험: 독자들이 관련 아이디어나 쟁점에 대해 학습해 본 경험이 있는 주제

주제 선정 기준을 바탕으로 후보 주제 8개에 대한 흥미도, 친숙도, 학습경험 정도를 5점, 3점 척도로 응답하도록 하였다. 흥미도 조사 문항은 '다음의 주제로 읽기 과제를 해결한다고 할 때, 흥미로운 주제라고 생각합니까?', 친숙도 조사 문항은 '다음 주제에 대해 잘 알고 있습니까?', 학습 경험 조사 문항은 '다음 주제에 대해 학교 안이나 밖에서 배운 적이 있습니까?'로 제시하였다. 그중 흥미도, 친숙도 관련 문항은 5점 리커트 척도(1점: 전혀 그렇지 않다, 2점: 별로 그렇지 않다, 3점: 보통이다, 4점: 어느 정도 그렇다, 5점: 매우 그렇다)로, 학습 경험 정도는 3점 척도(1점: 모르겠다, 2점: 없다, 3점: 있다)로 구성하였다.

설문조사 결과, 주제에 대한 흥미도가 가장 높은 항목은 사형 제도 존폐(3.77)였다([표 Ⅲ-3] 참조). 그 다음으로는 '인공지능과 인간의 삶(3.67), 동물실험 실시 여부(3.61)' 순이며 과학 기술과 환경 문제(2.96)에 대한 흥미가 가장 낮았다. 주제에 대한 친숙도가 가장 높은 항목은 사형 제도(3.58)였고, 다음으로 '동물실험(3.56) > 인터넷 실명제(3.43)' 순으로 나타났으며, 원전 건설(2.96)이 가장 친숙하지 않은 주제였다. 학습 경험에 대한 질문[3]에서는, '유전

자 조작 식품' 항목을 배운 적이 있다는 응답이 가장 많았고(1.63점), 그 다음
으로 '과학 기술과 환경 문제(1.55) > 인터넷 실명제(1.48점)' 순이었다.

[표 III-3] 실험 주제에 대한 중·고등학생들의 인식

주제	흥미도	친숙도	학습 경험
① 과학 기술이 환경 문제를 해결할 수 있는가?	2.96	3	1.55
② 인공지능은 인간의 삶에 득이 되는가? 독이 되는가?	3.67	3.21	1.44
③ 유전자 조작 식품 사용, 올바른 선택인가?	3.18	3.07	1.63
④ 선거 연령 하향은 합리적인 결정인가?	3.45	3.12	1.11
⑤ 사형 제도는 유지되어야 하는가?	3.77	3.58	1.46
⑥ 인터넷 실명제, 실시해야 하는가?	3.35	3.43	1.48
⑦ 인간을 위한 동물실험은 계속되어야 하는가?	3.61	3.56	1.42
⑧ 원전 건설, 시행되어야 하는가?	3.45	2.96	1.25
평균	3.43	3.24	1.42

최종 텍스트는 앞에서 제시한 주제 선정 기준에 의하여 주제에 대한 흥미
도가 평균에 비해 높은 '⑤ 사형 제도 존폐(3.77), ② 인공지능과 인간의 삶
(3.67), ⑦ 동물실험 실시 여부(3.77)'를 우선 선정하였다. 그 다음, 세 개의
주제 중에 친숙도가 보통인 '동물실험'을 실험 자료 텍스트의 주제로 최종
선정하였다.[4]

---

3 응답지 중 1번(모르겠다)은 무응답, 2번(없다)과 3번(있다)을 유효값으로 보고 결과를 분석
   하였기 때문에 높은 점수가 니올수록 학습 경험의 비율이 많은 것으로 해석할 수 있다.
4 학습 경험 정도가 보통인 항목은 '인공지능'이었으나, 다문서 읽기에서는 독자들의 주제에
   대한 체감 정도인 친숙도가 더 중요하다는 판단 하에 친숙도가 보통인 '동물실험'을 최종
   선정하였다. 실험 과제 관련 용어의 표기는 일관성과 가독성을 고려하여 '동물실험, (동물)
   대체시험, 임상시험, 인체실험, 실험동물'로 통일하였다.

2) 실험 자료 텍스트 선정

독자들에게 제공할 인쇄 텍스트를 선정하기 위해 연구자가 일정 기준에 의하여 텍스트를 선정하고 재구성한 후, 텍스트의 적절성 및 타당성을 확보하기 위해 전문가들에게 내용적·형식적 측면의 검토를 받고, 중·고등학생을 대상으로 예비 실험을 실시하였다. 이 과정을 통해 다양한 의견들을 수렴하여 텍스트의 어휘나 문구를 수정하고 최종 텍스트를 마련하였다([표 Ⅲ-4] 참고).

[표 Ⅲ-4] 실험 자료 텍스트 선정 절차 및 내용

절차 상세	1단계	2단계		3단계	최종
내용	연구자의 텍스트 선정 및 재구성	전문가 의견 조사		중·고등학생 대상의 예비 실험(4인)	최종 텍스트 마련
		글의 타당성 검토(6인)	글의 난이도 판정(22인)		

텍스트를 선정하기 위해 다음과 같은 사항들을 고려하였다. 첫째, 과제 수행의 실제성을 확보하기 위해 주제는 동일하되 출처가 다양한 글들을 수집한다. 교과서에 주로 실리는 공식적인 글뿐 아니라 비공식적인 글도, 학술적 글뿐 아니라 대중적 글도 포함되도록 하여 학습자들이 일상생활에서 접하는 읽기 장면과 최대한 비슷한 환경에서 읽을 수 있도록 한다. 즉, 동물실험을 주제로 하는 단행본, 학술 논문, 신문 기사, 인터넷 게시판, 기업 홍보글 등과 같이 출처가 다양한 글들을 선정한다.

둘째, 서로 불일치하는 정보를 포함하는 여러 글을 선정하고 논쟁이 잘 드러나도록 재구성한다. 선행 연구에 의하면 독자는 일치하는 텍스트보다 모순되는 텍스트 혹은 논쟁적 텍스트를 읽을 때 다문서에 대한 정신 표상을 더 잘 일으키며(Braasch et al., 2016), 비슷한 텍스트일수록 텍스트 간의 통합이 덜 일어나고, 비슷하지 않은 텍스트일수록 텍스트 간의 통합이 더 많이 일어나는 경향이 있다(Hartman, 1995). 따라서 다문서 읽기 전략이 활성화되는 환경을 조성하기 위해 일치하는 정보뿐 아니라 불일치하는 정보를 포함하는 글, 논쟁적인 글들을 마련한다.

셋째, 주제에 대한 저자의 입장이나 관점이 명확히 드러나는 글을 선정한다. 본 실험의 과제는 텍스트 찾아 읽기에서 그치는 것이 아니라 그 정보들을 자신의 생각으로 통합하고 비판하는 데까지 포함하기 때문에 사실이나 정보의 진위를 판단하는 것을 필요로 하는 설명적 글보다 의견이 담긴 글이 더 적절하다. 따라서 동물실험이라는 주제를 다룬 글이라 하더라도 찬성 혹은 반대 입장이 명확히 드러나지 않거나 두 입장을 소개하는 방식의 글은 선정하지 않는다.

이러한 기준에 의해 선정된 실험 자료 텍스트의 상세 정보는 [표 Ⅲ-5]와 같다.

[표 Ⅲ-5] 실험 자료 텍스트 정보

번호	제목	유형	저자	출판사	출판 날짜	단어 개수
1	동물실험: 과연 선인가 악인가?	단행본	문화와 동물 재단 의장	이음	2009	237
2	동물실험 옹호 논증의 논리적 분석	학술 논문	교수	철학탐구	2013	254
3	동물실험 약물의 92%가 임상시험 통과 못해	단행본	동물행동 학회 회원	미래의 창	2011	267
4	동물실험은 필요악인가?	논평 기사	기자	한국 경제뉴스	2008	251
5	동물실험의 필요성에 대해	게시글	블로거	네이버	2015	244

| 6 | 31년간의 자동제어 기술 노하우를 바탕으로 고품질 실험동물을 생산하는 기업 ㈜나라바이오텍 | 광고 | 나라바이오텍 | 나라바이오텍 | 2016 | 227 |

　모든 글에 포함된 단어 수는 240자 내외, 문단 수는 4개로 통일하여 참여자들이 글을 읽을 때 분량의 영향을 받지 않도록 설계하였다. 제목 및 출처의 위치, 문단 및 문장 배열 방식은 일반적인 교과서의 글처럼 구성하여 친숙성을 높였다.

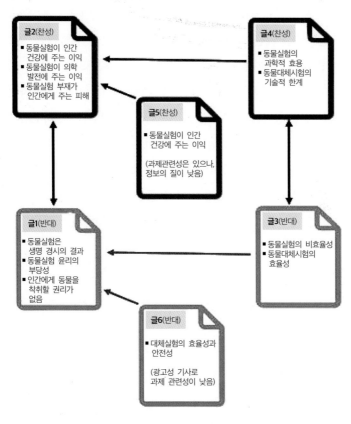

[그림 Ⅲ-1] 실험 자료 텍스트의 특성 및 관계

텍스트 문두에는 제목, 저자명, 소속, 출판사, 문서 타입, 출판 날짜 등의 출처를 명시하여 독자들이 저자, 유통 구조, 플랫폼 등의 텍스트 맥락을 추론할 수 있는 단서를 주었다. 이 부분은 정보의 질이나 글에 대한 신뢰성을 평가하는 기준이 될 수 있기 때문에 추후 자료 분석의 기준으로 활용할 수 있다.

또한 이 연구는 복합 양식적 측면에 초점이 있지 않기 때문에 실험 자료 텍스트에 그림이나 표 등의 시각 자료를 삽입하지 않고 글자 모양이나 크기를 일정하게 하는 방식으로 복합양식의 영향을 통제하였다. 연구자가 구성한 인쇄 텍스트 자료의 특징과 자료 간의 관계는 위의 그림 [III-1]에 제시하였다.

<글 1>은 '논쟁 없는 시대의 논쟁'이라는 단행본에서 발췌한 것(2009년 작성)으로 챕터마다 저자가 다르지만 글 전체의 출처는 영국사상연구소이다. 해당 챕터의 저자는 '문화와 동물 재단' 의장인 톰 리건이다. 이 저자는 동물실험 논쟁의 쟁점 중 하나인 동물권 및 동물 보호 윤리를 소개하면서 동물실험 반대를 주장한다. 근거로 찰스 다윈의 이론을 내세우고, 예시로 CNN의 동물 보호 윤리 위반 사례를 든다. 이 글에서 소개하는 동물권이라는 개념은 <글 2>에서 반박되며, <글 3>에서 다시 옹호된다. 동물 보호 윤리는 <글 3>에서 옹호되며, <글 5>에서 반박된다. 모든 글은 이렇게 쟁점을 중심으로 연결되어 있다.

<글 2>는 '철학탐구'라는 학술지에 게재된 학술 논문으로 최훈이라는 대학 교수가 쓴 글을 부분 발췌한 글이다(2013년 작성). 발췌한 글은 동물실험이 인간의 의학적 이익에 큰 도움을 주기 때문에 동물실험을 포기할 수 없다는 내용이다. 이를 입증하기 위해 동물의 사용, 국제의학기구협회, 철학자 코헨, 미시간 대학교 의료 센터 등의 신뢰할 만한 출처를 다양하게 제시한다. 여기서 주장하는 인간의 의학적 이익 및 생명 연장 관련 내용은 <글 5>에서도 비슷하게 언급되며, 이 측면에서 <글 2>와 <글 5>가 연결된다.

<글 3>은 '동물권리선언'이라는 단행본에서 발췌한 것으로, 저자는 동물 행동학회 회원이자 인간–동물 관계 연구소 연구원인 마크 베코프이다(2011년 작성). 이 글은 동물실험을 통과한 약품의 92%가 임상시험을 통과하지 못한 다는 것을 근거로 동물실험의 부정확성에 대해 고발한다. 동물실험 실패 사례로 유명한 '탈리도마이드 사건'을 예로 들며, 동물실험은 비효율적이라 고 주장한다. 저자는 동물실험 반대에 그치지 않고 그에 대한 대안으로 동물 대체시험법을 제안한다. 이 글에는 정확한 수치, 문제 해결적 구조가 명시적 으로 드러나 있기 때문에 많은 독자들이 이 글에 다양한 방식으로 주목할 것이라 예상된다. 여기서 주장하는 대체시험 개발의 가능성 및 정확성은 <글 4>에서 부정된다.

　　<글 4>는 '한국경제뉴스'라는 뉴스 매체에서 수집한 것으로, 황경남이라 는 신문 기자가 쓴 글이다(2008년 작성). <글 3>에서 동물실험 실시의 대표적 인 실패 사례를 제시한 반면, <글 4>에서는 동물실험을 실시하지 않음으로 해서 생긴 인명 피해를 수치와 함께 제시한다. 또한 동물실험은 임상시험에 비해 경제적 효율성이 높고 대체시험에 비해 정확성이 높기 때문에 실시해야 한다고 주장한다. 저자는 현대사회에 들어 개발이 시작된 대체시험보다는 의학적·과학적 역사가 깊은 동물실험을 피할 수 없는 인간의 숙명이라고 본다.

　　지금까지의 글과 달리 <글 5>, <글 6>은 신뢰성, 타당성, 과제 관련성 측면에서 부족한 정보를 의도적으로 수집하여 구성하였다. <글 5>는 '네이버 블로그'라는 웹사이트에서 수집한 것으로, 실명은 밝혀져 있지 않은 '큐브'라 는 청소년 기자가 쓴 글이다(2015년 작성). 저자는 동물실험이나 동물 복제를 하더라도 동물 보호 윤리에 어긋나지 않을 수 있다는 점, 동물실험이 금지된 다면 인간의 생명 구원이 불가능하다는 점 등을 주장한다. 이 글은 비교적 쉬운 어휘를 사용했기 때문에 독자들의 이해가 비교적 쉬운 반면 내용 및

출처의 신뢰성, 논리의 타당성 측면에서 비판할 여지가 있는 글이다.

<글 6>은 '실험동물과학 잡지'라는 한국실험동물협회 뉴스레터에서 수집한 것으로, 주 저자는 나라바이오텍이라는 실험동물 공급 업체이다(2016년 작성). 이 글은 나라바이오텍이 보유한 실험동물 공급 시스템의 최첨단 기술과 우수한 환경에 대해 설명하고, 실험동물을 관리하는 데 많은 노력을 기울이고 있다고 언급한다. 목적은 독자를 설득하고 고객을 유치하는 것으로, 광고의 성격이 강한 글이다. 의학적 동물실험에 대한 의견 형성이라는 과제와 관련성이 낮다는 특성을 지닌다.

위의 텍스트들은 형식적·내용적으로 긴밀하게 연결되어 독자들이 텍스트를 비교·대조하며 읽을 것으로 예상된다. 모든 텍스트를 관통하는 핵심어는 동물실험 논쟁의 주요 쟁점인 '동물실험, 인간의 의학적 이익, 동물권 보호, 대체시험'이다. 이를 중심으로 모든 텍스트가 연결될 수 있도록 원본의 내용을 일부 수정하고 재배치하였다. 텍스트 간에 공통되거나 충돌되는 정보가 발생하도록 설계하였고, 텍스트 간에 지나치게 중복되는 문구들은 수정하거나 삭제하였다.

동물실험에 대한 기본 입장을 찬성과 반대로 설정하고, 동물실험을 지지하는 텍스트 2개(T2, T4), 반대하는 텍스트 2개(T1, T3)를 최종적으로 선정하였다. 찬성 입장인 <글 2>, <글 4>는 주로 '과학 및 의학의 발전, 인간의 의학적 이익'을 근거로 동물실험 실시를 주장하고, 반대 입장인 <글 1>, <글 3>은 주로 '동물권 보호, 동물대체시험의 가능성'을 근거로 동물실험 반대를 주장한다.

<글 3>과 <글 4>는 내용과 형식 면에서 긴밀하게 연결된다. 내용 측면에서는 두 글 모두 동물실험의 사례를 제시하고 임상시험의 특성을 비교한다는 점이 비교·대조의 요소이다. 형식 면에서는 비율, 인원 수 등의 정확한 수치를 제시하고, FDA 혹은 강병철 서울대 의대 교수 등의 권위 있는 출처를

인용한다는 점에서 연결된다. 두 글은 유사한 형식임에도 불구하고 불일치하는 내용을 대립적으로 제시하고 있기 때문에 독자들의 적극적 다문서 읽기 수행을 이끌어 낼 것으로 예상된다.

<글 5>는 세부 내용들의 출처가 불분명한 네이버 블로그의 글이라는 점, 저자의 실명이 밝혀지지 않고 익명으로만 제시된 점, 청소년 필자의 주제 관련 전문성 부재, 주장에 대한 근거 부실, 인용 정보의 불명확성 등의 특성 때문에 신뢰성, 타당성이 낮다. <글 6>은 저자가 자신의 기업을 광고한다는 점, 기업 발행 잡지에 실린 글이라는 점에서 출처의 신뢰성이 낮고, 동물실험에 대한 특정 관점을 피력하는 글이 아니라 자사 상품을 광고하는 특성을 지닌다는 측면에서 과제 관련성이 낮다.

두 글은 다문서 읽기라는 연구 목적을 달성하기 위해 수집하고 구성한 의도적 실험 설계이다. 만약, 여러 글에 담긴 정보를 통합하며 읽되 <글 5>나 <글 6>에 대해 아무런 정보 평가나 비판적 읽기가 일어나지 않는다면 능숙한 다문서 읽기라 하기 어렵다. 이런 측면을 심도 있게 분석할 수 있는 근거를 수집하기 위해 <글 5>와 <글 6>의 성격을 나머지 글과 달리하였다. 또한 독자들의 읽기 상황을 핍진하게 반영하고 과제 수행의 실재성을 높이기 위한 의도도 있다. 현실에서 독자들이 접하는 정보는 과제와 관련되는 정보만이 아니며 교과서에 제시될만한 질 좋은 텍스트만으로 구성되지도 않기 때문이다.

3) 실험 자료 텍스트의 타당화 작업

선정한 텍스트의 내용적·형식적 신뢰성 및 타당성을 확보하기 위해 내용 전공자인 현직 중학교 과학 교사 2인(A, B), 약학 전문가 4인(C, D, E, F)에게 내용 검토를 부탁하였다(2017년 10월 실시). 과학 교사 2인은 서울 소재의 남녀 공학 중학교에 근무하는 경력 5년차 교사, 약학 전문가 4인은 서울 소재 대학원에 재학 중인 약학전문대학원생으로 각 분야에서 전문성을 인정받을 수 있는 사람이다.

과학 교사들에게는 과학 교육 측면에서 교육적으로 바람직하지 못한 내용에 대한 검토를 부탁하였고, 의약학계 전문가들에게는 의약학계 논의의 흐름에 어긋나는 내용은 없는지, 글의 내용이 현재 의학계에서 용인되는 표현을 사용하고 있는지, 의약학 관련 용어의 정확성이 확보되는지, 글에 나타난 전문 지식이나 정보가 의약학계에서 신뢰성 및 타당성을 지니는지를 중심으로 검토해 주길 요청하였다. 이들에게 검토를 받은 뒤 내용적 측면과 표현적 측면에서 글을 일부 수정하고 재구성하였다. 이 과정을 거쳐 2차적으로 수정된 글의 일부를 제시하면 다음과 같다.

[표 Ⅲ-6] 실험 자료 텍스트 수정 사항(일부)

텍스트	수정 전	수정 후	전문가 의견
1	–		문제 없음.
2	간염 접종을 개발하는 데	간염 예방 백신을 개발하는 데	• C: 용어가 부적절함. 접종보다는 백신 혹은 예방 백신이라는 용어가 더 적절함.
3	대체시험법, 세포 배양법, 임상시험 등	대체시험법, 세포 배양법 등	• A: 이 부분은 대체시험과 임상시험에 대해 학생들의 혼란을 가중시킬 수 있음. • F: 약물의 경우, 임상시험(사람을 대상으로 함)은 동물을 대상으로 하는 전임상시험을 통과해야만 가능함.
4	1937년, 마약과 유사한 물질이 들어있는 '설파닐아미드'라는	1937년, 어린이가 먹기 쉽도록 하기 위해 항생제에 넣은	• D: 설명이 모호함. 설파닐아미드는 항생제이고, 이 사건에서 문제가 된 '다이에틸렌글리콜'은 어린이가

	약으로 인해	'다이에틸렌글리콜'이라는 성분으로 인해	약을 먹기 편하게 하기 위해 넣은 성분임.
5	약물들은 모두 공통적으로 하나의 단계인 동물실험을 거쳐서 생산되었다.	약물들은 대부분 동물실험의 단계를 거쳐서 생산되었다.	• C: 오류가 있음. 동물실험을 거치지 않는 경우도 있고, 화장품은 동물실험을 없애는 것이 세계적인 추세임.
6	–		문제 없음.

마지막으로, 텍스트의 난이도와 특성에 대한 적절성을 확보하기 위해, 국어 교육 전문가를 대상으로 글의 수준 및 특성에 대한 의견 조사를 실시하였다. 참여자는 중학교 국어 교사 6인, 고등학교 국어 교사 9인, 대학 교수 및 연구원 7인이다. 참여자 정보는 다음 표와 같다.

[표 Ⅲ-7] 실험 자료 텍스트 검토자 정보

검토자		빈도(명)	비율(%)
직위	중학교 교사	6	27.3
	고등학교 교사	9	40.9
	대학 교수	7	31.8
계		22	100
성별	여자	15	68.2
	남자	7	31.8
계		22	100

국어 교육 전문가 22인에게 연구에 대한 기초 정보(연구 목적, 텍스트 주제, 과제)를 제시한 후, 실험 자료 텍스트의 학년 수준, 신뢰성, 과제 관련성에 대해 설문하였다.[5] 텍스트에 가장 적절한 학년 수준은 '중학교 2학년, 고등학

교 2학년' 중 선택하도록 하였고, 이와 별개로 해당 글을 배우기에 가장 적절한 학년을 자유 기입할 수 있는 칸을 제시하였다. 텍스트의 신뢰성, 과제 관련성은 '전혀 그렇지 않다'부터 '매우 그렇다'의 5점 리커트 척도에 반응하도록 구성하였다. 모든 답변에 대한 이유를 기술할 것을 요청하였다. 설문 조사 결과는 다음 표와 같다.

[표 III-8] 실험 자료 텍스트에 대한 전문가 평정 결과

텍스트	학년 수준	신뢰성	과제 관련성
1	9.9	4.1	4.5
2	10.3	4.2	4.7
3	10.2	4.0	4.2
4	10.1	4.0	4.0
5	8.1	1.8	3.5
6	10.0	2.3	2.0
계	9.8	-	-

학년 수준에 대한 전문가 평정 결과, 여섯 개의 글은 평균적으로 약 10학년 수준(9.8학년)인 것으로 나타났다. 개별 텍스트의 학년 수준은 8학년(글 5), 9학

---

5   전문가들에게 배부한 설문지의 세부 문항은 다음과 같다.
  • 학년 수준 조사 문항
    : <글 X>이/가 다음의 각 학년에 적절한 텍스트 난이도라고 생각하십니까? 학년별로
    'O'표시해 주시고, 그렇게 판단한 이유를 작성해 주십시오. 그리고 가장 적절한 학년을
    표시해 주십시오.
  • 신뢰성 관련 조사 문항
    : <글 X>이/가 믿을 만하다고 생각하십니까? 해당 사항에 'O' 표시해 주시고, 그렇게
    판단한 이유를 작성해 주십시오.
  • 과제 관련성 관련 조사 문항
    : <글 6>이/가 주어진 과제와 관련이 있다고 생각하십니까? 해당 사항에 'O' 표시해
    주시고, 그렇게 판단한 이유를 작성해 주십시오.

년(글 1), 10학년(글 2, 3, 4, 6)으로 다양하게 나타나, 모든 글이 중학교 고학년 혹은 고등학교 저학년 수준 사이의 글인 것으로 확인되었다. 본 실험의 참여자들이 8학년, 10학년 독자라는 것을 감안할 때 참여자의 학년 수준을 벗어나는 텍스트는 없어 실험에 활용할 텍스트로 모두 적절하다고 판단하였다.

글의 신뢰성 및 과제 관련성은 <글 5>, <글 6>을 제외한 나머지 텍스트에서 어느 정도 적절한 것(4점)으로 나타났다. 전문가들이 기술한 <글 5>와 <글 6> 평가의 이유를 종합하면 다음과 같다. <글 5>는 블로그 글이기에 출처가 불분명하고, 저자가 청소년 기자라는 점에서 필자의 전문성이 확보되기 어렵기 때문에 신뢰도가 낮다. 내용적 측면에서는 뒷받침하기 위한 근거로 제시한 내용의 출처(인용한 매체, 연구원의 신분 등)가 확실하지 않고, 그것이 개인적인 판단과 생각에 그친 것이기 때문에 주장의 타당성과 내용의 신뢰성이 부족하다. 글의 신뢰성 정도가 과제 관련성 평가에 영향을 미친 것으로 보인다.

<글 6>은 주로 광고성 글, 저자의 편향성(자사 홍보), 출처의 신뢰도(잡지 기사) 때문에 신뢰성이 낮다고 평가하였다. <글 6>의 과제 관련성이 낮은 이유는 동물실험의 찬성이나 반대에 대한 내용이 아니라 회사 홍보글이기 때문이라고 응답하였다. 전문가들의 이러한 반응은 연구자가 실험 설계 단계에서 연구 목적 달성을 위해 글을 수집하고 재구성할 때 의도한 바와 일치한다. 따라서 이 글들로 실험을 실시해도 무리가 없으리라 판단하고 실험 과제를 설계하고 절차를 상세화하였다.

2. 과제 설계 및 실험 실시

1) 과제 및 실험 설계

참여자들이 실험 중에 수행할 과제([표 Ⅲ-9] 참고)는 최대한 명시적이고 구체적으로 제시하여 과제 수행에 개입될 수 있는 다양한 요인을 통제하고자 하였다.

[표 Ⅲ-9] 참여자들에게 제공한 수행 과제

우리 학교 생물 수업 시간에 동물실험에 대한 논쟁이 있어서, 이에 대해 조사하고 의견을 작성하는 수행 평가 과제가 주어졌습니다.

의학적 목적으로 실시하는 동물실험에 대한 당신의 생각은 어떠합니까? 이 문제를 해결하기 위해 여러분이 찾을 만한 글과 가장 비슷한 글을 6개 준비하였고, 나머지 두 개의 글은 학생이 인터넷에서 직접 찾아야 합니다. 나누어준 글과 인터넷 글을 읽으면서 동물실험에 대해 학습하세요. 그 다음, 종이 글 6개와 인터넷 글 2개를 참고하여 다문서 구조도를 작성하세요. 마지막으로 나누어준 글 중 자신의 의견 형성에 필요 없다고 생각하는 글 2개를 제외하세요.

[과제 요약]
① 나누어준 글 1-6번을 읽은 후, 인터넷에서 관련된 2개의 글을 고른다.
② 종이 글 6개와 인터넷 글 2개를 종합하여 구조도를 작성한다.
③ 나누어 준 글에서 필요 없다고 생각되는 2개의 글을 제외한다.

[안내 사항]
① 과제를 수행할 때 자신의 모든 생각을 말해 주셔야 합니다.
② 제시되는 글의 순서는 의미가 없으며, 앞뒤의 글을 자유롭게 왔다 갔다 하면서 읽을 수 있습니다.
③ 자신의 개인적 취향보다는 객관적 관점에서 과제를 수행하세요.
④ 인터넷을 활용할 때, 보고 있는 부분에 커서를 대거나 블록을 잡아 주세요.

과제 상황은 '우리 학교 수업 시간에 주어진 수행 평가 과제'로 설정하고, 이때 독자가 해결해야 할 문제는 '의학적 목적으로 실시하는 동물실험에 대한 당신의 생각은 어떠합니까?'라는 질문으로 구체화하였다. 이 문제를 해결하기 위해 주제와 관련된 여러 개의 글을 읽고 동물실험에 대한 자신의 의견을 형성하도록 요청하였다. 과제 구성 후 실험 설계는 참여자 선정, 예비 실험, 본 실험 설계 순으로 이어졌다.

2) 참여자 선정

실험 참여자는 다문서 읽기 관련 성취기준[6]이 제시되는 8학년 이후의 학습자인 중학교 2학년, 고등학교 2학년으로 설정하였다.

[표 III-10] 본 실험 참여자 인원

참여자	중학교 2학년		고등학교 2학년	
	빈도(명)	비율(%)	빈도(명)	비율(%)
여학생	4	57.1	3	42.9
남학생	3	42.9	4	57.1
계	7	100.0	7	100.0

---

[6] 실험 시점(2017년)에 학생들이 배우고 있었던 2009 개정 교육과정의 다문서 읽기 관련 대표적 성취기준은 다음과 같다.

[정보 탐색 관련 성취기준]
국어 I (6) 독서의 목적과 상황, 독자의 흥미나 가치관 등을 고려하여 글을 스스로 선택하여 읽는 태도를 기른다.
독서와문법 (31) 다매체 사회에서 인터넷 등 다양한 경로를 통해 독서에 관한 정보를 얻고 활용한다.

[정보 통합, 비판 관련 성취기준]
중1~3학년군 (7) 동일한 대상을 다룬 서로 다른 글을 읽고 관점과 내용의 차이를 비교한다.
독서와문법 (22) 동일한 화제에 대한 다양한 관점의 글을 읽고 비판적으로 재구성한다.

8학년, 10학년은 각각 중학교급, 고등학교급의 중간 학년으로서 해당 학교급 학생들이 지니는 일반적 특성을 가장 잘 보여줄 것으로 예상하였다. 인원 수는 학교급별 7명이고, 성별에 따른 차이를 통제하기 위해 남녀 학생의 비율이 고르게 분포되도록 하였다. 실험 시기는 고등학생의 경우 정보 탐색 관련 교육 내용이 1학기, 정보 통합 관련 교육 내용이 2학기에 배정되어 있다는 점을 고려하여 2학기 후반부로 정하였다.

본 실험에서는 읽기 교육 내용 체계화에 반영할 수 있는 일반 집단의 자료를 수집하고자 하였기 때문에 서울 소재의 보통 학력 수준인 남녀 공학 중학교, 고등학교를 선정하고 섭외하였다.

M중학교는 2016년 기준으로 국가수준 국어과 학업성취도 평가 결과 보통 학력 이상 비율이 87.90%, 기초 학력 미달 비율이 1.20%(응시인원: 247명, 응시율: 99.2%)로 나타났고, G고등학교는 보통 학력 이상 비율이 62.20%, 기초 학력 미달 비율이 14.30%(응시인원: 349명, 응시율: 97.2%)로 나타났다. 중학교의 국어과 보통 학력 이상이 차지하는 평균 비율이 90.1%, 기초 학력 미달 평균 비율이 2.0%, 고등학교의 국어과 보통 학력 이상이 차지하는 평균 비율이 84.0%, 기초 학력 미달 평균 비율이 3.2%(박인용 외, 2017ㄱ, 박인용 외, 2017ㄴ)라는 것을 참고하면 본 실험에서 표집한 M중학교 학생들의 국어과 성취 수준은 평균에서 크게 벗어나지 않고, G고등학교는 다소 낮은 수준이다. 중학교 참여자들은 일반 집단의 읽기 양상을 보여줄 수 있을 것으로 예상되지만, 고등학교 참여자들은 그렇지 않을 수 있다고 판단하여 고등학생의 섭외 기준을 중학교보다 높게 설정하였다.

중학교의 경우 내신 국어 점수 80점 이상, 고등학생은 국어 모의고사 등급이 1-2등급인 학생 중 담임교사가 종합 학습 능력 및 읽기 능력이 보통 이상이라고 추천하는 학생들을 최종 참여자로 선정하였고, 고등학생 참여자의 경우, 우수 학습자 위주로 섭외하였다.

참여자로 읽기 능력이 보통 이상인 집단을 선정한 근거는 첫째, 읽기 능력이 비교적 우수한 독자 집단이 그렇지 않은 집단보다 자신의 경험에 비추어 텍스트를 이해하고 다른 텍스트와 연결을 잘하는 경향이 있으며, 정보 평가가 더 뛰어나다는 선행 연구 결과(Hartman, 1995)에 기반한다. 이에 국어 수업을 완성도 있게 학습한 독자, 국어 능력이 평균 수준 이상인 독자에게서 다문서 읽기 양상을 더 잘 포착할 수 있을 것이라 판단하였다.

둘째, 이 연구의 목적인 독자들의 다문서 읽기 양상 및 전략을 분석하고 그에 대한 교육 내용을 마련하기 위해서는 전략적으로 읽을 수 있는 능력을 가진 독자들의 읽기 양상을 분석하는 것이 필요하다. 중상위 학습자 집단은 미숙한 집단보다 다문서 읽기를 능숙하게 수행할 가능성이 더 높다. 이에 미숙한 독자들의 읽기 양상을 살피기보다는 능숙한 읽기를 보여줄 가능성이 큰 중상위 집단 독자들을 대상으로 하는 실험 설계가 타당하다.

3) 예비 실험을 통한 실험 설계 수정

예비 실험의 주요 목적은 연구자가 설계한 실험 방법으로 연구 문제를 해결할 수 있는가를 사전 점검하는 것이다. 정교한 설계라 하더라도 연구 문제에 대한 답을 얻을 수 없다면 좋은 실험 설계라 보기 어렵다. 이에 예비 실험을 실시하여 참여자들에게 제공할 과제나 텍스트가 어렵지 않은지, 과제와 관련하여 사전에 배운 경험이 있는지 등을 조사하였다. 또한 참여자들의 읽기 양상을 간략히 분석하고 현재의 실험 설계가 연구 문제를 해결하는 데 적절한가를 확인하였다.

예비 실험에 동의한 인천의 S중학교 2명, 서울 Y고등학교 2명, 총 4명을 섭외하여 예비 실험을 진행하였다([표 Ⅲ-11] 참고). 이들의 학업 성취도는 모두 '중상'으로 중학교의 경우 내신 국어 점수 80점 이상, 고등학생은 국어

모의고사 등급이 1-2등급인 학생이다.

[표 III-11] 예비 실험 상세 정보

구분	상세 정보
참여자	• 인천 소재 중학교 2학년, 2명 • 서울 소재 고등학교 2학년, 2명
시기	• 2017년 8월-9월
자료 수집 방법	• 읽기 과정 중 사고구술 • 음성 녹음 및 노트북 화면 녹화 • 실험 장면 녹화 • 활동지 • 구조화된 사후 면담

예비 실험의 환경은 기본적으로 본 실험과 동일하게 구성하되 시간상의 문제로 사후 활동지 작성을 최소화하고 사후 면담 위주로 실시하였다. 참여자들에게 제시한 글은 앞서 밝힌 동물실험 관련 실험 자료 텍스트 6개이다. 예비 실험의 세부 절차는 다음과 같다.

[표 III-12] 예비 실험 절차

전(약 20분)			중(약 1시간 30분)		후(약 20분)	
기초 조사	사고구술 시범 및 훈련	과제 안내	인쇄 글 읽기	인터넷 글 읽기	구조도 작성	사후 활동 및 면담

실험에 앞서 참여자들의 기본 정보(독서 경험, 관련 과제 수행 경험 등), 실험 주제(동물실험)에 대한 배경지식 정도를 질의 응답식으로 알아본 후 과제를 안내하였다. 먼저 필자가 배부한 6개의 인쇄 텍스트를 읽도록 한 후, 노트북을 제공하여 인터넷에서 관련 정보를 찾아 읽되 디지털 텍스트 두 개를 선택

하도록 하였다. 읽기 활동이 끝난 후 다문서 구조도를 작성하고 본인이 읽은 모든 글에 대한 신뢰도 평가를 실시하고 사후 면담을 진행하였다.

실험 과정에서 이루어진 모든 장면은 캠코더로 녹화하였다. 동시에 참여자들의 인쇄 글 읽기 중 사고구술 장면은 녹음기로 녹음하고 인터넷 글 읽기 장면은 녹음뿐 아니라 곰캠(GOM Cam) 프로그램을 활용해 노트북 화면 자체를 녹화하는 방법으로 자료를 수집하였다.

예비 실험을 간략히 분석한 결과([표 Ⅲ-13] 참고) 학교급별 읽기의 수준 차이는 있었지만 실험 주제나 실험 텍스트가 중·고등학생들이 이해하기 어렵지 않았고, 정보 탐색, 통합, 비판 전략을 중심으로 분석이 가능한 실험 설계라는 것을 확인하였다.

[표 Ⅲ-13] 예비 실험의 결과 분석

읽기 장면	중학생 독자	고등학생 독자
탐색적 다문서 읽기 측면	• 주제 학습을 위한 글을 찾아 읽음. • 주로 카페, 블로그의 정보 유형에 접근함.	• 주제와 관련된 사실이나 근거를 검토하기 위한 글을 찾아 읽음. • 주로 백과사전, 뉴스의 정보 유형에 접근함.
통합적 다문서 읽기 측면	• 내용과 출처의 분리가 어렵고, 출처에 대한 인식이 낮음.	• 내용과 출처의 분리와 통합이 어느 정도 이루어지나 그것을 정보 평가와 연결하지는 못함.
비판적 다문서 읽기 측면	• 내용 확인 발언이 많음. • 주로 형식적 측면에서 정보를 평가함.	• 내용 질문 발언이 많음. • 내용과 형식 측면의 정보 평가가 이루어짐.

이에 실험 설계의 전체 방향과 연구 도구의 큰 틀은 유지하되 다음 사항을 고려하여 설계를 수정하였다([표 Ⅲ-14] 참고). 첫째, 실험 전 연구자가 사고구술 시범을 보일 때 정서적 측면의 발화를 많이 하는 경우, 참여자들도 실제

글을 읽을 때 정서적 반응의 비율이 높았다는 점, 둘째, 실험 중 연구자가 제공한 글 중 대부분의 참여자들이 이해하기 어려운 어휘가 일부 포함되었다는 점, 셋째, 인터넷 글 읽기 장면에서는 독자 자신이 선호하는 정보 유형을 위주로 읽고 선택한다는 점, 넷째, 실험 후 활동에서 구조도를 작성할 때 시간이 부족하였다는 점에서 실험 설계의 개선이 필요하다는 것을 확인하였다.

[표 III-14] 예비 실험 결과를 바탕으로 한 실험 설계 수정 사항

절차		예비 실험 분석 결과	본 실험 설계 수정 사항
실험 전		연구자가 사고구술 시범을 보일 때 정서적 측면의 발화를 많이 하는 경우, 참여자들도 실제 글을 읽을 때 정서적 반응의 비율이 높음.	연구자의 사고구술 시범 시 다문서 읽기와 관련되는 내용 확인 및 분석, 내용 평가 중심으로 발화함.
실험 중	인쇄 글 읽기	대부분의 참여자들이 이해하기 어려운 어휘나 문장이 발견됨.	맥락을 해치지 않는 범위에서 다른 어휘나 문구로 교체함.
		동물실험 관련 배경지식이 충분하지 않음.	참여자들이 주제에 대해 충분히 학습할 수 있도록 내용적·형식적 완성도가 높은 4개의 글을 실험 전반부에 배치함.
	인터넷 글 읽기	정보 탐색 시 독자 자신이 선호하는 정보 유형 위주로 읽고 최종 텍스트를 선택함.	독자가 습관적으로 선택하는 텍스트 유형이나 특성이 있음을 감안하여, 최종 선택해야 할 인터넷 글의 개수를 1개에서 2개로 변경함.
실험 후		구조도를 작성할 때 시간이 부족함.	구조도 작성에 더 많은 시간을 제공함.

이를 바탕으로 본 실험 설계의 수정 사항은 첫째, 실험 전 단계에서 연구자가 사고구술 시범을 보일 때, 정서적 발화보다는 내용 분석이나 평가 중심으

로 발화하는 것이다. 이 연구는 정서적 반응의 다양성을 분석하는 데 목적이 있지 않기 때문에 사고구술 시범 시 정서적 발화보다 여러 글 간의 내용에 대한 확인, 분석, 평가 측면의 발화를 중심으로 시범을 보여주었다.

둘째, 참여자들이 읽는 글 중 어려워하는 일부 어휘나 문장은 맥락을 해치지 않는 범위에서 다른 어휘나 문구로 교체하였다. 다문서 읽기 전략에 대한 연구는 단일문서에 대한 읽기가 전제되어야 수행이 가능하기 때문에, 독자들이 단일 글에서 이해하기 어려운 어휘가 있다고 언급한 경우 이를 최대한 수정하여 다문서 읽기 수행에 어려움이 없도록 하였다. 특히 중학생이 어려워하는 어휘 중 맥락적 의미조차 파악하기 어렵다는 반응이 있는 경우 설명을 부연하거나 문장 차원의 수정을 거쳤다.[7] 이를 통해 결과적으로 텍스트의 체감 난이도를 적절한 수준으로 조정하는 효과를 얻었다.

셋째, 인터넷 글 읽기 후 독자들이 선택해야 하는 텍스트 개수를 1개에서 2개로 변경하였다. 예비 실험을 통해 참여자들이 정보를 찾을 때 습관적으로 즐겨 찾는 특정 출처나 정보 유형(지식백과, 블로그, 뉴스 등)이 최소 한 개가

---

[7] 예비 실험을 통해 수정한 사례 중 <글 4>의 일부를 제시하면 다음과 같다.

수준	수정 전	수정 후
단어 수준	시간과 재정	시간과 재정(돈)
문장 수준	이러한 이유로 과학자는 의약 제품이나 절차에 영향을 미치는 장기적 영향이 무엇인지를 효율적으로 분석할 수 있다. 반면 사람 대상의 임상시험은 연구에 오랜 시간이 소요되고 실험 참여자와의 협동 작업이 복잡하다. 또 실험 참여자에 대한 통제가 어렵기 때문에 동물실험에 비해 생산성이 떨어진다. ~~결정적으로 지금까지 이뤄낸 동물실험 결과의 성과가 유용성 및 효용성을 증명하고 있다.~~	이러한 이유로 과학자는 의약 제품에 영향을 미치는 것이 무엇인지를 효율적으로 분석할 수 있다. 반면 사람 대상의 임상시험은 사람의 행동이나 생각을 제한하기가 어렵기 때문에 동물실험에 비해 많은 시간이 들고 정확성이 떨어진다.

있다는 것을 발견하였다. 예컨대, 여러 가지 유형의 자료를 탐색한 후 텍스트를 선택하는 것이 아니라 처음부터 백과사전 사이트에 접속하고 그것을 곧바로 최종 선택하는 경우가 있었다. 이에 하나의 글만을 선택하라는 과제를 제시한다면 주제와 관련된 정보 탐색을 충분히 하지 않을 수 있을 것이라 판단하고 최종 선택해야 할 디지털 텍스트의 개수를 1개에서 2개로 변경하였다.

넷째, 활동지 작성 시간보다 구조도 작성에 더 많은 시간을 할애하도록 하였다. 애초에 서면 활동지는 두 가지 목적의 질문으로 구성되었다. 하나는 독자의 다문서 읽기 과정에 대한 심화 질문이고, 다른 하나는 독자의 읽기 중 발화를 서면으로 반복 검증하는 질문이다. 그로 인해 문항 수가 지나치게 많아져 직전 활동인 구조도 작성 시간을 줄여야 하는 경우가 있었다. 다문서 읽기 양상을 확인할 수 있는 더 중요한 통로는 서면 질의응답보다는 구조도이기 때문에 본 실험에서는 반복 질문을 사후 면담으로 대체하고, 여러 글의 연결 양상을 더 면밀히 살필 수 있는 구조도 작성에 더 많은 시간을 할애하였다. 또 예비 실험에서 구조도 작성을 어려워하는 참여자가 있었기 때문에 본 실험에서는 예시 실험에 참여한 독자가 실제 작성한 구조도[8]를 잠깐 보여주면서, 선, 화살표, 동그라미 등의 기호를 자유롭게 활용하여 작성하도록 안내하였다.

그리고 예비 실험을 통해 중·고등학교 참여자들에게 동물실험 관련 배경지식이 충분하지 않다는 것을 확인하고 연구자가 제공하는 인쇄 글의 제시

---

[8] 예비 실험과 본 실험에서 활용한 글의 내용은 거의 동일하지만 글의 번호(제시 순서)가 다르기 때문에 글들의 관계가 달라질 것이라는 것을 알려주었으며, 양식에 대한 단순 참고용으로 보여준다는 것을 안내하였다. 또한 예시 구조도는 세부 내용을 보여준다기보다는 양식의 잔상이 남을 정도로 잠깐(1초 정도) 보여주었기 때문에 참여자들이 이에 영향을 받지는 않았을 것이다.

순서를 변경하였다. 참여자들이 주제에 대해 충분히 학습할 수 있도록 내용적·형식적 완성도가 높은 4개의 글을 실험 전반부에 배치하고 신뢰성, 관련성이 낮은 <글 5>, <글 6>을 후반부에 배치하였다.

마지막으로 예비 실험에서 독자들이 내용과 출처의 분리 및 통합을 어려워한다는 것을 확인하고, 이를 심화 분석할 수 있도록 하기 위해 참여자들이 접하게 될 8개의 글에 대한 내용 및 출처 평가 관련 사후 활동을 구성하였다. 그 외에 실험을 수행하는 데 필요한 장비 설치, 실험 진행 시 주의할 점들을 재확인하여 본 실험을 수행하였다.

4) 본 실험 실시

본 실험에 동의한 서울 소재 중학교 2학년 7명, 서울 소재 고등학교 7명, 총 14명을 섭외하여 본 실험을 진행하였다([표 Ⅲ-15] 참고). 이들의 학업 성취도는 모두 '중상'으로 중학교의 경우 내신 국어 점수 80점 이상, 고등학생은 국어 모의고사 등급이 1-2등급인 학생이다.

[표 Ⅲ-15] 본 실험 상세 정보

구분	상세 정보
참여자	• 서울 소재 중학교 2학년, 7명 • 서울 소재 고등학교 2학년, 7명
시기	• 2017년 11월-12월
자료 수집 방법	• 읽기 과정 중 사고구술 • 음성 녹음 및 노트북 화면 녹화 • 실험 장면 녹화 • 수정된 활동지 • 반구조화된 사후 면담

본 실험의 절차는 사전 조사, 인쇄 글 읽기, 인터넷 글 읽기, 사후 활동 순으로 구성된다([표 III-16] 참고). 실험 중간에 쉬는 시간을 주면서, 참여 시간이 총 2시간 30분 내외가 될 수 있도록 조절하였다. 참여자들이 자발적으로 임하도록 하기 위해 연구 참여 동의서를 작성하는 학생에 한하여 실험을 실시하였고, 실험에 적극적으로 참여하도록 독려하기 위해 연구 참여에 대한 보상을 제공하였다. 모든 실험은 참여자가 속한 학교의 빈 교실 혹은 학교 주변 공부방을 예약하여 연구자 한 명이 참여자 한 명을 1:1 상황에서 대면하는 방식으로 진행하였다.

[표 III-16] 본 실험 절차별 자료 수집 방법

본 연구 절차	전(약 25분)			중(약 1시간 30분)		후(약 40분)		
	기초 조사	사고구술 시범 및 훈련	과제 안내	인쇄 글 읽기	인터넷 글 읽기	구조도 작성	사후 활동지 작성	사후 면담
자료 수집 방법	주제에 대한 독자의 용어 지식, 주제 신념 사전 조사			사고구술 프로토콜	• 사고구술 프로토콜 • 노트북 화면 녹화	다문서 구조도	• 용어 지식, 주제 신념 사후 조사 • 읽은 글에 대한 평가	면담 자료
	• 읽기 장면 녹화(캠코더 활용) • 음성 녹음(녹음기 활용)							

　실험 전에 참여자의 기초 인적 사항을 구두로 물어보고, 동물실험이라는 주제에 대한 용어 지식, 주제 신념을 조사하여 결과 분석에 참고하고자 하였다. 그 다음 연구자가 한 문단으로 구성된 두 개의 글(주제: 상대적 빈곤과 절대적 빈곤)을 직접 읽으면서 사고구술 시범을 보여준 후, 참여자에게 다른 두 개의 글을 읽으면서 드는 생각들을 모두 말하도록 요청하였다. 그 후

과제 안내를 간단히 하고 절차에 따라 실험을 시작하였다.

본 실험의 읽기 과제는 인쇄 글 읽기, 인터넷 글 읽기 장면으로 나누어진다. 인쇄 글 읽기 장면에서는 참여자들이 읽는 6개 글의 모든 문장에 대해 생각나는 대로 말하도록 하였다. 읽기 실험에서는 텍스트 제시 순서에 따라 과제에 미치는 영향이 달라질 수 있다는 점을 감안하여, 연구자가 제공하는 글의 순서는 상관이 없으며 읽는 도중 앞서 읽은 글을 다시 읽어도 된다고 안내하였다.

인쇄 글 읽기가 끝나면 참여자들에게 노트북을 제공한 후, 인터넷에서 자유롭게 텍스트를 읽으면서 학습하고 최종적으로 자신의 의견 형성에 도움이 되는 2개의 글을 선택하게 하였다. 추가로 선택한 2개의 인터넷 글은 주어진 글이 아니라 참여자 자신이 탐색하고 선택한 글이기 때문에 독자의 탐색적 다문서 읽기 능력을 확인할 수 있을 것으로 보았다.

인터넷 글 읽기가 종료되면 참여자들은 연구자에게 제공 받은 인쇄 글 6개, 자신이 직접 찾은 인터넷 글 2개, 총 8개의 글을 관계 짓고 그 관계들을 바탕으로 구조화하게 된다. 다문서 구조도 작성 후 자신이 작성한 것에 대해 연구자에게 설명하도록 하였다. 구조도를 통해 독자들이 선택하고 배제한 텍스트가 무엇인지, 서로 다른 텍스트 간의 관계 설정 방식은 무엇인지, 여러 텍스트를 연결한 이유 혹은 연결하지 않은 이유는 무엇인지를 종합적으로 살펴볼 수 있을 것이다.

구조도 작성 후 참여자들은 8개의 글 중에 자신의 의견 형성에 필요하지 않다고 생각하는 글 2개를 제외하고 그 이유를 설명한다. 이 단계의 의도는 신뢰성과 관련성이 낮은 <글 5>와 <글 6>을 제외할 수 있는지, 다른 글을 제외한다면 그 이유가 무엇인지를 알아봄으로써 비판적 다문서 읽기 양상에 대한 단서를 얻기 위한 것이다.

3. 자료 수집 방법

1) 사고구술

사고구술(Think aloud)이란 읽기나 쓰기, 토론, 토의, 문제 해결, 수학 문제 풀기 등과 같은 인지적 과업을 수행하는 동안에 참여자가 자신의 생각을 말로 나타내는 것이다. 읽기 교육 연구에서 사고구술은 읽기 지도, 학습, 평가 등에서 여러 가지로 활용되고 있다(Kucan & Beck, 1997)(천경록, 2002에서 재인용). 사고구술 방법은 사람들이 자료를 어떻게 읽고, 과제를 어떻게 해석하며, 과제 목표를 어떻게 설정하는가 등의 학습에 대한 연구에 광범위하게 활용되어 왔다(Coiro & Dobler, 2007; Coté & Goldman, 1999; Hartman, 1995; Magliano & Millis, 2003).

사고구술 자료 분석을 통해 읽는 중의 이해, 평가, 점검의 전 과정들 간의 관계를 밝힐 수 있을 뿐 아니라, 그러한 인지 작용이 의사 결정에 어떤 영향을 미치는지에 대해서도 설명할 수 있다(Wolfe & Goldman, 2005). 특히, 사고구술은 읽기 전략을 분석하는 데 유용하며 디지털 텍스트 읽기의 사고 과정을 들여다보는 효과적인 도구로 알려져 있다(Ericsson & Simon, 1980; Pressley & Afflerbach, 1995). 이에 본 실험에서는 읽기 과정에서 활용하는 전략을 가장 면밀히 살펴볼 수 있는 연구 방법으로 사고구술 방법을 사용하였다.

사고구술 시범 및 훈련은 본 실험에서의 사고구술 수행을 축소한 형태로, 글 읽기를 연습할 수 있는 다섯 개의 짤막한 글(한 문단)을 활용하여 진행하였다.[9] 연습 글의 주제는 '절대적 빈곤과 상대적 빈곤'에 관한 것으로, 실험

---

9 사고구술 진행의 구체적 방법은 사고구술 방법을 사용하여 다문서 통합을 연구한 하트만 Hartman(1995), 역사에 관한 다양한 인터넷 정보(multiple information sources) 학습을 연구한 올프·골드만Wolfe & Goldman(2005), 노르웨이 대학생들의 읽기 전략 처리 과정을

텍스트 읽기에 미치는 영향을 최소화하는 완전히 다른 분야의 내용이면서도 모든 글들이 서로 직·간접적으로 연결된다.

(가), (나), (다)의 출처 모두 고등학교 '사회·문화' 과목 교과서이다. (가)는 절대적 빈곤과 상대적 빈곤의 개념을 설명한다. (나)는 절대적 빈곤을 설명하면서 빈곤을 겪는 인구의 비율을 수치로 제시하고, (다)는 상대적 빈곤의 개념을 사례를 들어 설명한다. (라)의 출처는 마이클 샌델Michael Sandel (2012)의 '돈으로 살 수 없는 것들'이며, 절대적 빈곤을 다양한 예를 들어 설명하면서 사회적 불평등으로 논의를 확장한다. (마)의 출처는 지그문트 바우만Zygmunt Bauman(2010)의 '새로운 빈곤'으로, 빈곤이 사회적이며 심리적인 현상이라는 관점에서 상대적 빈곤을 설명한다.

참여자에게 먼저 사고구술의 개념을 설명한 뒤 연구자가 연습 글을 읽으면서 한 문장마다 연구자의 생각을 소리 내어 말하였다. 글의 제목, 출처, 내용 등 모든 단위에 대해 연구자의 생각을 말하되, 발화의 범주를 정서적 측면보다는 인지적 측면으로 초점화하였다.

예컨대, '이 문장은 빈곤의 개념을 말하고 있네(내용 확인)', '아, 나도 어렸을 때 돈이 없어서 장난감을 못 산 적이 있었어(배경지식 및 경험 활용)', '상대적 박탈감이라는 게 뭐지?(상위 인지 및 어휘 확인)', '2005년이면 너무 옛날 자료 아니야?(출처 평가)', '아, (가)에서 설명하는 빈곤 중에 절대적 빈곤을 (나)에서 다루고 있구나(텍스트 연결).'와 같은 범주를 중심으로 모든 참여자들에게 동일한 시범을 보였다. 이를 통해 본 실험을 실시할 때 참여자들이 글의 특정 부분에 편중되지 않도록 하고, 최대한 다양한 각도에서 자신의 생각을 발화할 수 있도록 하였다.

연구한 안마르크루드 외Anmarkrud et al.(2014)를 참고하면서 본 실험의 목적에 맞게 변형 및 적용하였다.

연구자가 글 (가), (나)의 제목, 출처, 개별 문장에 대해 사고구술 시범을 보인 후, 학생이 (다)부터 직접 한 문장씩 사고구술할 것을 요청하였다. 참여자가 발화할 때마다 적절한 피드백을 해주고, 사고구술에 어려움을 보이거나 도움을 요청할 경우 연구자가 다시 시범을 보이거나 발화의 예를 설명하며 연습시켰다. 참여자가 사고구술을 자유롭게 진행하지 못할 경우, 연구자에게 내용을 설명하는 방식으로 진행하라고 한 후 참여자가 사고구술에 익숙해지는 것이 확인될 때쯤 독백 형식으로 전환하도록 유도했다. 모든 과정에서 연구자는 참여자의 발화 내용에 대해서는 고개만 끄덕일 뿐 다른 반응은 보이지 않았다.

위의 방식으로 본 실험을 진행하되, 연습 글과 마찬가지로 본 실험에 활용한 글에도 제목, 출처, 문단의 끝부분에 사고구술 마크(○)를 표시하여 독자들이 자신의 생각을 소리 내어 말하는 것을 잊지 않도록 하였다. 그럼에도 불구하고 글을 읽는 중에 일 분 이상의 공백이 생기거나 두 문장을 읽는 동안에도 계속해서 발화하지 않으면 '그 부분을 읽고 드는 생각이 뭔가요?'와 같은 질문을 던져 참여자들이 자신의 생각을 소리 내어 말할 수 있도록 하였다. 학생들에게 사고구술을 해야 한다고 안내한 지점은 다음과 같다([표 Ⅲ-17] 참고).

[표 Ⅲ-17] 사고구술을 지시한 지점

• 인쇄 글 읽기 장면 　- 글의 제목, 출처 　- 글에 포함된 모든 문장 • 인터넷 글 읽기 장면 　- 사이트 접속의 이유 　- 해당 검색어를 생성한 이유 　- 검색 결과 목록을 읽으며 드는 생각

- 링크를 클릭한 이유
- 클릭한 글을 읽을 때 드는 생각(각 문장보다는 문단별 혹은 글 전체)
- 사이트에서 벗어나는 이유

참여자들이 위의 두 장면에서 읽기 과제를 수행한 시간을 반올림하여 제시하면 [표 III-18]과 같다. 중·고등학생 모두 인쇄 글 읽기에서 약 50분, 인터넷 글 읽기에서 약 30분, 총 80분 정도 소요되어 학교급 간 차이가 거의 나타나지 않았다.

[표 III-18] 과제 수행 소요 시간(분)

		인쇄 글 읽기	인터넷 글 읽기	계
중학생	M1	38	40	78
	M2	59	30	89
	M3	71	29	100
	M4	54	38	92
	M5	42	18	60
	M6	43	36	79
	M7	51	34	85
	계	358	225	583
	평균	51.1	32.1	83.3
고등학생	H1	52	27	79
	H2	46	24	70
	H3	42	29	71
	H4	54	23	77
	H5	33	29	62
	H6	60	43	103
	H7	60	38	98
	계	347	213	560
	평균	49.6	30.4	80.0

	705	438	1,143
계	705	438	1,143
1인 평균	50.4	31.3	81.7

인쇄 글 읽기 장면에 소요되는 시간은 최소 33분(H5)에서 최대 71분(M3), 평균 50.4분이었다. 인터넷 글을 읽는 데 소요되는 시간은 최소 18분(M5), 최대 43분(H6), 평균 31.3분으로 인쇄 글 읽기보다 적었다.

분석 대상 자료의 양을 확인하기 위해 참여자들이 각 세션에서 발화한 단어 수를 제시하면 아래 표와 같다.

[표 III-19] 사고구술 동안 발화한 단어 수(개)

		인쇄 글 읽기	인터넷 글 읽기	계
중학생	M1	936	207	1,143
	M2	2,189	987	3,176
	M3	3,395	813	4,208
	M4	2,850	522	3,372
	M5	3,321	734	4,055
	M6	1,670	585	2,255
	M7	2,174	843	3,017
	계	16,535	4,691	21,226
	평균	2,362	670	3,032
고등학생	H1	3,467	1,338	4,805
	H2	3,166	423	3,589
	H3	1,580	795	2,375
	H4	2,389	420	2,809
	H5	2,553	834	3,387
	H6	2,909	1,676	1,676
	H7	2,073	959	3,032
	계	18,137	6,445	21,673
	평균	2,591	921	3,096

| 계 | 34,672 | 11,136 | 42,899 |
| 1인당 평균 | 2,476 | 795 | 3,064 |

* '평균'은 반올림함.

두 장면에서 발화한 모든 참여자들의 발화 수는 총 42,899개고, 참여자 1인당 평균 3,064개 정도를 발화하였다. 참여자들은 인터넷 글보다 인쇄 글을 읽을 때 사고구술을 더 많이 하였는데, 이는 인쇄 글 읽기에서는 모든 문장에 대해 사고구술하도록 지시한 반면 인터넷 글 읽기에서는 사고구술하기를 요청 받은 지점을 중심으로 발화하였기 때문인 것으로 보인다.

2) 활동지

활동지는 실험 전·후에 서면으로 배부하고 참여자가 직접 작성하도록 하였다. 사전 활동지는 실험 주제에 대한 용어 지식과 주제 신념을 알아보기 위한 문항으로 구성하였다. 용어 지식을 조사하기 위해 실험 텍스트에 포함된 주요 용어에 대해 아는 정도를 기술하도록 하였다. 용어 지식 보유 정도는 '동물실험, 의학적 이익, 동물대체시험, 임상시험, 동물권'에 대한 개념, 관련 지식, 예시를 작성하는 방식을 통해 확인하였다. 개념을 쓰긴 했으나 예시를 잘못 쓴 경우(M4), 예시나 특성을 적었지만 개념을 제대로 못 적은 경우(M1)에는 용어 지식이 없다고 판단하였다.

주제 신념 조사를 위해 동물실험에 대한 참여자의 입장이 있는지를 기술하도록 하였다. 주제 신념에 대한 정보는 '동물실험에 대해 생각해 본 적 있나요? 동물실험에 대한 자신의 기존 입장이 있나요?'라는 문항에 답하도록 하여 수집하였다. 답변 중 '생각해 본 적 없다(M1, H3), 헷갈린다(H6)'는 '미정'으로 분류하였다.

사전 조사를 실험 후에도 동일하게 실시하여 참여자들이 과제를 수행하는 동안 내용을 제대로 이해했는지, 학습이 일어났는지를 판단하는 자료로 활용하였다. 또한 참여자가 실험에 적극적으로 참여했는가를 판단하는 지표로 활용하였다.

사전·사후 조사에서 나타난 용어 지식, 주제 신념의 변화는 다음과 같다.

[표 Ⅲ-20] 참여자들의 용어 지식 및 주제 신념 변화 양상

참여자		용어 지식				주제 신념	
		학습 개수		학습 사례		사전	사후
		사전	사후	학습 용어	미학습 용어		
중학생	M1	0	4	동물실험, 의학적 이익, 동물대체시험, 동물권	임상시험	미정	찬성
	M2	1	3	의학적 이익, 동물권	동물대체시험, 임상시험	미정	찬성
	M3	2	4	의학적 이익, 동물권	임상시험	반대	찬성
	M4	1	5	의학적 이익, 동물대체시험, 임상시험, 동물권	-	찬성	찬성
	M5	1	4	의학적 이익, 동물대체시험, 동물권	임상시험	미정	찬성
	M6	1	4	의학적 이익, 동물대체시험, 임상시험	동물권	미정	반대
	M7	1	5	의학적 이익, 동물대체시험, 임상시험, 동물권	-	반대	반대
	1인	1.0	4.1	-			
고등학생	H1	3	4	동물대체시험	임상시험	반대	반대
	H2	4	5	동물대체시험	-	반대	반대
	H3	0	4	동물실험, 의학적 이익, 동물대체시험, 동물권	임상시험	반대	반대
	H4	4	5	임상시험	-	찬성	찬성

H5	2	5	동물대체시험, 임상시험, 동물권	–	반대	중립
H6	0	2	동물실험, 임상시험	의학적 이익, 동물대체시험, 동물권	미정	반대
H7	2	5	동물대체시험, 임상시험, 동물권	–	미정	찬성
1인	2.1	4.3	–			

참여자들이 이미 알고 있는 용어는 5개 중 약 1.5개였다. 중학생은 동물실험에 대한 용어를 1인당 1개, 고등학생은 1인당 2개 정도 알고 있었다. '동물실험'이라는 용어의 개념, 특성, 예시 정도는 참여자들의 과반수가 이미 알고 있었다. 독자들은 주제에 대해 전혀 모르지는 않지만 아주 잘 안다고도 볼수 없는 정도이다.[10]

실험 전후에 발생한 용어 지식의 차이가 통계적으로 유의한지 알아보기 위해 대응 표본 t검정(paired t-test)을 실시하였다.

[표 III-21] 용어 지식 관련 대응 표본 검정 결과

대응 표본 통계량

		평균	N	표준편차	평균의 표준오차
대응 1	사전 용어 지식	1.5714	14	1.34246	.35879
	사후 용어 지식	4.2143	14	.89258	.23855

10　이는 다문서 읽기 연구에서 기준으로 삼는 주제 선정 기준(독자들이 주제, 아이디어, 쟁점에 대해 약간의 사전지식을 갖고 있는 수준)(Hartman, 1995; Wineburg, 1991; Wolfe & goldman, 2005)에 부합한다.

		대응차					`t`	자유도	유의확률
		평균	표준편차	평균의 표준오차	차이의 95% 신뢰구간				
					하한	상한			
대응 1	사전 용어 지식 –사후 용어 지식	-2.64286	1.15073	.30755	-3.30727	-1.97845	-8.593	13	.000

*t*검정 결과 독자들의 실험 전후 용어 지식의 평균 차이가 통계적으로 유의한 것으로 나타났다($t(13)=-8.593$, $p<.001$). 용어 지식은 실험 전에 평균 1.6개에서 실험 후 평균 4.2개로 2.6개만큼 증가하였다. 본 실험을 수행한 참여자들은 동물실험과 관련된 다양한 텍스트를 읽는 과정에서 동물실험이라는 주제에 대해 학습하였음을 알 수 있다.

다음으로 실험 전후로 주제 신념의 차이가 발생했는지 알아보기 위하여 사후 검사를 실시한 결과, 참여자의 절반(6명, 42.9%)정도가 주제 신념이 없거나 뚜렷하지 않은 것('잘 모르겠음'으로 기재함)으로 확인되었다. 중학생의 절반(4명, 57.1%)이 뚜렷한 주제 신념이 없었고, 고등학생 중 과반수(5명, 71.4%)는 개인의 삶 속에서 오랜 시간 동안 형성된 확고한 주제 신념을 가지고 있었다. 예컨대 H1은 초등학교 때부터 관련 자료나 경험을 하였고, 중학교 때도 학교에서 관련 토론을 한 경험이 있었으며 그렇게 형성된 생각은 지금도 유지되고 있다고 밝혔다.

실험 전후에 발생한 주제 신념의 차이가 통계적으로 유의한지 알아보기 위해 대응 표본 *t*검정을 실시한 결과, 실험 전후 참여자의 주제 신념의 평균 차이는 .05 수준에서 통계적으로 유의하게 나타났다($t(13)=-.571$, $p<.05$).

[표 Ⅲ-22] 주제 신념 관련 대응 표본 검정 결과

대응 표본 통계량

		평균	N	표준편차	평균의 표준오차
대응 1	사전 주제 신념	1.0000	14	.96077	.25678
	사후 주제 신념	1.5714	14	.64621	.17271

대응 표본 검정

		대응차					`t`	자유도	유의확률
		평균	표준편차	평균의 표준오차	차이의 95% 신뢰구간				
					하한	상한			
대응 1	사전 주제 신념 -사후 주제 신념	-.57143	.85163	.22761	-1.06315	-.07971	-2.511	13	.026

주제 신념은 실험 전 평균 1에서 실험 후 평균 1.57로 .57만큼 증가하였다 (1: 주제 신념 미형성, 2: 주제 신념 형성). 본 실험을 수행한 참여자들은 동물실험과 관련된 다양한 텍스트를 읽는 과정에서 주제 신념에 의미 있는 변화를 경험했음을 알 수 있다. 실험 전후의 용어 지식, 주제 신념 변화가 통계적으로 유의미하다는 결과에 따라 모든 참여자들의 자료를 결과 분석에 활용하였다.

3) 사후 면담

사후 면담의 일차 목적은 실험 전, 실험 중에 수집한 자료만으로 해석하기 어려운 부분들을 보완하거나 검증하는 보조 자료를 확보하는 데 있다. 이에 연구 목적, 실험 내용과 관련된 반구조화된 질문지를 사전에 마련하여 실험이 끝난 후 면담을 실시하였다. 사후 면담에서 모든 참여자들에게 던진 공통 질문은 다음과 같다.

[표 Ⅲ-23] 사후 면담 질문 항목

---

1) 과제 수행 과정 확인 질문
- 자신의 의견 형성에 제일 큰 영향을 미친 글이나 정보는 무엇인가요? 그 이유는 무엇인가요?
- 인터넷에서 최종 글 선택 시 어떤 글 위주로 선택했나요? 배제한 글들은 주로 어떤 글이었나요?
- 과제와 관련된 정보나 글을 찾는 것이 어려웠나요? 주어진 글을 읽고 이해하는 것이 더 어려웠나요?

2) 과제 수행에 영향을 미친 외적 요인 확인 질문
- 인터넷에서 찾은 글의 그림이나 보조 자료가 글 읽기에 중요한 영향을 미쳤나요?
- 인터넷에서 읽은 글들 중에 최종 선택한 글들을 제외하고 특별히 기억에 남는 것이 있나요?

일부는 과제 수행을 질적으로 분석하는 데 필요한 정보들을 수집하기 위한 질문들이고, 일부는 과제 수행에 영향을 미친 외적 요인을 파악하기 위한 질문이다. 질문지에 없더라도 개별 참여자들이 실험에서 보여준 독특한 특성에 대한 심화 질문, 실험 상황에서 즉각적으로 파악한 참여자들의 중요한 특성들을 재확인하는 질문도 이루어졌다.

4. 자료 분석 방법 및 절차

앞선 절차에 따라 수집한 자료를 분석하기 위해 질적 연구와 양적 연구를 상호 보완적으로 사용하는 혼합 연구 방법(Mixed Methods)(Greene et al., 1989)을 활용하였다. 질적 연구 방법은 독자들이 다문서 읽기를 '왜' '어떻게' 하는

지에 대한 보다 심층적인 답을 구하기 위해, 양적 연구 방법은 독자들이 다문서 읽기 과정에서 '무엇'을 읽는지, 혹은 다문서 읽기 활동의 양적 특성이 어떠한지 알아보는 데 활용하였다.

질적 분석의 대상 자료는 참여자의 사고구술 자료, 활동지 중 자유 기술 문항에 대한 응답, 면담 기록이다. 질적 분석은 근거 이론(Grounded theory) (Mead, 1934; Glaser & Strauss, 1967)에 기반하여 진행하였다. 근거 이론은 참여자의 행위를 이해하고 설명하기 위한 질적 연구 방법으로, 참여자가 주요 문제를 해결해 나가는 심리적 과정을 발견하는 것을 목적으로 한다(김정겸·김지숙, 2010: 152). 기존의 거대 이론(Grand Theory)(Merton, 1968) 및 이에 대한 가설 검증을 중시하는 연구 방법과 대비되는 것으로, '현상'에 토대한 이론 혹은 '자료'에 근거한 이론으로 이해된다. 이 특성 때문에 참여자들의 심리적 경험과 같은 개인의 반응을 폭넓게 이해할 수 있고, 그들의 반응 과정을 깊이 있게 파악하는 근거 자료로 활용될 수 있다.

양적 분석의 대상 자료는 질적 자료를 양화한 결과물, 활동지 중 척도형 문항에 대한 응답이다. 양적 분석은 주로 SPSS(IBM SPSS statistics 20)를 활용하여 기술 통계(빈도, 비율), 집단 간 차이의 통계적 유효성 검사(Mann-Whitney U 검정), 다문서 읽기 장면 간의 상관관계 분석(Pearson의 상관관계 분석), 독자 유형화를 위한 계층적 군집 분석(계층화 분석, K-means 군집 분석)을 실시하였다. 또한 군집 분석 결과를 3차원상의 그래프로 제시하기 위해 R 프로그램(R version 3.6.1)을 활용하였다.

수집한 자료에 대한 질적 분석의 절차는 세 단계로 이루어졌다([표 Ⅲ-24] 참고).

[표 III-24] 자료 분석 절차 및 내용

상세 \ 절차	자료 관리 및 변환	자료 확인 및 분석	분석자 간 신뢰도 검증
내용	• 프로토콜 전사 • 발화 파싱 →	• 개방 코딩, 선택 코딩, 이론적 코딩 실시 • 국어교육 전문가 협의회 실시 →	• 코딩 기준 점검 및 조정 • 분석자 간 신뢰도 검증
구성원 및 일정	• 2인 • 2017년 11월~ 2018년 1월	• 5인 내외 • 2018년 9월~ 2019년 5월	• 3인 • 2019년 4월~6월

1) 자료 관리 및 변환

자료 분석의 첫 단계에서는 참여자들의 읽기 수행 자료를 정리하고 변환하였다. 분석 자료는 참여자들의 읽기 중 음성 녹음본, 노트북 화면 녹화본, 사전·사후 활동지, 사후 면담, 전체 장면 녹화본을 통해 수집하였다. 음성 녹음본, 노트북 화면 녹화본은 분석의 주된 자료로, 나머지는 보조 자료로 활용하였다.

실험 전체 과정을 담은 음성 녹음본은 실험이 종료된 2017년 10월에 전사자 2인을 섭외하여 전사 자료로 변환하였다. 14개의 노트북 화면 녹화본은 참여자들이 접속한 사이트, 생성한 검색어, 클릭한 텍스트, 읽기의 모든 경로 등을 확인하기 위해 처음부터 끝까지 여러 번 반복하여 확인하고 체계적으로 기록하였다. 사전·사후 활동지는 모두 스캔하여 온라인 자료로 보관하면서 분석 시 참고하였다. 참여자들의 읽기 장면을 전체 녹화한 영상 녹화본은 다른 자료로 분석하기 어려울 때 참고하였다.

자료 분석을 위해 참여자들의 발화를 문서 파일로 변환하여 살펴보면서 참여자들의 발화를 의미 단위(unit)[11]로 분절(parsing)하였다.

인쇄 글 읽기 장면에서는 문장별로 사고구술하도록 하였기 때문에 기본적으로 문장별 발화 단위를 최소 분석 단위로 보았다.[12] 다만, 한 문장에 여러 차원의 코딩 범주가 표현되었다고 판단되거나(예컨대, 정보 탐색과 통합이 복합적으로 포함된 발화), 두 문장에 대한 생각을 참여자가 하나의 문장으로 발화하는 경우에는 완결된 의미 단위 중심으로 합치거나 분절하였다.

인터넷 글 읽기에서는 참여자들의 발화뿐만 아니라, 읽기 행동을 참고하여 분절하였다. 예컨대, 장면 녹화를 통해 수집한 사이트 접속 장면, 검색 장면, 검색 결과 목록에 대한 스캔 장면, 특정 글 읽기 장면, 글을 선택하고 배제하는 장면 등에서의 발화와 읽기 행동을 함께 참고하여 분절하였다. 대부분은 읽기 행동과 발화가 동시에 이루어지지만, 간혹 인터넷 글 읽기 행동은 분명히 드러나나 참여자의 발화가 없는 경우, 발화는 이루어지나 읽기 행동의 변화가 없는 경우도 있었다. 이때는 행동과 발화 각각을 독립 단위로 인정하고 최소 분석 단위로 분절하였다. 그 결과 분석 단위의 수는 2,554개였다.

전사본에는 연구자와 참여자의 발화만 기록하였지만, 분석을 위해 변환한 문서 자료에는 발화뿐 아니라, 참여자 번호, 글-문단-문장 번호, 참여자의 발화, 인터넷 글 읽기 행동, 연구자 노트를 일정한 기호를 사용하여 기록하고

---

11 이에 대해 울프·골드만Wolfe & Goldman(2005)에서는 유닛Unit 혹은 에피소드Episode라는 용어를 사용한다. 유닛은 구성 단위라는 뜻이고, 에피소드는 사건이라는 뜻이다. 사고구술 결과로서의 발화 자료를 분류하는 기준은 최소의 사고 혹은 의미 단위로 성립되는가가 중요한 기준이므로 이 연구에서는 유닛unit이라는 용어를 채택하고 '단위'로 번역하여 사용한다.

12 사고구술 단위를 분절하는 방법은 울프·골드만Wolfe & Goldman(2005)을 참고하여 마련하였다. 일반적으로 사고구술 연구에서 자료 분석을 위한 발화 분절 단위는 참여자의 발화를 구성하는 절, 문장이 될 수 있다(Chafe, 1994). 연구자는 그중 주로 문장 단위에 초점을 두고 분절하였다. 정보 탐색, 통합, 비판과 관련된 사고는 절보다는 문장 수준에서 더 잘 드러난다고 판단하였기 때문이다. 그러나 절 단위에서도 각 과정의 특성이 명확하게 드러날 경우에는 절 수준에서 분절하기도 하였다. 분절 단위의 적합성에 대해서는 다른 자료 분석자 2인과 함께 코딩하면서 불일치가 생기는 부분을 중심으로 논의하였다.

정리하였다. 분석의 주된 자료로 활용된 문서 파일 정리본을 제시하면 아래 그림과 같다.

	A 참여자	B 글_문단_문	C 본문(1_0_1~6_4_4), 인터넷 읽기 행동(DT)	D 참여자의 발화
2	M1	1_0_1	동물 실험: 과연 선인가 악인가?	동물실험의 장점과 단점을 보여주는 거구나
3	M1	1_0_3	출처: 『논쟁 없는 시대의 논쟁』(영국사상연구소 엮음, 박민아 외 번역, 이음, 2009.)	영국 연구소에서 발표한 내용이 들어가 있네
4	M1	1_1_1	동물 실험에 주로 희생되는 포유동물들은 어떤 일은 즐길 만하고 어떤 일은 고통스럽다는 것을 알고 있다.	동물실험에 사용되는 동물들은 자기의 감정을 다 느끼는구나
5	M1	1_1_2	따라서 그들이 좋아하는 일을 찾거나 고통스러운 일을 피하려 하는 것은 그리 놀랄 만한 일이 아니다.	그 동물들도 고통스러운 일들을 피하려고 다 하는구나
6	M1	1_1_3	더군다나 인간이나 다른 포유동물들은 모두 경험을 통해 학습하고 과거를 기억하며 미래를 예상하는 인식 능력을 갖고 있다.	동물들도 사람과 같은 많은 생각할 수 있는 능력이 있구나
7	M1	1_1_4	이를 근거로 찰스 다윈(1871)은 "인간과 고등동물(인간 이외의 포유동물)의 정신적 차이는 정도의 차이이지 질적으로 다른 종류의 차이는 아니다"라고 결론지었다.	동물과 사람, 그 동물, 여기서 말하는 동물과 사람들은 많이 큰 차이가 없구나
8	M1	1_2_1	이런 측면에서 볼 때, 삶의 주체로서의 동물은 우리와 동등한 존재이다.	동물과 사람이 같다고 보이는구나

[그림 Ⅲ-2] 인쇄 글 읽기 장면의 자료 변환 파일

	A 참여자	B 글_문단_문	C 본문(1_0_1~6_4_4), 인터넷 읽기 행동(DT)	D 참여자의 발화
110	M1	IT	구글 사이트에 들어감	소유찬 : 구글이 더 많은 내용이 있으니까 구글을 들어가 보자
111	M1	IT	동물실험 찬·→·동물실험'으로 검색함	소유찬 : 아까 내용을 보니까 동물실험이 약간 필요하다 생각하니까 동물실험 찬성에 대한 내용으로 시작해보자
112	M1	IT	검색 결과 링크들을 스캔 후 서울신문 인물: '대체실험, 동물실험보다 과학적이고 안전해' 기사를 보고 클릭함	이건 동물, 제목이 동물실험의 장점을 말한 거니까 내 생각과 같으니까 들어가 보자
113	M1	IT	기사 커지자마자 제목을 훑음	아까 생각한 거[링크를 클릭하기 전에 제목만 봤을 때 생각한 거]와 달리 동물실험에 반대하는 내용이구나
114	M1	IT	창을 닫고 검색창으로 돌아감	
115	M1	IT	관련 검색어 중 '동물실험 찬성'을 클릭하여 검색	동물실험 찬성에 관한 걸 써야겠다
116	M1	IT	검색 결과를 스캔	
117	M1	IT	최상단의 '인간을 위한 동물실험은 계속되어야 하는가/디베이팅데이'를 클릭함 다음 내용을 읽는 중	
118	M1	IT	"b. 동물실험의 원칙(3R 원칙) Reduction, 가능한 한 적은 수의 동물을 이용한다. Replacement, 실험을 시작하기 전 대체 가능한 방법이 없는지 모색해야한다. Refinement, 실험 진행 중에는 동물이 고통을 받지 않고 동물의 복지를 향상시킬 수 있는 방법으로 동물 실험을 해야 한다."	아까 본 동물실험에 관한 엄격한 규제가 나와 있구나
119	M1	IT	디베이팅데이 홈페이지 내의 하이퍼링크를 읽은 후 클릭함(화장품 동물실험 전면 금지 어려울 듯(2013.09.02 약업신문)) news 동물실험은 필요악인가?(2008.03.08 한국경제) 화장품 동물실험 전면 금지 어려울 듯(2013.09.02 약업신문)	동물실험이 금지되기 어렵다는 부분이 내 생각과 비슷하니까 들어가 보자

[그림 Ⅲ-3] 인터넷 글 읽기 장면의 자료 변환 파일

파일 내의 A열은 참여자 번호이다. 참여자 번호는 'M1, M2, M3, M4, M5, M6, M7, H1, H2, H3, H4, H5, H6, H7(Middle school: 중학생, High school: 고등학생)'로 표기하였다. B열은 참여자가 읽은 '글_문단_문장' 번호를 표시한 것이다. 첫 숫자는 '글 순서'를 뜻한다. 인쇄 글 6개는 각각 1, 2, 3, 4, 5, 6으로 표기하고, 인터넷 글은 IT(Internet multiple Texts)로 표기하였다. 다만, 각 글의 제목, 출처, 저자는 문단으로 보기 어려워 문단 숫자를 '0'으로 표기하고, 0문단의 제목은 '1'로, 출처는 '2'로, 저자는 '3'으로 표기하였다. 예컨대, <글 1>의 제목은 '1_0_1'로 표기한다.

C열에는 참여자들이 읽을 인쇄 글의 개별 문장, 인터넷 글의 문장, 문단, 자료들을 기록하였다. 인터넷 글 읽기 장면에서는 참여자가 읽는 내용(예: 118행), 발화와 관련된 사이트(예: 119행), 읽기 행동(예: 110행)을 추가로 기록하였다.

D열은 참여자의 발화 부분이다. D열에는 참여자가 해당 발화를 할 때 하는 행동의 특징이나 연구자 노트를 기록하였다. 참여자의 발화 문장을 문서로만 이해하기 어려운 경우, 참여자와 동일 시·공간에 있었던 연구자가 상황 맥락을 설명하고 참여자의 발화를 보완하는 내용을 추가 기록하였다. 이를 통해 다른 분석자들이 읽기 상황을 고려하여 발화자의 의도나 사고 과정을 정확하게 분석할 수 있도록 하였다. 그러나 기본적으로는 연구자 노트를 최소한으로 하여 분석자가 참여자의 발화에 대해 직접 판단할 수 있도록 하였다.

이상의 기호를 적용하여 자료 변환 파일을 해독하는 예시를 들면 다음과 같다. [그림 Ⅲ-2]에 제시한 자료의 2행은, 참여자 M1이(A열) 첫 번째 인쇄 글의 제목을 읽고(B열, C열) 그에 대해 확인하며 발화한다(D열). [그림 Ⅲ-3]의 118행에서 M1은(A열) 인터넷 글 읽기 장면에서(B열) 동물실험의 원칙에 대해 읽고(C열) 직전에 읽은 글과 연결한다(D열).

2) 자료 확인 및 분석

자료 확인 및 분석을 위해 근거 이론에 기반하는 '지속적 비교 분석 (constant-comparative analysis)' 방법을 활용하였다. 지속적 비교 분석 방법은 '양적 데이터 변환 및 명시적 부호화'와 '이론과 관련된 아이디어나 가설 생성' 방식을 결합한 것으로, 코딩을 통해 자료의 범주와 속성을 도출하고, 그들을 지속적으로 비교하고 질문하면서 핵심 범주를 도출하는 방법이다 (Glaser, 1992). 말하자면 코딩(coding)이란 자료가 나타내는 범주와 속성이 출현하도록 지속적 비교 분석 방법을 통해 자료에 기호를 부여함으로써 개념화하는 활동이다(Glaser, 1992). 근거 이론의 기본 단위는 코딩이며, 이는 연구자의 본격적인 분석 행위로 인정된다(김정겸·김지숙, 2010: 159).

이 연구 역시 자료를 분석하기 위해 참여자들의 발화를 코딩하기 시작하였다. 다문서 읽기 관련 이론을 기반으로 참여자들에게서 수집한 자료를 분석하여 코딩 범주, 코딩 범주 간의 관계, 범주에 해당하는 코딩 사례의 속성 등을 지속적으로 비교하며 범주와 속성을 생성하고 부호화하였다. 이 방법은 개방 코딩, 선택 코딩, 이론적 코딩이라는 모든 코딩 단계에 적용되었다.

(1) 개방 코딩 실시

개방 코딩은 수집 자료에 대한 면밀한 검토를 통해 현상에 이름을 붙이고 범주화하는 작업이다(Glaser, 1992: 41-43). 개방 코딩 단계에서는 연구자가 참여자들의 모든 발화 사례에서 일정한 패턴을 찾고, 그 패턴들을 개념화하고, 패턴들 간의 관계에서 주제를 발견하며, 이어 핵심 범주를 찾는다. 사례와 사례 간의 지속적인 비교를 통해, 반복되는 유사한 발화들에 개념(사건·사례들의 기저에 있으면서 일정한 의미를 지니는 패턴)(Glaser, 1992: 41)을 부여하고, 최대한 많은 범주와 속성들이 출현할 수 있도록 하는 절차이다. 이를 통해 실재에 근거한 관련성 있는 범주와 속성들을 귀납적으로 도출할 수 있다.

개방 코딩 시작 시점에는 수많은 차원과 수준의 개념들이 난삽하게 도출되었으나, 다른 사례와 개념들을 계속해서 비교하면서 특정 발화를 해당 개념으로 코딩하는 것이 적절한지, 다른 개념으로 코딩해야 하는 것은 아닌지, 개념들 간의 간섭이나 중복은 없는지, 특정 개념으로 명명하기 어려운 애매모호한 발화는 어떤 식으로 코딩해야 하는지, 특정 개념이 다문서 읽기라는 주제나 기존 이론에 크게 배치되는 것은 아닌지에 대한 검토와 분석을 수행하였고, 그 과정에서 풀리지 않는 문제들은 국어 교육 전문가 협의회를 통해 자문을 구하고 해결하는 과정에서 정련화하였다.

예컨대, [표 Ⅲ-25]에 제시한 개념 중 '관점'에 대한 최초의 개념은 '관점 분석, 관점 인식, 관점 제시, 관점 파악, 관점 추론, 관점 혼란'이었으나, 최종적으로는 '누구의' 관점을 '누가' 이해하는가를 중심으로 중복되는 개념들을 합치면서 '저자의 관점 분석하기, 독자의 관점 제시하기'로 코드화하였다.

[표 Ⅲ-25] 개방 코딩을 통해 도출된 개념(일부) 및 범주

자료	개념	범주
① [M1: <글 1>의 제목을 읽으며] • 동물실험의 장점과 단점을 보여주는 거구나.	텍스트 내 읽기	단일 문서 읽기
② [M1: <글 2>의 제목을 읽으며] • 동물실험을 아까, 아까와 다른 관점에서 본 내용이구나.	텍스트 간 읽기	다문서 읽기
①, ② 발화에 중복 코딩	→ 인쇄 텍스트 읽기	→ 다문서 읽기 상황
[M2: 글을 읽은 후 창을 끄고 검색 결과 목록으로 돌아감.] • 나는 그래도 좀 찬성하는 입장이니까.. 그러	디지털 텍스트 읽기	

자료	개념	범주
니까 이거보다는 찬성 입장이나 좀 부정적인, 그니까 좀 동물실험에 대해서 긍정적인 글을 찾아보는 게 나을 것 같아서 엑스했다.		
[M2: '동물실험'을 검색하며] • 그냥 시간이 없어서, 빨리 동물실험에 대한 자료를 찾아 봐야 될 것 같아 가지고.	과제와 관련된 텍스트 읽기	과제 기반 읽기
[M2: '의학적 동물실험'을 검색하며] • 어, 난 의학적 동물실험이 이번 주제니까 따로 나오나 한번 찾아봐야겠다.	주제 관련 텍스트 읽기	
…	…	
[H3: 인터넷 신문 기사를 읽는 중 직전에 읽은 글을 언급하며] • 아까 그 사람(직전에 읽은 인터넷 글의 출처)과 다른 사람인가? 아, 다른 사람..	출처 확인하며 읽기	출처를 고려한 읽기
[H3: <글 5>의 본문을 읽는 중에 <글 2>의 내용을 언급하며] • 애가 말하는 의학 연구의 목적은 의학 연구의 이익(T2)[13]을 말하는 것 같고..	저자의 관점 분석하기	
…	…	
[M2: <글 2>를 읽는 중에 <글 1>을 언급하며] • 철학자 코헨. 이건 좀 아닌 것 같아. 동물도 아까처럼(T1) 아픔을 느끼고 동물들한테 권리가 있는 것 같다고 생각한다. [M9: 인터넷 글을 읽는 중에 <글 1>의 내용을 언급하며] • 동물실험을 하지 말자는 이유가 정확히, 동물들의 생, 생, 동물들의 생명을 보호하자는 의미인데 이렇게 쓸데없이 해부하고 하면 우리	독자의 관점 제시하기	독자 기반 읽기

---

13 이하 모든 참여자의 발화에 표시한 괄호 안 문구는 필자가 추가한 것이다. 소괄호는 참여자들의 발화를 보완하거나 참여자들이 연결해 읽은 글의 번호를 표기하는 데 사용한다. 대괄호는 독자들의 읽기 장면을 설명하는 경우에 사용한다.

자료	개념	범주
가 동물실험을 하지 말자고 해도 이렇게 사용하면 동물실험을 하는 것과 같지 않을까? 동물도 같은, 사람과 같은 존재라고 생각해 (T1) 줬으면 좋겠어.		
[M6: 인터넷 글을 다 읽고 나서] • 그래도 이건 나랑 좀 꽤 비슷한 생각인 것 같아서 남겨놔야겠다.	주제 신념과 일치하는 텍스트 찾기	
[H3: <글 5>를 읽는 중에 <글 4>를 언급하며] • 이걸 개발하는 중이라고? 그럼 이걸 개발할 시간에 대체시험에 대한 정확성을 개발(T4)하는 게 더 낫지 않나? 이 대량으로 생산하는 그 과정 자체가 윤리적이지 않은 걸로 알고 있는데?	배경지식을 활용한 읽기	
…	…	
[M5: 네이버에 접속하면서] • 어렸을 때부터 네이버를 많이 봤으니까 네이버를 들어가겠어.	사이트 접속하기	
[M1: '동물실험 성공사례'를 검색하면서] • 동물실험의 사례를 더 찾아 봐야겠다. [M5: 블로그 '의학적으로 동물실험은 필요하다'를 클릭하며] • 근데 의학적으로 동물실험이 필요하다? 찬성하는 근거 같은 걸 다시 한번 찾아보기 위해 눌러 봤습니다.	사례나 근거 검색하고 찾아 읽기	탐색적 다문서 읽기
[M1: 인터넷 글 두 개를 전체적으로 훑으며] • 아까와는 약간 색다른 내용이구나. [M6: '동물실험' 검색 결과를 2페이지까지 확인한 후] → • 대부분의 사람들이 동물실험에 대해 반대하고 있는 것 같다.	텍스트 훑어 읽기 →	
…	…	
[H3: 인터넷 신문 기사를 여러 개 읽은 후]	다른 텍스트의	

자료	개념	범주
• 이거[국회법 관련 신문]랑 이거[멸종위기종 관련 기사]는 좀 비슷한 맥락인 것 같아.	내용과 지금 읽는 텍스트 비교하기	
[H6: <글 4>를 읽는 중에 <글 3>를 언급하며] • 과학계는.. 음, 저 앞에 내용(T3)이랑 다시 또 반대되는 글이구나.	다른 텍스트의 내용과 지금 읽는 텍스트 대조하기	
[M3: <글 4>를 읽는 중에 <글 1>을 언급하며] • 아, 맞아 사람을 대상으로 실험, 임상시험을 하면 사람의 막 행동, 행동이나 생각을 제한하기 진짜 어렵지. 왜냐면 사람이 인권과 기본권을 갖고 있기 때문에.(T1)	글 간의 인과 관계 파악하기	통합적 다문서 읽기
[H3: <글 2>를 읽는 중에 <글 1>을 언급하며] • 도덕적 잘못을 저지르지 않는다고? 이거, 한 개 읽다가 그 전 거 다시 읽어도 되나요? [<글 1>을 확인함] <글 1>에서 보면 동등함은 도덕적으로 중요하다 했고 (<글 2>에서는) 도덕적 잘못을 저지르지 않는다고 해서 그럼 도덕적 판단을 할 수 없는 거니까 권리가 인정되면 안 된다는 건가?	다른 글을 바탕으로 내용 추론하기	
…	…	
[M2: 인터넷 창을 닫으며] • 어, 그냥 필요한 지식백과에 들어갔던 목적, 목적을 다 채웠고 필요한 지식은 다 여기서 얻었기 때문에.	텍스트의 유용성 평가	비판적 다문서 읽기
[H2: <글 3>을 읽으며] • 하지만 이미 만 명 이상의 기형아가 태어난 뒤였다. 정말, 그렇기 때문에 좀 많은 이런 거 관련되어서는 많은 법 규제가 있어야 될 것 같아. 너무 이익만 따르다 보니까 이런 게 발생하는 것 아닐까?	대안 제시하기	

자료	개념	범주
[H2: <글 2>를 읽으며] • 아까는 또 반대하는 입장에서만 들으니까 확실히 반대를 했는데, 또 이렇게 동물실험의 좋은 입장만 보니까, 내 주장이 살짝 변하는 것 같기도 하고. 설득력 있는 것 같다 확실히.	자기 성찰하기	
…	…	
[M1: <글 2>를 읽으며] • 그 사람은 어린이나 학부모들이 소아마비에 걸릴까봐 두려움을 떠는지 인간에 대해서 실험하는 거를 진행했구나. [M2: <글 1>을 읽으며] • CNN이 뭔지, 뭔지 모르겠다. 아...미국 군대라고 나와 있네요, 미국 군대구나.	오독	
[M9: '두개골 부러진 뒤 나사로 얼굴 조여져 고통스러워하는 '실험실' 고양이들'이라는 인터넷 기사 제목을 클릭하며] • 기사 제목이 뭔가 불쌍해서 들어온 것 같아요. [H2: <글 3>을 읽으며] • 당시 이 약을 먹은 여성들은 팔, 다리뼈가 없거나 극단적으로 짧아 손발이 몸통에 붙어 있는 기형아를 낳았다. 정말 마음 아팠겠다.	감정적 반응	기타

위의 과정을 통해 명명된 개방 코딩의 개념은 최종적으로 '텍스트 내 읽기, 텍스트 간 읽기 … 오독'이다. 이는 다시 '읽기 상황, 과제 기반 읽기, 출처 기반 읽기, 독자 기반 읽기, 탐색적 다문서 읽기, 통합적 다문서 읽기, 비판적 다문서 읽기, 기타' 8개로 범주화되었다.

이상의 기초 코딩 범주에 대한 타당도 확보를 위해 분석자들을 섭외하여 교차 코딩을 실시하였다. 분석자들은 모두 국어 교육학과 박사 수료인 상태로, 대학 교원 혹은 고등학교 교사 재직 경력이 있는 내용 전문가 집단이다 ([표 Ⅲ-26] 참고).

[표 Ⅲ-26] 자료 분석자 정보

분석자	학과 및 전공	학력	경력
A	국어교육학과, 읽기 교육	박사 수료	대학 교원
B	국어교육학과, 읽기 교육	박사 수료	대학 교원
C	국어교육학과, 읽기 교육	박사 수료	고등학교 교사

연구자가 작성한 코딩북, 참여자의 발화 및 연구자 노트가 기록된 엑셀 파일을 분석자들에게 배부하였다. 코딩북은 '코딩 범주, 코딩 방법, 각 코딩 범주에 해당되는 발화 사례, 코딩 시 주의사항'을 적은 분석자용 매뉴얼이다. 코딩 시 주의사항으로 '청소년 언어의 특성에 대한 고려해야 함(고급 어휘나 전문어 사용이 어려움), 인터넷 글 읽기에서의 발화는 읽기 행동과 상호 보완적으로 코딩해야 함'을 알려 주었다. 또한 분석자가 요청할 경우, 노트북 화면 녹화본, 참여자가 직접 클릭한 링크 주소 목록을 제공하여 분석에 참고할 수 있도록 하였다.

분석을 진행하는 과정에서 참여자들의 발화 자료 분석에 대한 확신이 들지 않거나 애매한 자료들을 발견하면 서로에게 의견을 구하고 소통하면서 분석에 반영하도록 하였다. 전반적으로 중학생 참여자보다는 고등학교 참여자들의 발화를 분석하는 데 더 많은 논의거리가 발생하였다.

기초 코딩 이후의 자료 분석은 '예비 코딩(1차, 3인) → 재코딩(2차, 3인) → 본 코딩(3차, 1인)' 순으로 이루어졌다. 본 코딩을 실시하기 전에 각 학교급의 특성이 잘 드러난다고 판단되는 M1, H2를 대상으로 분석자 3인이 예비 코딩, 재코딩을 진행하였다.

예비 코딩 결과, 다른 범주에 대한 코딩 일치도는 높았으나, '단일문서 읽기, 다문서 읽기' 범주에 대한 합의가 제대로 되지 않은 것으로 확인되었다. 특히, 참여자들이 개별 텍스트를 명확하게 언급하지 않는 경우 분석자들의 코딩 결과가 불일치하는 정도가 심했다. 이에 3인의 분석자가 모여, 참여자들의 발화를 근거로 다문서 읽기가 발생한 경우와 그렇지 않은 경우에 대해 상의하고 합의하였다.

예비 코딩 시 합의되지 않은 사항들을 중심으로 코딩 기준 합의문을 작성하여 분석자 모두에게 제공하고, 그것을 토대로 재코딩해줄 것을 요청하였다. 예비 코딩을 통해 수집된 코딩 기준별 발화 사례들을 분석자 모두가 공유하도록 하여 채점자 간 일관성과 신뢰성을 높이고자 하였다. 재코딩 후 다시 한번 논의를 거치면서 최종적으로 확정된 자료 분석 기준을 토대로 분석자 A가 모든 참여자들의 발화를 코딩하였다.

3인 코딩 시 합의의 요점은, 다음 세 가지 유형의 발화는 '다문서 읽기' 범주로 코딩한다는 것이다. 분석자 간 불일치한 항목, 참여자가 읽은 문장, 참여자의 발화, 코딩 근거를 사례를 들어 제시하면 다음과 같다.

① 동물실험과 동물 희생의 상관성을 언급하는 경우
- 참여자(H2)가 읽은 문장: [3_0_1] 동물실험 약물의 92%가 임상시험 통과 못해.
- 참여자(H2)의 발화: 임상시험은 사람을 통해서 하는 실험인데, 동물실험 약물의 90%가 임상시험을 통과 못 한다는 거 보니까, 동물실험이 꼭 그렇게 확실하다? 그런 건 아닌 것 같아. 그러니까 굳이 그런 많은 희생을 안 거쳐도 된다, 그렇게 말하는 것 같은데?
- '다문서 읽기' 범주로 코딩하는 근거: 동물실험으로 인해 동물이 희생된다는 내용은 <글 1>, <글 2>에 언급됨. 다른 용어를 쓰지 않고, '희생'이라는 단어를 썼다는 점, '굳이 그런 많은'이라는 지시어를 사용한 점, H2가 <글

1>과 <글 2>를 읽을 때 해당 부분에 대한 의미 구성이 이루어졌다는 점에서 단일문서가 아닌 다문서 읽기라 볼 수 있음.

② 인간의 이익과 동물의 생명에 대한 경중을 비교하는 경우
• 참여자(M1)가 읽은 문장: [3_1_1] 과학 연구를 목적으로 동물에게 해를 입히는 일을 윤리적으로 정당화하기에는 동물들의 마음과 감정이 우리 인간과 너무나도 비슷하다.
• 참여자(M1)의 발화: 인간의 이익보다 동물의 생명을 윤리적으로 더 정당하게 보는구나.
• '다문서 읽기' 범주로 코딩하는 근거: '인간의 이익, 동물의 생명'은 동물실험 논쟁의 쟁점임. M1에 대한 사전 조사 결과 동물실험의 쟁점을 비교할 만큼 배경지식이 뛰어난 수준이 아니었다는 점, <글 1>, <글 2>에서 이에 대한 논의('의학적 이익, 인간의 이익, 생명')가 충분히 이루어졌고 그에 대한 M1의 의미 구성이 이루어진 점 등을 통해, M1이 3_1_1을 읽고 인간의 이익과 동물의 생명에 대한 논쟁적 가치를 비교할 수 있었던 것은 유사 내용이 담긴 글의 영향을 받아 구성된 의미라 볼 수 있음.

③ 동물실험의 근거로 동물권을 제시하거나 언급하는 경우
• 참여자(M1)가 읽은 문장: [2_1_1] 동물실험이 옹호(찬성)될 수 있는 가장 강력한 이유는 동물실험이 인간에게 주는 의학적 이익 때문이다.
• 참여자(M1)의 발화: 의학적 이익 때문에 동물실험이 찬성된다는 건 동물권을 당연히 인정하지 않는다는 얘기구나.
• '다문서 읽기' 범주로 코딩하는 근거: M1과 같이 '동물권'에 대한 사전 용어 지식을 지니지 않은 참여자들(10명, 71.4%)이 <글 1>을 제외한 나머지 글에서 동물권 개념을 활용하여 내용을 이해한다면 <글 1>의

영향을 받은 것이라 볼 수 있음.

분석자 간의 수차례 협의에도 불구하고 개방 코딩에서 도출된 범주들 중에 중복되는 경우가 있었으며 연구 목적에 해당하지 않는 범주도 있었다. 이는 선택 코딩 단계에서 정련화하였다.

(2) 선택 코딩 실시

선택 코딩은 핵심 범주를 선택하고 그것과 다른 범주들의 관계를 이론적으로 통합하고 정교화하는 단계이다(Glaser, 1992). 이 단계에서는 8범주 중 연구 목적과 관련이 낮은 '단일문서 읽기, 기타'는 제외하였다. 나머지 7범주 중 '탐색적 다문서 읽기, 통합적 다문서 읽기, 비판적 다문서 읽기'를 '다문서 읽기 과정'이라는 핵심 범주로 선정, 나머지 범주들은 핵심 범주에 도움이 되는 주변 범주로 강등하면서 범주들 간의 관계를 재구조화하였다([그림 III-4], [표 III-27] 참조).

주변 범주는 중재 조건과 맥락 조건으로 구분하였다(이에 대해서는 슈트라우스·코빈Strauss & Corbin(1990)이 제시한 개념을 차용함). 중재 조건(intervening condition)은 특정한 상황 내에서 발생하는 사용 전략을 촉진하거나 억제하기 위해 사용되는 조건이므로, 정보 탐색·통합·비판에 전반적으로 영향을 미치는 '다문서 읽기, 다문서 읽기 상황'으로 설정하였다. 맥락 조건(context condition)은 어떤 현상(핵심 범주에 해당하는 발화 사건 또는 사례)에 영향을 미치는 상황이나 문제들을 만들어 내는 특수한 조건들이므로, 다문서 읽기에 영향을 미치는 '과제, 출처, 독자'로 설정하였다. 중재 조건은 핵심 범주의 다문서 읽기가 발생하는 환경적 조건인 반면, 맥락 조건은 핵심 범주와 긴밀하게 상호작용하면서 핵심 범주가 작동하는 데 중요한 영향을 미치는 요인이다.

재구조화 후 핵심 범주를 중심으로 전체 발화에 대한 재코딩을 실시하였
다. 이때에는 개방 코딩에서 이루어진 개념 분류와 이론적 표집(선행 이론)에
기반하여 핵심 범주의 특성을 속성 및 차원으로 구체화하였다. 속성은 개념
의 한 유형으로, 더 높은 수준의 추상화를 위해 사용(Glaser, 1992)한다.

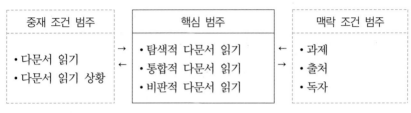

[그림 III-4] 코딩 범주의 유형

[표 III-27] 선택 코딩을 통해 도출된 핵심 범주의 속성 및 차원

범주	범주 분류		속성	차원
단일문서 읽기	삭제			
다문서 읽기	텍스트			
인쇄 텍스트 읽기	읽기의			
디지털 텍스트 읽기	중재 조건			
탐색적 다문서 읽기	핵심 범주		• 다양한 사이트에 접근하는 정도 • 과제 관련 검색어를 생성하는 정도 • 다양한 텍스트의 경향성 및 특성을 파악하는 정도 • 자신의 읽기 경로를 생성하는 정도	없음 ⟷ 있음 미숙 ⟷ 능숙
통합적 다문서 읽기		→	• 텍스트 간 의미적·형식적 공백이 생기는	

		부분을 추론하는 정도 • 텍스트 간의 관계를 형성하고 파악하는 정도 • 여러 텍스트를 다양한 각도에서 이해하는 정도
비판적 다문서 읽기	↗	• 여러 텍스트를 내용적·형식적 측면에서 상호 평가하는 정도 • 여러 텍스트를 상호 보완적으로 종합하여 대안을 제시하는 정도 • 다양한 텍스트를 통해 신념을 재구성하고 실천을 다짐하는 정도
과제 기반 읽기 출처 기반 읽기 독자 기반 읽기 기타	다문서 읽기의 맥락 조건 삭제	

핵심 범주의 속성은 조건에 따라 달라지는 양상을 띠었고, 차원은 속성의 출현 유무(없음, 있음)와 능숙도(미숙, 능숙)로 구분되었다. 핵심 범주에 대한 분석 과정을 속성 및 차원을 중심으로 기술하면 다음과 같다.

'탐색적 다문서 읽기' 범주는 디지털 다문서 읽기라는 중재 조건에서 독자가 글이나 정보를 직접 찾아 읽는 양상이 어떠한지를 보여준다. 분석 결과, 다양한 사이트에 접근하는 빈도가 높은지, 그 방식이 다양한지, 다문서를 연결하며 훑어 읽는 범위가 넓은지, 이해의 깊이가 어느 정도인지, 텍스트의 양적·질적 경향성을 파악하는 데 능숙한지 미숙한지, 자신의 읽기 경로를 얼마나 잘 인식하고 생성하는지에 따라 다른 양상을 보여주었다. 양상의 정도와 방식은 텍스트뿐 아니라 과제, 출처, 독자라는 맥락 조건에 대한 고려 여부와 반영 정도에 따라 달리 나타났다.

독자가 텍스트를 찾아 읽는 장면을 분석한 사례는 다음과 같다. M2는 텍스트를 찾아 읽으며 "지식인에서는 뭔가 신뢰감이 조금 떨어지는 것 같아서, 지식백과나 블로그 이런 데 들어가 보면 더 좋을 것 같다."라고 말한다. M2는 네이버지식인, 지식백과, 블로그라는 출처들이 각기 다른 신뢰성을 지닌다는 것을 알지만, 신뢰성의 정도를 저자, 출처, 내용 등을 종합하여 판단하지 않고 특정 사이트 출처만을 기준으로 평가하며 정보에 접근한다. 또, 사이트 출처를 기준으로 볼 때 블로그라는 웹 사이트는 백과사전만큼의 신뢰성을 확보하기는 어려움에도 불구하고 M2는 그 둘을 동등한 신뢰성을 지닌 것으로 판단한다. 따라서 M2는 텍스트 출처의 차이를 고려하였으나 협소하거나 잘못된 근거를 토대로 사이트에 접근하는 양상을 보이므로 출처가 서로 다른 '다양한 사이트에 접근하는 정도'가 '미숙'하다고 분석하였다.

반면, H4는 텍스트를 찾아 읽으며 "나무위키는 뭔가 믿을 수가 없어 [연구자: 왜?] 왜냐면 이거는 사이트 내 그.. 로그인된 회원들이 직접 자료를 조사하고 작성하는 곳이기 때문에, 확실히 뉴스나 논문보다는 믿을 수 없는 점이 있어요. 약간 좀…"이라고 말한다. 백과사전이라도 생산 및 소비 구조, 저자와 출처 등에 따라 신뢰도가 달라질 수 있으며, 다른 정보 형태와 비교했을 때 신뢰성이 어느 정도인지를 상대적으로 파악하는 독자이다. 이에 H4는 출처가 서로 다른 '다양한 사이트에 접근하는 정도'가 '능숙'하다고 분석하였다.

'통합적 다문서 읽기' 범주는 인쇄 및 디지털 다문서 읽기라는 중재 조건에서 독자가 글이나 정보를 연결하고 종합할 때 활용하는 양상이 어떠한지를 보여준다. 분석 결과, 다양한 텍스트를 읽을 때 발생하는 텍스트 간의 의미적·형식적 공백에 대해 각 텍스트를 활용하여 의미를 추론하는 정도가 어떠한지, 텍스트 간의 관계를 파악하는 정도가 어떠한지, 내용이나 맥락의 측면을 고려하여 다문서를 읽는 정도가 어떠한지에 따라 다른 양상을 보여주었다. 통합 양상의 정도와 방식 역시 텍스트뿐 아니라 과제, 출처, 독자라는 맥락 조건에 대한 고려 여부와 반영 정도에 따라 달리 나타났다.

텍스트 간의 의미를 추론하는 장면을 분석한 사례는 다음과 같다. H3은 <글 2>를 읽으면서, "도덕적 잘못을 저지르지 않는다고? 이거, 한 개 읽다가 그 전 거 다시 읽어도 되나요? [<글 1>을 확인함] <글 1>에서 보면 동등함은 도덕적으로 중요하다 했고, 도덕적 잘못을 저지르지 않는다고 해서 그럼 도덕적 판단을 할 수 없는 거니까 권리가 인정되면 안 된다는 건가?"라고 말한다. <글 2>에서 근거 없이 제시된 주장을 읽으면서 그와 관련된 내용을 담고 있는 <글 1>을 통해 근거를 추론하였다. 이 사례는 '텍스트 간의 내용 추론'을 '능숙'하게 수행했다고 분석하였다.

반면, H1은 <글 4>를 읽으면서 다음과 같이 말한다. "동물실험이 사람을 대상으로 하는 임상시험에 비해 통제가 간단하고 생식 기간이 짧다고. 근데 연구에 드는 시간을 절약할 수 있다는데, 이거보다는 아까 <글 3>에서 나온 컴퓨터가 오히려 더 시간을 절약할 수 있지 않을까?" H1은 <글 3>과 <글 4>의 유사 내용을 바탕으로 실험의 시간적 경제성에 대해 추론하지만, 그 전제가 잘못되었다. <글 4>에서는 동물실험과 임상시험을 비교하지만, <글 3>에서는 동물실험과 동물대체시험을 비교하기 때문에 <글 4>를 읽으면서 동물대체시험이 동물실험보다 시간을 절약할 수 있다는 주장은 근거를 확보하기 어렵기 때문이다. 이를 근거로 해당 사례에서 H1은 '텍스트 간의 내용 추론'을 '미숙'하게 수행했다고 분석하였다.

'비판적 다문서 읽기' 범주는 인쇄 및 디지털 다문서 읽기라는 중재 조건에서 독자가 글이나 정보를 판단하고 평가할 때 활용하는 양상이 어떠한지를 보여준다. 여러 텍스트를 견주어 내용적·형식적 측면에서 평가하는 정도가 어떠한지, 여러 텍스트의 내용이나 맥락들을 상호 보완적으로 종합하여 대안을 제시하는 정도가 어떠한지, 다양한 텍스트를 통해 신념을 재구성하고 실천을 다짐하는 정도가 어떠한지에 따라 다른 양상을 보여주었다. 비판 양상의 정도와 방식은 텍스트뿐 아니라 과제, 출처, 독자라는 맥락 조건에 대한 고려 여부와 반영 정도에 따라 달리 나타났으며, 앞서 분석한 탐색, 통합보다 맥락 조건의 영향을 더 크게 받는 경향이 있었다.

여러 텍스트를 내용적·형식적 측면에서 평가하는 장면에 대한 분석을 예로 들면 다음과 같다. M5는 <글 5>를 읽으며, "아까는 둘 다, 아까 내가 읽었던 <글 4>에 황경남 기자가 쓴 거에는 여기서 시간과 재정을 돈을 아낄 수 있다고 했는데 똑같은 의견이라도 여기서는 시간이 좀 오버된다고 하네. 무, 누가 맞는 말인지 모르겠다. 최근 거니까, 이게 더 최근 거니까. 아무래도 이 말이 더 맞겠지?"라고 말한다. <글 4>는 대체시험에 비해 동물실험에 걸리는 시간이 더 적다는 주장이고, <글 5>는 동물실험은 허가를 받는 데 시간이 많이 걸리기 때문에 윤리적 타당성을 확보할 수 있다는 (비약적) 주장이다. M5는 이에 대한 정확한 판단 없이 각 글의 작성 시기에 근거하여 내용의 정확성을 평가하였으므로 '다문서에 대한 상호 평가'가 '미숙'하게 이루어졌다고 분석하였다.

반면, H2는 <글 2>를 읽으면서 "뭐, 동물은 생각할 수 없다고 생각하니까 도덕적인 이유로 공격하는 건 아닐 수도 있지 당연히. 근데 앞에 글(T1)에서는 생각도 하고 충분히 그런다고 했는데, 이건(T2) 2001년 거니까, 지금은 많이 바뀌었다고 생각해."라고 말한다. <글 4>를 읽으면서도 "이것(T4)도 10년 전 얘긴데, 너무 현재하고 달라서… (믿어야 할지 말아야 할지) 잘 모르겠다 이거는. … 현실적으로 동물실험을 대체할 방법이 많지 않다면서, 위염 치료제, 당뇨병 치료제 등 인체에 어떤 영향을 미치는지 확인하려면 동물실험 외에는 방법이 없다고 말했다.. 정말 그럴까? 근데 지금 보니까 이거는 2008년이고 아까 글(T3)은 2013년인데, 아니다 아까 글은 2011년인데 4년 사이에 이런 게 다 발달했나? 이 사람이 잘 찾아보지 않고서 쓴 것 같은데? 4년 사이에 그렇게 많은 발전을 하진 않았을 것 같은데?"라고 말한다. H2는 여러 글을 읽을 때 각 글의 내용과 작성 시기, 그 사이에 발생했을 것으로 추정되는 사회적 맥락(예: 과학 발전)을 고려하고, 글의 신뢰성을 평가할 때 신중을 기한다. 다문서 평가 시 내용과 형식뿐 아니라, 각 글들의 맥락적 관계에 대한 종합적 고려가 이루어졌기 때문에 이 경우에는 '다문서에 대한 상호 평가'가 '능숙'하게 이루어졌다고 분석하였다.

(3) 이론적 코딩 실시

선택 코딩을 마감한 후에는 핵심 범주와 연결 지은 다른 범주들을 이론적 가설(다문서 읽기 전략)로 통합하는 이론적 코딩을 수행하였다. 이론적 코딩 (theoretical codes)은 지금까지 도출된 실제적 코드(개념, 범주, 속성)들이 어떻게 서로 이론으로 통합되는 가설로 연관될 수 있는지를 개념화하는 단계이다 (Glaser, 1992). 즉, 이론적 코딩은 핵심 범주와 다른 범주를 연관 짓고, 범주들을 이론적 구성체로 통합하고 정련하는 활동이다. 이 단계에서 연구자는 핵심 범주의 속성들을 추후 양적 분석 결과와 종합하여 다문서 읽기 전략으로 통합하고 각 전략들의 세부 특성들을 유형화하였다.

3) 분석자 간 신뢰도 검증

앞서 밝힌 일련의 자료 분석 절차를 거친 후에 분석자 간 신뢰도(inter-rater reliability) 검증을 실시하였다. 검증 대상은 분석자 3인이 모두 코딩한 M1, H2의 발화 350개의 항목에 대한 사고구술 4범주(단일문서 읽기, 탐색적 다문서 읽기, 통합적 다문서 읽기, 비판적 다문서 읽기)의 코딩 결과이다.

[표 III-28] 급내 상관계수 분석 결과

	급내 상관	95% 신뢰 구간		참값 0을(를) 사용한 *F* 검정			
		하한	상한	값	*df*1	*df*2	유의수준
단일 측도	.633	.581	.682	6.169	345	690	.000
평균 측도	.838	.806	.865	6.169	345	690	.000

[표 III-28]에 제시된 바와 같이, 3명에 대한 ICC(Interclass Correlation Coefficient, 급내 상관계수)를 SPSS로 분석한 결과 크론바흐 알파 신뢰도 (Cronbach's Alpha)가 .838로 나왔으며, 95% 신뢰 구간에서 .806에서 .865인 것으로 나타났다(F(345, 690)=6.169, p<.001). 이로써 채점자 간 신뢰도 분석 결과는 신뢰할 만한 것[14]으로 확인되었다. 이상의 연구 방법을 바탕으로 수집 한 자료에 대한 분석 결과를 다음 장에서 기술하고자 한다.

---

[14] 크론바흐Cronbach 알파는 0에서 1까지의 범위를 지니며 1에 가까울수록 신뢰도가 높은 것으로 해석된다. 치케티·스패로우Cicchetti & Sparrow(1981)에서는 ICC의 신뢰도 해석 기준으로 0.40 이하일 경우 신뢰도 나쁨(Poor), 0.40-0.59 사이에서는 보통임(Fair), 0.60-0.74에서는 좋음(Good), 0.75 이상의 경우에는 신뢰도 매우 높음(Excellent)으로 제시한 바 있다.

제4장

학생 독자들은 다문서를
어떻게 읽는가?

1. 다문서 읽기 양상에 대한 기초 분석

1) 다문서 읽기 과정별 분석

중·고등학생 독자들의 다문서 읽기 양상을 과정별로 분석한 결과([표 IV-1], [그림 IV-1] 참고), 통합의 비율이 44.1%로 가장 높게 나타났고, 그 다음은 탐색(36.1%), 비판(19.8%) 순으로 이어져 비판의 비율이 가장 적었다. 구체적으로, 탐색적 다문서 읽기의 발화 빈도는 8회(H1)부터 41회(M4)까지, 통합적 다문서 읽기는 8회(M4)부터 36회(H7)까지, 비판적 다문서 읽기는 3회(M1)부터 21회(H2)까지로 다양하게 나타났다.

[표 IV-1] 단일문서, 다문서 읽기에서의 개인별 사고구술 빈도(회)

독자	학교급	성	단일문서 읽기	다문서 읽기			
				탐색	통합	비판	계
M1	중	남	103	26	21	3	50
M2	중	남	118	29	26	15	70
M3	중	남	150	22	29	11	62
M4	중	여	130	41	8	6	55
M5	중	여	130	18	24	11	53

M6	중	여	131	18	20	4	42
M7	중	여	134	24	28	18	70
H1	고	남	145	8	30	15	53
H2	고	남	122	21	33	21	75
H3	고	여	139	19	29	6	54
H4	고	여	90	20	17	9	46
H5	고	남	143	9	12	5	26
H6	고	남	125	12	25	4	41
H7	고	여	127	10	36	24	70
빈도(회)		–	1787	277	338	152	767
비율(%)			(70.0)	(36.1)	(44.1)	(19.8)	(30.0)

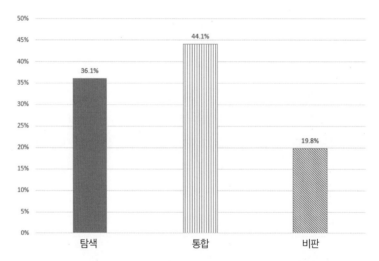

[그림 IV-1] 다문서 읽기에서의 개인별 사고구술 비율(%)

독자들의 다문서 읽기 양상을 학교급별로 분석한 결과([표 IV-2], [그림 IV-2] 참고), 단일문서를 읽을 때 1인당 발화 빈도는 중학생의 경우 128회, 고등학생의 경우 127.3회로 거의 비슷하였다. 다문서 읽기 역시 중학생의 1인당 발화 빈도가 57.4회, 고등학생이 52.1회로 나타나 큰 차이가 없는 것으로 드러났다.

[표 IV-2] 단일문서, 다문서 읽기에서의 학교급별 사고구술 빈도(회)

독자		구분	단일문서 읽기	다문서 읽기			
				탐색	통합	비판	계
중학생	빈도 (회)	전체	896	178	156	68	402
		개인	128.0	25.4	22.3	9.7	57.4
	비율(%)		(69.0)	(44.3)	(38.8)	(16.9)	(30.9)
고등학생	빈도 (회)	전체	891	99	182	84	365
		개인	127.3	14.1	26.0	12.0	52.1
	비율(%)		(70.9)	(27.1)	(49.9)	(23.0)	(29.1)

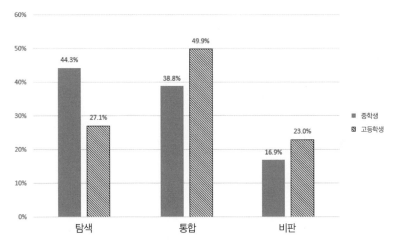

[그림 IV-2] 다문서 읽기에서의 학교급별 사고구술 비율(%)

다만, 중학생은 탐색적 다문서 읽기를 더 많이 하는 데 비해 고등학생은 통합적, 비판적 다문서 읽기를 더 많이 하였다. 중학생의 다문서 읽기 발화 비율은 탐색(44.3%), 통합(38.8%), 비판(16.9%) 순이고, 고등학생은 통합

(49.9%), 탐색(27.1%), 비판(23.0%) 순으로 나타났다. 중학생들은 다양한 글을 통합하고 비판하는 것에 비해 새로운 글을 찾아 읽는 데 더 많은 시간을 할애했고, 고등학생은 새로운 정보를 찾는 것에 비해 이미 찾은 텍스트들을 다양한 관점에서 통합적으로 이해하고 비판하면서 자신의 의견을 형성하는 데 더 많은 시간을 할애했다.

이 차이가 통계적으로 유의한지 살펴본 결과,[1] 단일문서 읽기에 나타난 중·고등학생의 전체 사고구술 빈도 차이는 통계적으로 유의하지 않았다 (U=24, z=-.064, p=1). 다문서 읽기에서 나타난 중학생과 고등학생의 '통합' 및 '비판'의 사고구술의 빈도 차이도 통계적으로 유의하지 않았다. 그러나 다문서 읽기에서 나타난 중학생과 고등학생의 '탐색'의 사고구술 빈도 차이는 통계적으로 유의한 것으로 나타났다(U=6, z=-2.366, p<.05). 다문서 읽기 과정 중 탐색적 다문서 읽기에서 중·고등학생의 사고구술 차이가 통계적으로 유의하다는 결과에 주목할 만하다. 이는 중학생 독자와 고등학생 독자의 디지털 다문서 읽기에 차이가 있음을 시사한다.

2) 다문서 읽기 과정별×매체별 분석

독자들의 다문서 읽기 시 사고구술 빈도를 과정별로 분석한 결과를 보면,[2]

---

1 이 연구의 표본 수가 적기 때문에(학교급별 7명, 총 14명) 집단 간 비교 시 정규성(normality) 가정을 만족해야 하는 t검정을 실시하기 어려워 맨 휘트니Mann-Whitney U 검정을 실시하였다. 맨 휘트니 U 검정은 비모수 통계 검정(nonparametric test) 중 하나로 t검정에 비해 검정력(power)이 약하다는 한계가 있으나, 5~20명의 소집단 표본을 대상으로 비교가 가능하며 측정 척도가 사고구술과 같은 척도의 비교도 가능하다는 이점이 있다(Nachar, 2008).
2 탐색적 다문서 읽기는 실험 여건상 디지털 텍스트 읽기에서만 실시하였으므로, 인쇄·디지털 다문서 읽기를 비교하는 매체별 양상 분석 결과 보고 시 정보 통합과 정보 비판만 논의한다.

인쇄·디지털 매체 모두에서 통합적 다문서 읽기가 비판적 다문서 읽기보다 많은 것으로 나타났다.

[표 IV-3] 다문서 읽기의 과정별×매체별 사고구술 빈도

읽기 매체 \ 읽기 과정		통합	비판	계
인쇄 다문서 읽기	빈도(회)	233	88	321
	비율(%)	(72.6)	(27.4)	(100)
디지털 다문서 읽기	빈도(회)	100	63	163
	비율(%)	(61.3)	(38.7)	(100)

매체별 비율을 보면, 통합은 인쇄 다문서 읽기에서 더 많이 나타났고, 비판은 디지털 다문서 읽기에서 더 많이 나타났다. 매체별 빈도를 보면, 통합과 비판 모두 디지털 텍스트보다 인쇄 텍스트일 때 더 높게 나타났다. 통합은 디지털 다문서 읽기보다 인쇄 다문서 읽기에서 2배 이상 많았고 비판은 약 1.3배 더 많이 나타났다. 정보 통합과 비판은 필요한 정보를 찾는 것에서 더 나아가 자신의 의미를 구성하는 과정인데, 이것이 디지털 매체보다 인쇄 매체에서 보다 더 많이 이루어졌다는 것은 다문서에 대한 독자들의 심도 있는 의미 구성이 본격적으로 이루어지는 상황은 디지털 다문서보다 인쇄 다문서 읽기 상황일 것으로 추측할 수 있다.

3) 다문서 읽기 과정 간 상관관계 분석

정보 탐색, 통합, 비판 사이에 어떠한 관계가 있는지를 알아보기 위하여 Pearson의 상관관계 분석을 실시한 결과는 다음과 같다.

	탐색	통합	비판
탐색	1		
통합	-.404	1	
비판	-.149	.707**	1

** $p<.01$ 수준에서 유의함(양측 검정)

정보 탐색은 정보 통합 및 비판과 부적 상관관계(각각 -.4, -.1)가 있는 것으로 나타났으나 통계적으로 유의하지 않았다. 반면 정보 통합과 비판은 정적 상관관계(.7)가 있었으며, 이는 .01 수준에서 통계적으로 유의하다. 이 결과는 통합적 다문서 읽기와 비판적 다문서 읽기가 탐색적 다문서 읽기와 구분되는 지점이 있으며 둘 간에 유의미한 관계가 있다는 것을 보여준다.

추가적으로 단일문서 읽기와 다문서 읽기의 상관관계를 분석해 본 결과, 단일문서 읽기와 다문서 읽기는 부적 상관관계(-.19)가 있으나 통계적으로 유의하지 않은 것으로 나타났다.

[표 Ⅳ-5] 단일문서 읽기와 다문서 읽기의 상관관계

	단일문서 읽기	다문서 읽기
단일문서 읽기	1	-.19
다문서 읽기	-.19	1

단일문서 읽기 능력이 다문서 읽기 능력의 조건이 됨에도 불구하고 둘 사이에 유의미한 관련이 없다는 것은, 다문서 읽기에는 단일문서 읽기와는 질적으로 다른 인지적 능력이 개입될 것이라는 점을(Coté & Goldman, 1999; Wolfe & Goldman, 2005) 추론해 볼 수 있다.

2. 다문서 읽기 과정별 양상 심화 분석: 탐색, 통합, 비판

1) 탐색적 다문서 읽기 양상

독자들의 디지털 텍스트 정보 탐색 양상을 자세히 살펴보기 위해 그들이 접속한 사이트, 생성하고 활용한 검색어, 찾아 읽은 텍스트의 유형, 최종 선택한 텍스트를 분석하고자 한다.

(1) 접속 사이트

중·고등학생 독자들이 텍스트를 찾기 위해 공통적으로 접속한 사이트는 종합 포털 사이트(네이버, 구글)인 것으로 나타났다.

[표 IV-6] 독자들이 접속한 사이트 유형(중복 포함)

사이트 유형	독자	중학생	고등학생
종합 포털 사이트	빈도(회)	9	7
	비율(%)	(100.0)	(77.8)
학술 검색 사이트	빈도(회)	0	2
	비율(%)	(0.0)	(22.2)
계	빈도(회)	9	9
	비율(%)	(100.0)	(100.0)

디지털 다문서 읽기를 수행한 20여 분 동안 모든 학생들이 최초로 접속한 사이트는 네이버, 구글 등의 종합 포털 사이트였다. 중학생 모두가 종합 포털 사이트에서 텍스트를 찾아 읽었다. 고등학생의 경우 포털 사이트와 논문 검색 사이트를 동시에 접속(H4)하거나 포털 사이트에 접속 후 논문 검색 사이트로 변경(H3)하는 경우가 있었다. 종합 포털 사이트는 다양한 정보를

종합적으로 살펴볼 수 있기 때문에 학생 독자들이 정보 탐색의 시작점으로 활용한다는 것을 알 수 있었다.

[표 Ⅳ-7]에 나타나 있듯이 독자들이 네이버, 구글 등을 최초의 검색 공간으로 결정한 공통적 이유는 '제일 편하고 익숙해서(M2, M5, M6, M7, H3, H7)', '정보가 많아서(M1, M3, M4, H1, H2, H4, H5, H6)'였다.

[표 Ⅳ-7] 독자들이 접속한 사이트명, 접속 이유(일부)

중학생		고등학생	
M1	• 구글: 구글이 더 많은 내용이 있으니까.	H1	• 구글: 다른 사이트보다 내용이 좀 더 많고, 좀 더 신빙성 있는 자료들이 많아서.
M3	• 구글: 구글이 신뢰도가 어느 정도 있고, 그리고 되게 많은 정보가 모여 있으니까.	H3	• 네이버 뉴스 탭: 자주 쓰니까. • DBPIA: 논문 같은 것도 있겠지? 그러면 저번에 배운 걸로 한번 들어가 보자. 읽어도 이해를 할 수 있을진 미지수지만, 일단 들어가 보자.
M6	• 네이버: 평소에도 자주, 편하니까 네이버에 들어가야겠다. • 구글: 구글에 들어가야 되나? 역시 네이버는 좀 편하긴 한데 많지 않은 것 같아.	H4	• 구글: 구글은 정보를 굉장히 많이 수집하고 많은 정보를 가지고 있기 때문에. 네이버나 다음이나 네이트에는 광고가 많아서. • DBPIA: 논문을 전문적으로 볼 수 있고 그래도 논문이 많다고 유명한 논문 사이트를 들어 갔어.
M7	• 네이버: 네이버 블로그도 좋아하고, 네이버가 가장 내용이 많은 것 같아서 네이버를 가장 좋아해서. 그냥 초록색이 무난한 것 같기도 하고. 그래서 네이버가 가장 좋아서 네이버를 들어왔어.	H7	• 네이버: 제일 많이 들어가는 사이트니까, 제일 편하니까, 익숙하고.

참여자들의 사이트 선택 이유를 종합하면 '독자의 평소 검색 습관, 사이트의 사용 편의성, 정보의 다양성' 때문이다. 다만 중학생에 비해 고등학생 독자들에게서 사이트의 전문성이나 신뢰성을 이유로 접속하는 사례가 더 많이 나타났다.

(2) 생성 검색어

독자들이 정보를 검색하기 위해 생성하고 활용한 검색어 유형은 과제 관련성을 기준으로 '과제 관련성이 높은 검색어, 낮은 검색어'로 분류하고, 과제 관련성이 높은 검색어는 다시 '주제 검색어, 주장 검색어, 근거 검색어'로 나누어 분석하였다.[3]

먼저 독자들이 생성하거나 활용한 총 검색어 빈도를 살펴보면 중학생이 64회, 고등학생이 36회로 약 2배가량 차이가 있었다([표 IV-8] 참고). 상대적으로 배경지식이나 경험이 적은 중학생이 새로운 정보를 찾거나 관련 정보를 검색하는 데 더 많은 시간을 보낸 것으로 보인다.

[표 IV-8] 독자들이 생성하고 활용한 검색어 유형

검색어 유형		독자	중학생	고등학생	계
과제 관련성이 높은 검색어	주제 검색어	빈도(회)	20	16	36
		비율(%)	(31.3)	(44.4)	(36.0)

---

3 '주제 검색어'는 의학 목적의 동물실험에 관련된 자료를 찾아 읽고 자신의 의견을 형성하는 과제와 관련되는 용어로, 대표적으로 '동물실험, 대체시험' 등이다. '주장 검색어'는 동물실험에 대한 찬성이나 반대, 반박 등의 관점이 직접적으로 드러나는 용어로, '동물실험 찬성, 동물실험 반대' 등으로 생성하는 경우이다. '근거 검색어'는 과제와 관련된 다양한 자료를 살피거나 독자의 의견을 뒷받침하는 데 도움이 될 수 있는 자료를 찾기 위한 검색어로, '동물실험 장점, 동물실험 사례, 국제의학기구협회 동물실험' 등이다.

	주장	빈도(회)	8	5	13
	검색어	비율(%)	(12.5)	(13.9)	(13.0)
	근거	빈도(회)	28	13	41
	검색어	비율(%)	(43.8)	(36.1)	(41.0)
과제 관련성이 낮은 검색어	기타	빈도(회)	8	2	10
		비율(%)	(12.5)	(5.6)	(10.0)
계		빈도(회)	64	36	100
		비율(%)	(100.0)	(100.0)	(100.0)

유형별 검색 빈도를 살펴보면, 전체적으로 근거 검색어(41.0%)를 가장 많이 생성했고 그 다음으로 주제(36.0%), 주장(13.0%) 순이었다. 중학생은 '근거(43.8%) > 주제(31.3%) > 주장(12.5%)' 순으로 검색하였고, 고등학생은 '주제(44.4%) > 근거(36.1%) > 주장(13.9%)' 순이었다. 중학생이 근거 검색을 가장 많이 하는 데 비해, 고등학생은 주제 검색을 가장 많이 했다는 결과는 디지털 정보 탐색 시 중학생은 동물실험과 관련된 근거 자료 수집을 목적으로, 고등학생은 동물실험이라는 주제에 대한 학습을 목적으로 검색하는 비율이 높다고 해석할 수 있다.

아래 표는 독자들이 입력한 검색어를 유형별로 예시한 것이다.

[표 Ⅳ-9] 독자들이 생성하고 활용한 검색어 유형별 사례(일부)

독자 / 검색어 유형	중학생	고등학생
주제 검색어	•동물실험 •대체시험 •동물권	
	•동물실험 대체시험 •의학적 동물실험 •의학적 동물실험 대체시험 •동물 권리	•(추)동물실험 대체
주장 검색어	•동물실험 찬성 •(연)동물실험 반대	

	• 동물권 반대	• 동물실험 찬성 반대 • 동물실험 옹호 • (연)동물실험의 필요성
근거 검색어	• 동물실험 장점 • (연)동물실험 대체(법) 한계 • 동물실험 사례 • (추)동물실험 부작용, 탈리도마이드	
근거 검색어	• 동물실험 목적 • (연)동물실험 성공 사례 • (연)동물실험 찬성 근거 • 동물실험 성공률 • 동물실험 잘못된 예 • 동물과 인간이 공유하는 질병 • 동물실험을 하지 않은 것	• 동물실험과 대체시험의 정확성 • 동물대체시험 예시 • 동물대체시험 예시 동물 • 동물실험의 단점 • 동물실험 단점과 해결 방안 • 동물실험의 부족한 점
	• 나라바이오텍	• 국제의학기구협회 동물실험 • 러쉬 프라이즈 • 이수현 동물실험 • 이수현 대체시험
기타	• (추)동물실험 화장품 • (연)동물실험 안 하는 화장품 • 토끼 마스카라 • 동물실험 식용	• CNN

* (연): 연관 검색어, (추): 추천 검색어

중학생과 고등학생의 검색어 활용 특성은 출처 검색, 검색어의 과제 관련성 부분에서 변별된다. 먼저 출처 검색 양상을 살펴본 결과, 중학생 독자들은 출처를 중요한 검색의 단서로 삼지 않았다. 중학생 독자 중 M3는 출처 검색 기록이 있었지만, 이는 <글 6>에 소개된 '나라바이오텍'이 실존하는 회사인지 확인하기 위한 검색이기 때문에 내용 이해와 깊은 관련은 없다. 이에 비해 고등학생은 저자나 출처와 관련된 정보를 추가적으로 얻기 위해, 단체의 입장을 비판하기 위해 출처 정보를 검색어로 활용하였다. 예컨대, H2는 동물대체시험을 실천하는 공식 기관인 '러쉬 프라이즈'[4]를 검색하여 대체시

---

4   동물대체시험 분야에서 가장 큰 규모의 시상식이다.

험의 실제 사례들을 찾고자 하였으며, <글 2>에 포함된 출처의 신뢰성에 의심을 품고,[5] 인터넷 정보 탐색 시 '국제의학기구협회 동물실험'을 검색하였다. H3은 논문 검색 사이트 디비피아(DBPIA)에서 저자명 검색 탭에 동물대체시험으로 유명한 '이수현'[6]을, 내용 검색 탭에 '대체시험'을 동시에 입력하여 나오는 검색 결과들을 확인하였으며, 검색 결과가 만족스럽지 않자 '이수현 동물실험'을 재검색하기도 하였다. 이상의 고등학생 독자들은 출처에 대한 인식을 바탕으로 검색한 사례에 해당한다.

또한 고등학생에 비해 중학생에게서 과제관련성이 낮은 검색어 활용이 더 많이 나타났다. 예컨대, 중학생 독자들은 '동물실험 안 하는 화장품(M6), 토끼 마스카라(M6), 동물실험 식용(M5)'과 같은 검색어를 생성하였다. 화장품 동물실험은 미용 목적의 동물실험이기 때문에 의학 목적의 동물실험이라는 과제와 다르고, 동물실험 식용 역시 의학적 목적과는 거리가 있다.[7] 고등학생의 경우 CNN의 뜻을 검색한 사례(H7) 외에는 과제 관련성에서 벗어난 검색 활동이 없었다.

(3) 독자들이 찾아 읽은 디지털 텍스트의 유형

독자들이 찾아 읽은 텍스트의 유형을 작성 주체를 기준으로 공적 텍스트와 사적 텍스트로 구분하여 분석한 결과는 다음과 같다.[8]

---

5   이때 독자 H2는 <글 2>를 읽으면서 다음과 같이 사고구술하였다.
    "음, 국제 의학에서도 동물실험에 찬성을 하네. 진짜? 음, 진짜? 국제 의학 기구. 완전히 찬성하진 않을 것 같은데 그래도. 음, 잘 신뢰가 안 간다 그래도."

6   동물대체시험 분야의 노벨상으로 불리는 '러쉬 프라이즈' 과학 부문 특별상을 수상하였다.

7   물론 독자의 개별적 의미 구성 차원에서는 위의 검색어들이 과제를 해결하기 위해 필요한 것일지도 모르지만 다른 용어들에 비해서는 과제 관련성이 낮다.

8   공적 텍스트는 정보 작성 및 유포의 주체가 공인된 단체 혹은 (언론) 기관으로서, 공식성과 권위를 갖추었다고 인식되는 정보들로 구성된다. 이때 생산되는 텍스트는 개인의 이익보다는 단체의 이익이 우선시되며, 시민 혹은 공공의 구성원들에게 정보를 알릴 책무를 지닌

[표 Ⅳ-10] 독자들이 찾아 읽은 텍스트의 유형

텍스트 유형		독자	중학생	고등학생	계
공적 텍스트	뉴스	빈도(회)	28	21	49
		비율(%)	(40.6)	(50.0)	(44.1)
	백과사전	빈도(회)	13	10	23
		비율(%)	(18.8)	(23.8)	(20.7)
	학술 논문	빈도(회)	0	3	3
		비율(%)	(0.0)	(7.1)	(2.7)
개인 텍스트	개인 작성물	빈도(회)	20	3	23
		비율(%)	(29.0)	(7.1)	(20.7)
	미인증 소모임 작성물	빈도(회)	8	5	13
		비율(%)	(11.6)	(11.9)	(11.7)
계		빈도(회)	69	42	111
		비율(%)	(100.0)	(100.0)	(100.0)

독자들이 찾아 읽은 텍스트 중 공적 텍스트는 뉴스, 백과사전, 학술 논문인 것으로 나타났다. 백과사전 중 일부(위키백과, 나무위키)는 익명의 개인이 생산하고 공유하는 구조로 작성되지만, 텍스트 생산의 목적이 개인의 이익을 위한 것이라기보다 공공의 이익과 발전에 있으므로 공적 텍스트로 분류하였다. 독자들이 찾아 읽은 사적 텍스트는 블로그, 지식인, 프레지, 카페, 리포트, 페이스북과 같은 개인 작성물, 공식 출처라고 보기 어려운 자료나 여론을 담은 토론 사이트, 학습 사이트, 동아리 카페, 학과 사이트 등이다.

독자들이 가장 많이 찾아 읽은 텍스트는 뉴스로, 찾아 읽은 텍스트의 거의

주체에 의해 구성된다. 사적 텍스트 작성 및 유포의 주체는 개인 혹은 소규모 단체로서 특정 사안에 대한 개인의 생각이나 의견을 자유롭게 담은 글이다. 이때 생산되는 텍스트는 같은 의견을 지닌 타인과의 협력, 다른 의견을 지닌 개인이나 단체에 대한 배타적 의견 공유를 목적으로 하는 경우가 대다수이다.

절반을 차지한다(중학생 40.6%, 고등학생 50.0%, 평균 44.1%). 어떤 유형의 텍스트든 자유롭게 찾아 읽을 수 있는 인터넷 환경이었다는 것을 고려하면, 실험에 참여한 대다수의 학생 독자들이 특정 과제를 해결하고 자신의 의견을 형성하고자 할 때 뉴스 정보를 주로 찾는 것으로 이해할 수 있다.

특이한 점은 학생들이 선택하여 읽은 텍스트 중 10%는 카드뉴스라는 새로운 양식의 텍스트라는 것이다. 카드뉴스는 전통적 의미의 '신문기사'가 아닌, 이미지를 주로 활용한 뉴스 중 하나로 가독성을 높인 신개념 뉴스 포맷이다.[9] 이를 통해 독자들이 자신에게 적합한 글들을 선택할 수 있는 환경이 될 때에는 가독성이 높은 텍스트, 이미지를 포함한 복합양식 텍스트를 스스로 찾아 읽는다는 것을 확인할 수 있었다. 이는 또한 디지털 정보 탐색 시 텍스트 내용뿐 아니라 텍스트 양식의 측면이 영향을 미칠 수 있다는 것을 시사한다.

다음으로 많이 찾아 읽은 텍스트는 백과사전(20.7%)과 개인 작성물(20.7%)이다. 백과사전 중 전통적 장르로서의 전문 사전(예, 생명과학대사전, 두산백과, KISTI)은 약 60%(14건)를 차지한다. 이에 비해 불특정 다수가 작성하고 편집하는 사전(예: 위키백과, 나무위키)을 찾아 읽은 비율은 약 40%(9건)에 이른다. 독자들은 기존의 공인된 지식을 담은 백과사전뿐 아니라, 누구나 작성하고 수정할 수 있는 개방적이고 비공식적인 사전도 적극적으로 찾아 읽었다.

독자들이 찾아 읽은 개인 작성물은 블로그(9회), 지식인(5회), 프레지(6회), 페이스북(1회), 실시간 검색 사이트(1회), 리포트(1회)였다. 참여자들이 찾아 읽은 모든 개인 작성물의 저자는 익명이나 별명으로 제시되거나 이름 이외의 정보가 제공되지 않는 불특정 개인 혹은 집단이 작성한 것으로 확인되었다.

9 　신문기사는 표제, 부제, 전문, 본문으로 이루어지며 육하원칙에 따라 문자 양식 중심으로 기술되는 것이 보통이다. 반면 카드뉴스는 짧은 글이 있는 여러 컷의 이미지만으로 이루어져 있고 각 이미지마다 문구가 삽입되어 있어, 이미지들을 순서대로 읽는 스토리 형식의 뉴스이다.

이상에서 살펴본 것처럼 중·고등학생 독자들의 개인 작성물에 대한 정보 의존도가 백과사전만큼 높았고, 백과사전 중에서도 비공식적 출처에서 많은 정보를 얻는다는 점, 뉴스 중에서도 카드뉴스를 찾아 읽는다는 점은 학생 독자들의 정보 검색에 대한 기준이 정보의 전문성이나 신뢰성으로부터 정보 의 유용성과 접근 편의성 쪽으로 변화하고 있다고 해석할 수 있는 근거들이 다.

독자들이 찾아 읽은 글을 집단별로 살펴보면, 중학생 독자들은 뉴스 (40.6%)를 가장 많이 찾아 읽었고, 그 다음으로 개인 작성물(29.0%), 백과사전 (18.8%), 미인증 소모임 작성물(11.6%) 순이었다. 고등학생 독자 역시 뉴스 (50.0%)를 가장 많이 찾아 읽었으나, 그 다음은 백과사전(23.8%), 미인증 소모 임 작성물(11.9%), 학술 논문 및 개인 작성물(각 7.1%) 순으로 나타났다. 이러 한 양상에서 확인되는 두 집단 간의 탐색적 다문서 읽기의 특성은 중학생이 블로그, 네이버 지식인과 같은 개인 작성물을, 고등학생이 학술 논문을 찾아 읽었다는 점이다. 예컨대, 백과사전은 중·고등학생 독자 모두 20% 내외로 찾아 읽은 반면, 개인 작성물은 중학생이 4배 많이 찾아본 텍스트였다(중학생 29.0%, 고등학생 7.1%). 개인 작성물 중 고등학생이 찾아 읽은 것은 프레지(1 회), 페이스북(1회), 실시간 검색 사이트(1회)이고, 나머지는 모두 중학생 독자 들이 찾아 본 텍스트(20회)이다. 중학생 독자들이 찾아 읽은 글은 고등학생이 찾아 읽은 글에 비해 내용의 신뢰도나 타당도가 낮은 편이었다.

이는 학교급 간 정보 탐색의 기준 차이에서 비롯된 것으로 보인다. 다음은 개인 작성물(6개)과 백과사전(4개)만을 찾아 읽은 중학생 M2와 학술 논문을 제외한 다양한 자료를 찾아 읽은 중학생 M4(뉴스 6개, 백과사전 2개, 개인 작성 물 4개, 미인증 소모임 작성물 2개)와의 사후 면담이다. M2, M4는 텍스트의 출처보다는 내용을 정보 탐색의 주요 기준으로 보았다. 아래 면담을 통해 이를 확인할 수 있다.

<M2와의 사후 면담>

M2: 뉴스는 그니까 (검색 결과 목록에서) 봤는데, 제가 이해할 수 있는 수준
    이 아니더라고요. 전문어가 너무 많이 쓰여 가지고 이해할 수가 없었어
    요.

연구자: 그래서 주로 블로그나..

M2: 네. 그런 제 시각에 맞춰서 써준 글들.

<M4와의 사후 면담>

연구자: 뉴스나 블로그, 지식백과 이런 것들이 있었잖아. 그 중에서 일부러
       뉴스랑 지식백과를 골라서 선택한 거야?

M4: 그런 것보다 내용을 더 많이 봤어요.

연구자: 응, 그럼 중간에 블로그 본 것 있었잖아. 블로그도 봤었거든. 그거는
       왜 본 거야?

M4: 내용이 그냥 (주제와 관련된 자료를) 찾는 거랑 관련되어 있어서 봤는데,
    들어가 보니까 별 내용이 없어서 껐어요.

이와 달리 고등학생 H1은 '한국동물보호연합'이라는 단체 홈페이지를 클릭하면서 '그러면 이제 내가 대체시험이 더 안전하다는 입장을 봤으니까, 그 반대 입장을 한번 보기 위해서 한국동물보호연합에서 나온, <동물실험에 반대하는 이유를 좀 물어도 되겠습니까>를 눌러봤어'라고 말하였다. 이는 내용만으로 정보 탐색을 하는 것이 아니라 출처명을 먼저 확인한 후 동물실험에 대한 입장을 추론하면서 읽을 텍스트를 선택한 사례이다.

H2 역시 한국동물보호연합이라는 사이트를 보며 '한국동물보호연합… 뭔가 여기는 당연히 반대를 할 것 같은데, 동물실험에 대해서.'라고 말하면서 해당 사이트를 클릭한 후 동물실험 관련 탭을 클릭하여 관련 글을 찾는다.

그 후 H2는 대체시험의 올바른 사례를 찾기 위해 동물대체시험 분야에서 가장 큰 규모의 시상식 관련 홈페이지인 '러쉬 프라이즈'를 검색하여 읽는다. H4는 같은 목적으로 '한국건강정보연구소'를 찾아가서 글을 읽는다. 이처럼 고등학생 독자들은 정보 탐색 시 출처를 중요하게 확인하였다.

고등학생 독자들의 출처 인식은 학술 논문을 찾아 읽은 데서도 확인할 수 있다. 실험 직후 연구자가 H3, H4에게 학술 사이트에 접근한 이유가 무엇이냐고 질문하였다. 그에 대한 답변은 다음과 같다.

> H3: 아무래도 기사만 보면 조금 다양성이 떨어지잖아요. 그래서 '논문도 한 번 볼까?' 했는데 아무래도 여러 개 보기에는 논문이다 보니까 일반인을 대상으로 한 게 아니잖아요? 그래서 연구 초안(초록)이라고 하나요? 그 것만 보고 이런 것도 있구나 하고. 알고만 넘어가는 정도.
>
> H4: 제가 지금 논문 쓰기 대회에 출전을 했거든요. 그래서 이제 논문을 쓰고 있는데 그때 지금 활용하고 있는 게 디비피아에요.

이들은 자료의 다양성, 신뢰성이 확보된다고 생각하는 학술지 전문 사이트에 접근하여 본인이 읽을 텍스트를 찾아 확인하였다. 새로운 정보를 찾기 위해 학술 논문 사이트에 접근하는 것은 상당한 정도의 출처 인식과 출처 정보가 있어야 가능한 일이다.

이상의 분석을 통해 중·고등학생 독자의 다문서 탐색 빈도가 단순히 양적으로만 유의한 차이가 나타나는 것이 아니라 사이트 선택의 이유, 검색어 생성 방식, 찾아 읽은 텍스트의 유형과 정보 탐색 기준 등의 질적 측면에서도 차이가 난다는 것을 확인하였다.

(4) 탐색적 다문서 읽기의 특징

마지막으로, 독자들이 과제 해결을 위해 찾아 읽은 텍스트 관련 정보를 제시하면 다음과 같다.

[표 Ⅳ-11] 독자들이 찾아 읽은 텍스트 정보

텍스트 \ 독자		중학생	고등학생	계
찾아 읽은 모든 텍스트	빈도(회)	69	42	111
	비율(%)	(71.1)	(68.9)	(70.4)
과제 관련성이 없는 텍스트	빈도(회)	14	5	19
	비율(%)	(14.4)	(8.2)	(11.9)
과제 해결을 위해 최종 선택한 텍스트	빈도(회)	14	14	28
	비율(%)	(14.4)	(23.0)	(17.6)
계	빈도(회)	97	61	158
	비율(%)	(100.0)	(100.0)	(100.0)

독자들이 찾아 읽은 모든 텍스트는 1인당 약 8개로, 과제 해결을 위해 찾아야 하는 텍스트(2개)의 4배 정도를 찾아 본 셈이다. 학교급별로 보면, 중학생 독자가 정보를 탐색하는 전 과정 동안 클릭하여 읽은 텍스트는 약 70개로 1인당 평균적으로 10개 정도의 자료를 찾아보았다. 고등학생 독자는 그보다 적은 42개를 찾아 읽었고, 1인당 평균적으로 6개 정도의 글을 찾아 읽은 것과 같다. 중학생 1인 독자가 찾아 읽은 텍스트는 고등학생의 거의 2배 가까이 된다. 중학생의 정보 탐색 빈도가 높은 것은 다문서 탐색 과정 전반에서 일관되게 나타나는 현상이다.

독자들이 찾아 읽은 글 중 과제 관련성이 낮은 것은 1.4개로 확인되었다. 빈도는 고등학생(1인당 0.7개, 8.2%)에 비해 중학생(1인당 2개, 14.4%)이 더 높았다. 더욱이, 중학생들이 최종적으로 선택한 텍스트 중 2개(14.6%)[10]가 과제 관련성이 없는 것으로 확인되었다. 고등학생 독자들 역시 과제 관련성이 낮은 텍스트를 찾아 읽기는 하였으나(8.2%) 그것을 과제 해결을 위한 최종 텍스트로 선택하는 경우는 없었다.

이상의 결과를 종합하면 중학생은 고등학생에 비해 정보 탐색이나 자료 텍스트 확인의 빈도는 높지만 찾아 읽은 자료 텍스트 중 과제 관련성이 낮은 경우가 고등학생에 비해 더 많이 나타났다는 것을 알 수 있다.

2) 통합적 다문서 읽기 양상

(1) 매체별×학교급별 정보 통합 양상 개관

독자들의 통합적 다문서 읽기 양상을 살펴본 결과, 인쇄 다문서 통합은 68.0%, 디지털 다문서 통합은 32.0%로 나타났다([표 Ⅳ-12] 참고). 디지털에 비해 인쇄 텍스트 읽기 상황에서 2배 이상 더 많은 통합이 일어났다.

[표 Ⅳ-12] 매체별×학교급별 정보 통합 양상

매체	학교급	중학생	고등학생	계
인쇄	빈도(회)	120	109	229
	비율(%)	(75.9)	(58.6)	(68.0)
디지털	빈도(회)	38	70	108
	비율(%)	(24.1)	(41.4)	(32.0)

---

10 해당 텍스트를 제시하면 다음과 같다. M5는 '의학 목적 동물실험'이 아닌, '미용 목적 동물실험'에 관한 글을 최종 선택하였고, M7은 실험에 사용되는 동물들의 암수 균형을 맞추어야 인간의 약물 부작용이 줄어들 수 있다는 페미니즘 관점의 기사문을 최종 선택하였다. 이 둘은 모두 '의학 목적의 동물실험에 대한 의견 형성'이라는 과제 및 주제와 큰 관련이 없다.
   • 마스카라 3천번 바른 친구 눈 핥아주며 걱정하는 실험실 토끼(M5)
   • 실험동물에도 암수 균형 필요하다(M7)

계	빈도(회)	158	179	337
	비율(%)	(100.0)	(100.0)	(100.0)

인쇄 텍스트 읽기 상황에서 정보 통합의 빈도는 중학생 독자 75.9%, 고등학생 독자 58.6%로 중학생 독자에게서 더 많이 나타났고, 디지털 환경에서는 중학생 독자 24.1%, 고등학생 독자 41.4%로 비율이 역전되었다.

매체별 통합 비율의 차이를 보면, 중학생은 인쇄 텍스트 읽기에서의 통합이 75.9%인데 비해 디지털 텍스트 읽기에서의 통합은 24.1%로, 그 차이가 3배 정도 나타났다. 반면 고등학생은 매체별 통합의 차이가 17%p로, 1.4배 정도였다. 중학생 독자는 디지털 텍스트보다 인쇄 텍스트에서 정보 통합을 더 많이 수행하며, 고등학생 독자는 인쇄 및 디지털 텍스트 모두에서 정보 통합을 비슷한 정도로 수행한 결과이다. 중학생 독자들에게서 매체별로 정보 통합의 비율 차이가 더 큰 현상은 학교급이 낮은 독자일수록 디지털 텍스트보다 인쇄 텍스트 읽기에서 의미 구성과 통합이 더 적극적으로 이루어질 것이라는 추론이 가능하다.

(2) 텍스트 매체별 정보 통합 양상

① 인쇄 텍스트 읽기에서의 통합 양상

이제 텍스트 매체를 유형별로 나누어 정보 통합 양상을 살펴보고자 한다. 먼저, 인쇄 텍스트 간의 정보 통합은 다음 표와 같이 이루어졌다.

[표 Ⅳ-13] 텍스트별 정보 통합 양상

텍스트	독자	중학생	고등학생	계
1	빈도(회)	0	0	0
	비율(%)	(0.0)	(0.0)	(0.0)
2	빈도(회)	17	29	46
	비율(%)	(14.2)	(26.6)	(20.1)
3	빈도(회)	9	12	21
	비율(%)	(7.5)	(11.0)	(9.2)
4	빈도(회)	43	39	82
	비율(%)	(35.8)	(35.8)	(35.8)
5	빈도(회)	43	25	68
	비율(%)	(35.8)	(22.9)	(29.7)
6	빈도(회)	8	4	12
	비율(%)	(6.7)	(3.7)	(5.2)
계	빈도(회)	120	109	229
	비율(%)	(100.0)	(100.0)	(100.0)

다른 텍스트와의 통합이 가장 많이 일어난 텍스트는 <글 4>(35.8%)이고, 다음으로는 <글 5>(29.7%), <글 2>(20.1%) 순이다. 독자들은 <글 4>를 <글 3>과 가장 많이 엮어 읽었다. 관련 독자들의 발화를 일부 제시하면 다음과 같다.

H1: [<글 4>를 읽으며] 그리고 아까 <글 3>, 글에서도 나왔지만 오히려 쥐라 든가 개라든가 하는 세포, 동물들이 인간하고 다르기 때문에 오히려 그게 더 시간도 오래 걸리고 결과치도 일치하지 않는 경우가 많으니까 더 손해가 아닐까? 그러니까 오히려 잘못된 반응보다는 컴퓨터 시뮬레이션 을 이용하는 게 더 유사할 수도 있다는 거지.

H1은 직전에 읽은 <글 3>을 <글 4>에 대한 판단 근거로 삼고 있다. <글 3>과 <글 4>는 유사한 형식이지만 불일치하는 내용을 대립적으로 제시하고 있기 때문에 독자들의 적극적 의미 통합을 이끌어 낸 것으로 보인다. 내용 측면에서는 두 글 모두 동물실험의 사례를 제시하고 임상시험을 비교한다는 점에서 비교·대조할 정보가 있으며, 형식 면에서는 두 글 모두 자료와 관련하여 비율, 인원 수 등의 정확한 수치를 제시하고, FDA 혹은 강병철 서울대 의대 교수 등의 권위 있는 출처를 인용한다. 이와 같은 결과는 비슷한 텍스트일수록 텍스트 간의 통합은 덜 일어나고, 불일치하는 텍스트일수록 텍스트 간의 통합이 더 많이 일어난다는 연구 결과(Braasch et al., 2016, Hartman, 1995)와 일치한다.

<글 5>, <글 6>은 신뢰성, 타당성, 관련성 측면에서 부족한 정보를 의도적으로 수집하여 구성한 글이다. 실험을 설계할 때 두 텍스트와 관련한 통합은 적고, 비판은 많이 나타날 것이라 예상하였다. 통합 측면의 분석 결과, <글 6>에서는 통합 비율이 중학생 6.7%, 고등학생 3.7%로 나타나 연구자의 예상과 동일했으나 <글 5>에 대한 반응은 예상과 다르게 나타났다.

<글 5>는 다른 글과의 통합 비율이 낮지 않았으며, 오히려 중학생 독자들이 가장 많이 통합(35.8%)한 글로 나타났다. 예상과 달리 <글 5>를 읽을 때 다른 텍스트들과 통합이 잘 일어난 이유 중 하나는 텍스트의 난도(text difficulty) 때문인 것으로 보인다. <글 5>는 실험 상황에서 제시된 6개의 인쇄 텍스트 중 가장 낮은 학년 수준(8.1학년)으로, 실험에 참여한 중학교 2학년 독자들이 이해하기 쉬운 단어와 문장으로 구성되었다. 이 때문에 독자들은 <글 5>를 읽을 때 다른 텍스트들과의 통합을 적극적으로 수행할 수 있었던 것으로 보인다. 텍스트의 신뢰성, 과제 관련성뿐만 아니라 텍스트 난도 요인도 다문서 통합에 중요한 영향을 미치는 것으로 예측된다.

② 디지털 텍스트에서의 통합 양상

디지털 텍스트 간의 정보 통합은 예상보다 다양하게 나타나지 않았다. 대다수의 독자들이 소재나 화제 중복성을 확인하는 등 표면적 통합(Goldman et al., 2012a)[11]에 그쳤다. 아래는 디지털 텍스트 읽기 상황에서 나타난 독자들의 표면적 통합 사례이다.

> M1_DT[12]: [프레지를 클릭하여 읽으며] 아까(직전에 찾아 읽은 글)와는 약간 색다른 내용이구나.
>
> H2_DT: 동물실험 대신 사람의 세포, 동물들의 장기 조직 세포. 그렇구나, 단점이 있긴 하네, 전부 다. 대체시험이.
>
> H3_DT: [직전에 찾아 읽은 '동물실험법안 처리' 관련 기사를 가리키며] 이거랑 이거(지금 읽고 있는 '멸종위기종' 관련 기사)는 좀 비슷한 맥락인 것 같아 … [논문 '생명존중문화를 위한 국내 동물실험윤리의 한계와 전망'을 클릭하여 읽는 중] 이것도 아까 그거('동물실험법안 처리' 관련 기사)하고 비슷한 것 같은데? 이거하고. … [기사 '개들을 활용한 농약실험, 계속 해야 할까'를 읽으며] 이것도 아까 그 여기서 나온, 이거('개를 이용해 1년간 반복적으로 이루어지는 농약 독성시험'라

---

11 골드만 외Goldman et al.(2012a)는 대학생들의 다문서 읽기 양상을 유형화하면서, 텍스트 간의 정보를 깊이 있게 연결하지 못하는 경우를 표면적 통합(surface connections), 각 텍스트를 관련 없는 내용의 텍스트와 연결하는 경우를 무관한 통합(irrelevant association)으로 개념화하였다.

12 'M1_DT'는 독자 M1이 디지털 다문서(Digital multiple Text)를 읽을 때 한 발화라는 뜻이다. T는 인쇄 다문서(Printed multiple Text)를 뜻하고, T1, T2 등은 실험 시 연구자가 참여자들에게 제공한 인쇄 텍스트 중 1번, 2번 등이라는 뜻이다. DT와 대응하자면 T를 PT로 표기해야 하나 인쇄 텍스트가 기본값이기도 하고 무엇보다 가독성을 높이기 위해 무표 형태로 제시한다. 발화에 대한 이해를 돕기 위해 T, DT 옆에 각주를 달아 독자들이 읽고 있는 텍스트를 함께 제시하였다.

는 제목의 기사)랑 관련된 것 같은데?

M1은 프레지를 읽으며 직전에 찾아 읽은 글과는 다른 참신한 내용인 것 같다고 말한다. H2는 동물실험에 반대하는 근거를 찾기 위해 대체시험 관련 텍스트를 찾는다. 그 과정에서 대체시험이 동물실험을 완전 대체하기는 어렵다는 공통적 정보를 추린다. H3은 자신이 찾아 읽는 텍스트들을 소재나 주제 면에서 연결하면서 읽는 모습을 보여준다.

이처럼 표면적 통합이라 하더라도 통합의 요소들이 텍스트의 내용, 중심 화제, 소재 등으로 다양하고 독자 나름의 의미 연결망을 구성한다는 점에서 유의미한 통합이라 할 수 있다.

③ 인쇄 텍스트 읽기와 디지털 텍스트 읽기의 통합 양상

인쇄 텍스트와 디지털 텍스트의 통합 양상을 분석한 결과, 대부분 독자들의 읽기가 '같다, 다르다'와 같은 단순 비교·대조에 그쳐 디지털 텍스트 간 정보 통합 양상과 유사한 표면적 통합을 많이 하는 것으로 나타났다. 다만, 이 경우 디지털 텍스트 간 정보 통합보다 더 일차원적이고 가시적인 통합에 그치는 경향이 있었다.

> M1_DT: 아까 본(글 5) 동물실험에 관한 엄격한 규제가 나와 있구나.
> M4_DT: 이것도 똑같은 내용(탈리도마이드사건, <글 3>)이 들어있기 때문에 딴 자료를 다시 보겠습니다.
> M5_DT: 그리고 여기도 탈리도마이드 사건(글 3)이라고 하네, 아까 나왔었는데..

드문 사례지만 아래의 발화 사례처럼 고등학생 독자 H1과 H6에게서는

각각 다양한 텍스트를 복합적으로 연결하고, 여러 텍스트의 출처를 비교·대조하는 등의 특징도 나타났다.

> H1_DT[13]: 이제 이건 '세계 여러 국가에서 실험동물의 고통을 완화하는 새로운 시험 방법이 계속 개발되고 있고 향후에 대체시험법이 동물을 이용한 독성 실험을 대체할 것으로 전망된다'고 하는데, 이것도 동물들의 입장에선 되게 좋은 것 같고 그 다음에 이제 동물들의 동물권을 보장하고(글 1),[14] 동물들을 최소한의 고통을 받게 하면서도(글 1)[15] 정확도가 높은 실험을 얻을 수 있다(글 3)[16]는 말인 것 같다.

> H6_DT[17]: 음, 여기 <글 6>에선 실험동물을 생산하는 기업 나라 바이오텍이랑(글 6), 동물들의 희생을 줄이고자 대체시험법의 개발과 연구자와 기업을 대상으로 교육에 적극 나선 연구소와 액셀러에이트랑(글 1)은 대조되는 기업이.. 대조되는 그림이군.

---

13   H1_DT: 세계 동물대체시험법 개발 기관을 중심으로 실험동물을 사용하지 않거나 동물 수를 줄이고, 실험동물의 고통을 완화하는 새로운 시험 방법이 지속적으로 개발되고 있다. 향후 대체시험법은 동물을 이용한 독성 시험을 대체할 것으로 전망된다. —대체시험법 연구 한계성 있어

14   T1_2_4: 인간이 권리를 갖는다면, 분명 동물들도 권리(동물권)를 가질 것이다.

15   T1_4_1: 동물 보호 윤리는 동물도 상처받을 수 있으며, 고통과 두려움을 느낀다는 사실을 전제로 한다.

16   T3_4_3: 그만큼 대체시험이 정확하면서도 효율적일 수 있다는 것이다.

17   H6_DT: 동물들의 희생을 줄이고자 대체시험법 개발과 연구자와 기업을 대상으로 대체시험 교육에 적극 나선 연구소가 있다. 영국에 기반을 둔 엑셀러에이트(XcellR8) 연구소다. 이곳은 2013년 대체시험 활성화에 기여한 개인이나 단체에 매년 4억 원의 상금을 수여하는 영국 화장품 회사 러쉬의 '러쉬 프라이즈'에서 교육 부문을 수상하기도 했다. —대체시험, 동물실험보다 과학적이고 안전해

특히, H1은 대체시험의 긍정적 전망을 제시한 디지털 텍스트를 읽으면서 <글 1>, <글 3>에서 읽었던 대체시험의 근거들을 실현할 수 있을 것이라고 본다. 세 개의 글을 바탕으로 대체시험의 장점, 정확성, 가능성을 종합적으로 추론하고 자신의 언어로 재구성하는 것은 통합적 의미 표상이 상당한 수준임을 말해 준다.

이처럼 인쇄 텍스트와 디지털 텍스트 간의 통합은 독자 개인의 읽기 수준과 특성에 따라 편차가 크게 나타났으나, 표면적 통합인 경우가 대다수였다. 그 이유를 생각해 보면, 디지털 정보 탐색의 중요한 목적 중 하나가 새로운 정보를 찾는 데 있기 때문인 것으로 보인다. 따라서 구정보는 제외하고 신정보 중심으로 탐색하는 과정에서 표면적 통합이 특히 많이 나타났다고 볼 수 있다.

(3) 통합적 다문서 읽기의 특징

독자들이 정보 통합을 수행하는 요소는 텍스트의 내용과 출처인 것으로 분석되었다. 내용 측면의 통합 양상을 먼저 살펴보면, 대부분의 독자들이 텍스트 내용 간 공통점, 차이점을 비교·대조하며 연결하였고, 이를 능숙하게 수행하였다. 특히, 각 텍스트의 핵심 용어나 내용을 중심으로 연결하였다.

[표 IV-14]에 제시한 것처럼, '동물실험의 의학적 이익(T2-T1), 동물권(T2-T1), 동물실험의 장단점(T3-T2), 대체시험의 장단점(T4-T3)'에 대한 통합이 주로 일어났다. 이들 통합의 내용은 동물실험에서 오랫동안 논쟁거리로 다루어져 온 쟁점(의학적 이익, 동물권, 대체시험)이거나 강력한 근거(각 주장의 장·단점, 탈리도마이드 사건) 등의 대표적 사례에 해당한다. 특히, 대체시험에 대해 엇갈리는 정보가 담긴 <글 3>과 <글 4>에서는 '대체시험의 정확성, 신뢰도, 효율성, 적절성, 대체 가능성'을 근거로 텍스트들을 연결하여 이해하는 양상이 나타났다.

[표 IV-14] 다문서 읽기에서의 정보 통합 양상(일부)

독자 통합 요소		중학생	고등학생

내용		• 동물권(T2-T1[18])
		• 의학적 이익(T2-T1)
		• 동물실험의 장단점(T3-T2)
		• 대체시험의 정확성, 신뢰도
		  (T4-T3)
		• 동물실험은 필수(T5-T2, T5-T4)
			• 의학적 이익(T2-T1)
			• 동물권(T3-T2)
			• 대체시험의 정확성, 효율성,
			  적절성, 대체 가능성(T4-T3)
			• 동물실험은 필요악(T4-T2)
			• 대체시험의 장단점(T4-T3)
			• 대체시험의 과학성과 안전성/연구
			  지원/경제적 이익(DT-T2, T4, T5,
			  T6)
			• 대체시험의 소요 시간(DT-T4)
			• 동물대체시험법 발의, 개들을 이
			  용한 농약 독성 시험법(DT-DT)

출처	저자	• 저자 최훈의 국적(T2-T1)
		• 저자 최훈의 관점(T3-T2)
		• 기관 출처에 대한 인식
		  (T5-T4)
		• 관점의 차이 인식(T4-T3)
			• 코헨과 다윈의 동물실험에 대한
			  입장(T2-T1)
			• 의료계의 입장(T4-T2)
			• 과학계의 입장(T4-T3)
			• 동물실험에 대한 전문가들의 입장
			  (DT-DT)
			• 나라바이오텍과 액셀러에이트의
			  입장 대조(DT-T6)
			• 출처에 따른 양식 비교(T6-T5)
			• 식약처라는 출처 비교(DT-DT)
			• 찬성과 반대 입장(T2-T1)
			• 반대되는 글임(T3-T2)
			• 반대 입장이 많음(DT-DT)

	배경	• 실험동물 공급 회사의 발전
		  과 대체시험 개발의 관계
		  (T6-T3)
		• 동물실험 지지자의 동물권
		  에 대한 인식(T2-T1)
			• 작성일 비교(T5-T3)
			• 컴퓨터 대체시험 기술의 발전 가능
			  성(T4-T3)
			• 대체시험이 완전 대체 불가능한
			  이유를 현대 과학의 기술적 한계로

| | | • 대체 기술이 상용화되지 못
하는 사회·경제적 배경(T4-
T3)
• 시중 약들의 동물실험 실시
가능성(DT-DT) | 봄(T4-T3)
• 동물실험의 문제점 최소화에 대한
맥락(T5-T1, T3) |

다음으로, 독자들은 텍스트의 저자, 배경을 중심으로 통합하기도 하였다. 다만, 출처 확인이나 인식이 학교급에 따라 달리 나타났다. 중학생 독자 M5는 교수(전문가)라는 단서에서 저자의 전문성을 판단하기보다는 저자의 국적을 확인하고 다른 텍스트의 저자가 외국인인 것과 비교한다. 물론, 과제나 맥락에 따라 저자의 국적이 중요할 수도 있지만 M5는 국적을 단순 확인하는 데 그친다. 이에 비해 고등학생 독자들은 저자의 관점(예: 동물실험 회사), 관련 이익 집단의 입장(예: 의료계, 과학계), 권위 있는 전문가들의 관점(예: 코헨, 다윈)을 다양하게 비교하였다.

3) 비판적 다문서 읽기 양상

(1) 매체별×학교급별 정보 비판 양상 개관

독자들이 인쇄 다문서를 읽을 때 평가나 판단 등이 나타난 경우는 58.3%, 디지털 다문서에서는 41.7%로 나타났다. 디지털 텍스트 읽기 상황에 비해 인쇄 텍스트 읽기 상황에서 약 17%p 정도 더 많은 비판이 일어났다. 독자들이 읽은 인쇄 텍스트 개수는 6개, 디지털 텍스트의 개수는 111개라는 것을

---

18 이 기호는 독자가 2번 인쇄글의 '동물권' 부분을 읽으며 이미 읽은 1번 인쇄글의 '동물권' 부분과 연결한다는 뜻이다. 디지털 텍스트 읽기 상황에서의 정보 통합일 경우 DT로 표기하였다.

고려하여 텍스트 1개를 기준으로 다시 계산해 보면, 인쇄 텍스트 1개당 6.8회의 비판이, 디지털 텍스트 1개당 0.6회의 비판이 일어난 것과 같다. 앞서 살펴본 디지털 텍스트 탐색 정도에 비하면 디지털 정보 평가나 비판은 매우 적은 편이다.

[표 IV-15] 매체별×학교급별 정보 비판 양상

매체 \ 학교급		중학생	고등학생	계
인쇄	빈도(회)	37	51	88
	비율(%)	(51.4)	(63.0)	(58.3)
디지털	빈도(회)	35	30	63
	비율(%)	(48.6)	(37.0)	(41.7)
계	빈도(회)	72	81	151
	비율(%)	(100.0)	(100.0)	(100.0)

중학생의 경우 인쇄 다문서 비판은 51.4%, 디지털 다문서 비판은 48.6%, 고등학생은 각각 63%, 37%로 나타났다. 중학생은 인쇄와 디지털 텍스트 간 비판의 비율 차이가 거의 나타나지 않는 데 비해(2.8%p), 고등학생은 그 차이가 26%p로 매우 큰 편이다. 즉, 중학생 독자는 두 매체에서 비판적 다문서 읽기를 비슷한 빈도로 수행하는 데 비해, 고등학생 독자는 인쇄 매체에서 훨씬 더 높은 빈도로 비판을 수행한 것으로 볼 수 있다.

(2) 텍스트 매체별 정보 비판 양상

① 인쇄 텍스트 읽기에서의 비판 양상

이제 텍스트 유형별로 정보 비판 양상이 어떠한지 구체적으로 살펴보자. 인쇄 텍스트 읽기에서 비판이 가장 많이 나타난 경우는 <글 4>(23.7%)고,

다음으로 <글 5>(18.4%), <글 2>(7.9%)였다. 이 순서는 인쇄 다문서 읽기에서의 정보 통합 빈도 순과 동일하다. 즉, 통합이 많이 일어나는 텍스트 사이에서 비판적 다문서 읽기도 많이 수행된 것이다. 이는 앞서 살펴본 통합과 비판의 상관관계 결과와 일치하는 부분이다. 이처럼 통합적 다문서 읽기와 비판적 다문서 읽기는 긴밀하게 관련된 것으로 보인다.

[표 Ⅳ-16] 텍스트별 정보 비판 양상

텍스트 \ 독자		중학생	고등학생	전체
1	빈도(회)	0	0	0
	비율(%)	(0.0)	(0.0)	(0.0)
2	빈도(회)	1	10	12
	비율(%)	(2.8)	(12.5)	(7.9)
3	빈도(회)	0	3	3
	비율(%)	(0.0)	(3.8)	(2.0)
4	빈도(회)	17	19	36
	비율(%)	(23.6)	(23.8)	(23.7)
5	빈도(회)	12	16	28
	비율(%)	(16.7)	(20.0)	(18.4)
6	빈도(회)	7	4	11
	비율(%)	(9.7)	(5.0)	(7.2)
계	빈도(회)	72	(81)	151
	비율(%)	(100.0)	(100.0)	(100.0)

<글 4>에 대한 비판은 <글 3>과의 연결 속에서 나타났다. 독자들은 주로 <글 3>에 대한 이해를 바탕으로 <글 4>의 주장에 의심을 품거나 비판적으로 접근하였다. 아래는 <글 4>를 읽으면서 비판적 다문서 읽기를 수행하는 독자들의 대표적인 사례이다.

M3_T4[19]: 하지만 과거에는 그랬지만 이제는 그럴 필요가 있을까? <글 3>에 말했듯이 현대 과학 기술로는 되게 많은 대체 방법들이 있는데 (T3).

M7_T4[20]: 시간이 짧은 것은 대체시험으로 로봇으로 하는 게 더 짧은데(T3), 동물실험을 하는 것은 그래도 인간보다 짧다고 해서 동물실험을 하는 것은 좀 아닌 것 같다고 생각해.

H7_T4[21]: 그래도 동물실험이 완벽하게 일치하진 않는다 그랬어. 그 동물실험 이 컴퓨터 모델링이나 시뮬레이션보다 정확성이 떨어진다고 아까 글(T3)에서 읽었던 것 같아. 그러면 컴퓨터로 하지 못한 것을 동물 실험으로 하고, 동물실험으로 해결되지 않는 것을 컴퓨터로 대체해 서 하면 괜찮지 않을까 하는 생각이 들어.

M3은 <글 3>과 <글 4>에 공통적으로 제시되는 대체시험 관련 내용을 엮어 읽으면서 동물실험만을 주장하는 <글 4>에 대해 '하지만' '되게 많은 대체 방법'이 있다고 말하면서 동물실험을 대체할 만한 대안이 있다는 것을 언급한다. M7은 <글 3>과 <글 4>에 산재되어 있는 동물실험, 대체시험, 임상시험의 시간적 효율성을 비교·대조하면서 <글 4> 저자의 주장에 논리적 오류가 있다는 판단을 내린다.[22] H7은 <글 4>와 반대되는 정보를 제시한

---

19 T4_1_3: 과학계는 이 일로 인해 모든 약물검사에 동물을 사용해야 한다는 확신을 갖게 되었다.

20 T4_2_1: 동물실험은 사람을 대상으로 하는 임상시험에 비해 통제가 간단하고 생식 기간이 짧아 연구에 드는 시간을 절약할 수 있다.

21 T4_4_5: 따라서 정부나 과학계는 정확성이 떨어지는 대체시험보다는 동물실험이 시간과 재정(돈)을 아끼는 좀 더 효율적인 방법이라고 본다.

22 중학생 독자는 발달 단계상 비판적 이해가 본격적으로 시작되는 시기이기 때문에, 판단이 나 평가에 대한 용어를 유려하게 활용하지 못하는 경우가 많다. 이에 위의 사례에서 발견되 는 '하지만 … 이제는 그럴 필요가 있을까?(M3)', '…다고 해서 … 좀 아닌 것 같다고 생각

<글 3>을 언급하면서 동물실험에 대한 대안을 제시한다.

<글 5>에 대한 비판은 연구자의 예상대로 다른 글을 다양하게 활용하면서 이루어졌다. <글 5>는 내용 및 출처의 신뢰성 측면에 문제가 있는 것으로, 전문가 의견 조사 결과 텍스트 신뢰도가 1.8점(전혀 신뢰할 수 없다)이 나왔던 글이다. 독자들이 <글 4>를 읽을 때에는 <글 3>과 상반되는 내용에 대한 비판적 발화 비율이 높았던 반면, <글 5>를 읽을 때에는 <글 3>뿐 아니라 다른 텍스트들을 다양하게 활용했으며, 내용의 논리성이나 타당성 그리고 저자의 전문성 문제를 강하게 비판하는 사례가 높은 빈도로 나타났다.

> M5_T5[23]: 아까, 얘(저자)는 자료 조사를 좀 더 해야 될 것 같다. 왜냐면 직접 인체실험, 이거는 직접 인체실험이라는 거는 너무 약간 한 쪽으로 치우쳐져 있는 주장이고, 여러 가지 아까 말했듯이 화이자 약품이나 아니면 컴퓨터 아까 뭐라 그랬지, 인..어쩌고저쩌고 (<T3>에서 언급된 '인 실리코') 그것도 있는데. 얘(저자)는 그런 걸 모르는 건지 아니면 알고도 그런 걸 안 쓴 건지 잘 모르겠다.

> H4_T5[24]: 동물실험이 엄격한 규제를 받기 때문에 생명 윤리 위반에 대해서는 걱정하지 않아도 된다고 했는데, 이것에 대해서 좀 걸리는 게, 엄격한 규제를 받는다고 하더라도 결국 실험에 사용되고, 동물들은 자기가 다치지도 않았는데 상처를 만들고 그것을 치료하고(TI) 그런 점이 생명 윤리에 위반된다고 생각해.

해.'와 같은 말하기 방식을 내용에 대한 문제 제기나 자신의 입장을 표명하는 것으로 볼 수 있다.

23 T5_4_4: 동물실험을 못 한다면 직접 인체시험을 해야 할지도 모른다.

24 T5_2_1: 또한 대학교나 기업체 연구소에서 시행되는 동물실험은 엄격한 규제를 받기 때문에 생명 윤리 위반에 대해서는 걱정하지 않아도 된다.

M5는 <글 5>를 쓴 저자의 전문성 혹은 충실성을 문제 삼으면서 내용이 편향되어 있음을 비판하였다. H4는 <글 5>에서 주장하는 것처럼 엄격한 규제를 받는 것과 생명 윤리 위반에 상관성이 낮다는 것을 지적하면서, <글 1>의 사례를 근거로 들어 동물실험을 실시하는 것 자체가 생명 윤리에 위반되는 것이라 반박한다. 지금까지 살펴본 <글 4>와 <글 5>에 대한 비판적 다문서 읽기 양상을 통해 독자들이 읽는 텍스트의 특성과 텍스트 간의 관계에 따라 비판의 정도나 방식이 각기 달리 나타날 수 있다는 것을 알 수 있다.

② 디지털 텍스트 읽기에서의 비판 양상

독자들은 디지털 텍스트를 읽을 때 텍스트의 정보, 출처, 과제에 대한 평가를 골고루 수행한 것으로 나타났다. 아래에 제시된 사례 중 M2, M3은 네이버 지식인, 블로그, 지식백과, 뉴스 등과 같은 '출처'를 근거로 텍스트의 신뢰성을 평가하면서 자신이 선택한 링크가 동물실험에 대한 의견 형성이라는 '과제'와 관련성이 있기 때문에 선택해 읽는 것이라 말한다. H7 역시 '출처'의 특성과 정보 노출 방식에 대한 평가를 하였다.

> M2_DT: ['동물실험'에 대한 검색 결과를 전체적으로 스캔한 후 네이버지식인을 건너뛰고 지식백과('동물실험, 피할 수 없다면 대체하라')를 클릭하면서] 지식인에서는 뭔가 신뢰감이 조금 떨어지는 것 같아서, 지식백과나 블로그 이런 데 들어가 보면 더 좋을 것 같다.
>
> M3_DT: [결과 목록 중 한국일보 '대체시험, 동물실험보다 과학적이고 안전해'를 클릭하면서] 이 글을 선택한 이유는, 그래도 신문 기사니까. 신문이니까 되게 신뢰성이 있어서 되게.. 그리고 내용이 (동물실험과) 되게 관련 있어 보여서.
>
> H7_DT: [다수의 SNS를 읽으면서] 사람들이 거의 무기명으로 작성하는 글이

라서 딱히 충동적으로 글을 썼을 확률이 높긴 한데..

다음의 M1은 텍스트 정보의 풍부성, M2는 근거 자료의 필요성, H3은 정보의 최신성, H4는 정보의 정확성에 대한 평가를 하며 읽는 장면이다.

> M1_DT: [다른 글 목록을 읽다가 '동물실험의 윤리적 쟁점 by Hosun Park on Prezi'의 미리보기를 확인하며] 동물과 인간의 유사점을 말한 걸 보니까 많은 내용이 있을 것 같다.
>
> M2_DT: [검색 결과 목록들을 확인하고 '동물실험 찬성 자료 및 반대 측에 반박할 수 있는 자료(내공 걸어요!)'를 읽으며] 찬성 자료랑 반박 자료 이거 좀 필요해 보여서.
>
> H3_DT: [다른 글 목록을 훑다가 뉴스 탭을 클릭하며] 일단 이거에 대한 최신 이슈를 알고 싶으니까, 뉴스를 들어가서 그냥.
>
> H4_DT: [결과 목록 중 1페이지를 스캔하다가 '뉴스' 탭을 누른 후 검색 결과들을 훑으면서] 뉴스가 더 정확하니까 뉴스로 가야지.

독자들은 디지털 다문서를 읽으며 '많다/적다, 필요하다/필요하지 않다, 주관적이다/객관적이다, 정확하다/부정확하다'와 같은 단순 평가 발화를 많이 하였다. 또한 극히 제한된 정보(M1) 혹은 링크의 제목(M2)을 근거로 한 평가가 다수 이루어졌다는 점에서 인쇄 다문서 읽기에서 나타난 다양하고 깊이 있는 비판의 양상과는 질적으로 차이가 있었다. 이는 디지털 매체에서의 정보 통합의 강도가 인쇄 매체보다 낮다는 앞선 결과와 일관되는 부분이다.

(3) 비판적 다문서 읽기의 특징

비판적 다문서 읽기 양상에 대하여 '내용, 출처, 과제'로 구분하여 주된 특성을 중심으로 살펴보면 다음과 같다. 독자들은 여러 텍스트를 읽으면서 텍스트 내용 면에서는 '타당성, 공정성'을 주로 비판하였고, 출처 측면에서는 '신뢰성, 공정성, 공식성'을 비판하였다([표 Ⅳ-17] 참고). 과제 측면에서는 '유용성, 과제 관련성'을 평가하였다.

[표 Ⅳ-17] 다문서 읽기에서의 정보 비판 양상(일부)

비판 요소	독자	중학생	고등학생
내용	타당성	• 동물실험의 정확성 주장에 대한 타당성 비판(T4-T3) • 동물실험의 효율성 주장에 대한 근거 비판(T4-T3) • 대체시험의 신뢰성 주장에 대한 타당성 평가(T4-T3) • 동물실험 논리의 타당성 비판(T4-T3)	• 동물실험의 효율성 및 윤리성 주장의 타당성 비판 (T4-T1) • 동물실험의 윤리적 문제 관련 주장에 대한 타당성 비판 (T5-T2) • 실험동물 개발의 윤리성 비판(T5-T1)
	공정성	• 동물실험 현실적 효율성 주장의 편향성 비판(T4_T1) • 동물실험의 안전성 주장의 정보 왜곡에 대한 비판 (DT-T5)	-
출처	신뢰성	• 지식인보다 지식백과, 블로그, 신문, 뉴스의 신뢰성이 더 높음(DT-DT) • 복사한 자료에 대한 신뢰성 비판(DT-DT) • 가장 최근의 정보가 더 믿을 만함(T5-T1,T2,T3,T4)	• 뉴스, 논문이 비교적 신뢰성이 높음.(DT-DT) • 나무위키는 비교적 신뢰성이 낮음.(DT-DT) • 익명의 글은 비교적 신뢰성이 낮음.(DT-DT) • 동물실험의 정당성을 주장하는 저자의 전문성 비판

			(T5-T3) • 폐암 동물실험을 실시한 전문가에 대한 전문성 비판 (DT-DT)
	공정성	• 동물실험의 효율성 주장을 하는 저자의 편향성 비판 (T4-T3)	• 동물실험을 주장하는 저자의 편향성을 다른 글의 출판 시기와 통합하여 비판 (T4-T3) • 칸트의 주장에 대해 동물권에 대한 고려가 배제되었다고 비판(DT-T1)
	공식성	-	• 개인적, 소규모 단체의 출처에 대한 공식성 평가 (DT-DT) • 국회(정부) 정보의 공식성 평가(DT-DT)
과제	유용성	• 동일 내용의 유용성 평가 (DT-DT)	• 과제 해결의 활용도 평가 (DT-DT)
	관련성	• 동물실험 학대 글의 과제 관련성 평가(DT-DT)	

위 표에 제시한 중·고등학생 독자들의 읽기 사례 중 비판적 다문서 읽기의 특성을 종합하면 다음과 같다. 첫째, 독자들은 다문서를 읽으며 타당성 평가를 수행하였다. 즉, 독자들은 다양한 글을 참조할 수 있는 상황에서 차이 나는 정보를 접할 때 '이 글의 이유와 근거가 주장을 뒷받침하기에 적절한가?'를 따지며 읽었다.

아래 사례를 보면 M3은 <글 4>를 읽을 때 <글 3>의 내용을 떠올리며 지금 사회에서는 <글 4>의 주장이 더이상 근거로 타당하지 않다고 말한다.

M3_T4[25]: 맞아, 이런 게 문제야. 이런 경험을 갖고 있는 건 완전 편견, 고정관

념 아닌가? 동물실험의 효율성을 주장하는 데 이 근거를 쓰면.. 써도 되긴 되는데 현대에는 대체기술(T3)이 많으니까.

H2_T5[26]: 의학 발전도 앞으로는 컴퓨터가 더 발전할 건데 이걸 통해서 더 발전시킬 수 있다고 생각하고, 동물실험 말고 다른 대체시험(T3)이 더 발전을 할 건데 이런 주장은 말도 안 된다고 생각한다 나는.

H2는 동물실험이 금지되면 의학적 발전도 없을 것이라는 <글 5>에 대해 컴퓨터 등을 활용한 대체시험을 소개한 <글 3>을 언급하며 내용의 타당성에 문제가 있음을 지적한다. 설령 동물실험이 금지되더라도 대체시험을 통해 의학 발전은 지속될 수 있다는 의견이다. 이런 식으로 독자들은 다른 텍스트를 참조하여 지금 읽는 글의 타당성을 평가하고 비판하였다.

둘째, 독자들은 다문서를 읽으며 공정성(텍스트의 입장이나 관점이 공평하고 정당하게 담겨 있는가?) 평가를 수행하였다. 여러 텍스트는 서로 다른 저자, 배경으로부터 작성되기 때문에, 다문서 읽기 상황에서 독자들은 개별 텍스트가 다루는 정보의 내용적·형식적 장점 혹은 결함을 더 쉽게 발견할 수 있었다.

M5_T5[27]: 여기에 있는 대부분의 글 쓰는 사람들이 읽는 사람들을 자기 편으

---

25 T4_1_4: 이러한 경향은 현재까지 계속돼 동물실험의 효율성(쓸모)을 주장하는 주요 근거를 이룬다.

26 T5_4_2: 동물실험이 금지되면, 2000년 넘게 이어져 온 의학적 발전은 더 이상 있을 수 없다.

27 T4_2_2: 이러한 이유로 과학자는 의약 제품에 영향을 미치는 것이 무엇인지를 효율적으로 분석할 수 있다.
T4_4_4: 대체시험이 인간의 반응과 90%까지 유사하다고 하더라도 10%의 오류가 인간의 생명이나 건강에 치명적 영향을 미칠 수 있다.

로 만들기 위해서 약간 이런 자기와 반대되는 의견은 다 안 넣고 자기한테 좋은 의견만 넣었네 … [T4_4_4를 읽으며] 근데 내가 아까 봤는데, 아까 톰 리건이라고 하는 사람이 '동물실험 과연 선인가 악인가' 여기서 봤을 때 동물이랑 우리나라랑, 아니 우리 사람들이랑 몸이 완전히 똑같지 않다는 얘기가 어디 나왔었냐? 아 여기 있다, 아니구나. 마크 베호프(T3)라는 사람이 … 그런 결과가 있었는데. 얘는 그걸 완전히 다 빼고 말하네. 무조건 동물이라고 해서 우리랑 몸이 똑같은 게 아닌데..

M5는 특정 글을 비판했다기보다 대부분의 글 저자들이 '자기와 반대되는 의견은 다 안 넣고 자기한테 좋은 의견만 넣었'다고 말하며 많은 글에 저자의 편향성이 드러난다고 비판하였다. 그러면서 <글 4>가 저자의 주장에 불리한 특정 정보를 의도적으로 배제했다고 말한다. 정보 왜곡이나 편향에 대한 비판은 단일문서 읽기에서 나타나지 않았던 현상이기에 더욱 주목할 만하다.

셋째, 출처 및 과제 관련성 평가는 텍스트가 압도적으로 많은 디지털 다문서 읽기 상황인 만큼 높은 빈도로 나타났다. 특히 텍스트의 출처(예: 국회, 뉴스, 지식백과, 블로그, 네이버지식인 등), 저자(예: 전문가, 청소년)에 대한 신뢰성 측면에서 평가가 이루어졌다.

> M3_DT: 그래도 신문 기자니까. 신문이니까 되게 신뢰성이 있어서 되게.
> M7_DT: 뉴스가 더 정확할 것 같은데.
> M2_DT: 지식인에서는 뭔가 신뢰감이 조금 떨어지는 것 같아서, 지식백과나 블로그 이런 데 들어가 보면 더 좋을 것 같다.

위에 제시한 사례의 독자들 모두, 뉴스가 네이버지식인, 지식백과, 블로그보다 신뢰성이 높을 것이라고 평가하였다. 중학생의 경우 출처에 대한 인식이 높지는 않았지만 정보 탐색·정보 통합보다는 정보 비판 과정에서, 인쇄 텍스트 읽기 상황보다는 디지털 상황에서 출처를 언급하는 경우가 더 많았다.

다음으로 M7은 동물실험의 사례를 찾다가 동물 학대와 관련된 글을 발견하자 과제 관련성이 낮다고 보고, 바로 창을 닫는다. H1은 독자 자신의 과제 해결에 적합한 글을 선택해 읽었다.

> M7_DT: 하, 일단 이거는 그냥 사례는 맞는데 실패하거나 성공한 사례가 아니고 학대와 관련된 거라서 일단 이거는 닫아야 될 것 같은데..
>
> H1_DT: 일단 여기서, 한국일보라는 신문에서 나온 말이고, 그 다음에 이제 제목이 대체시험이 동물실험보다 과학적이고 안전하다는 말 때문에, 내가 찾고자 하는 바하고 가장 비슷한 것 같아서 일단 사이트를 들어갔어.

추가적으로 M5는 정보를 탐색하다가 동일 내용이 발견될 경우 유용성이 낮다고 평가하고 이를 자신의 다문서 구성에서 제외하였다.

과제 관련성 평가가 인쇄 텍스트 읽기 상황보다 디지털 텍스트 읽기 상황에서 더 많이 이루어진 것은, 매체 요인 이외에 본 실험에서 제시한 과제의 특성에도 영향을 받은 것으로 보인다. 인쇄 텍스트를 읽을 때와 달리 디지털 텍스트를 읽을 때는 최종적으로 2개의 텍스트를 선택해야 하는 상황이었기 때문에 지속적으로 정보를 배제하고 선택하면서 텍스트가 과제와 관련되는지, 과제 해결에 유용한지를 평가해야 했기 때문이다. 그만큼 디지털 다문서 읽기 상황에서는 과제 요인이 중요한 영향을 미치며, 정보 평가나 비판과 직접적으로 관련된다는 것을 알 수 있었다.

3. 능숙한 독자의 다문서 읽기 전략

1) 독자들의 다문서 읽기 수준

여기서는 지금까지 분석한 다문서 읽기 양상을 바탕으로 독자 집단의 특성을 유형화하고 수준을 확인하고자 한다. 집단 특성이 어떻게 범주화되는지 탐색적으로 살펴보기 위하여, SPSS(IBM SPSS statistics 20)를 활용하여 계층적 군집 분석(hierarchical cluster analysis)을 실시하고, 다문서 읽기 집단의 군집 유형화 덴드로그램을 그려 보았다. 그 결과, 다음과 같이 다섯 개의 군집으로 유형화되었다.

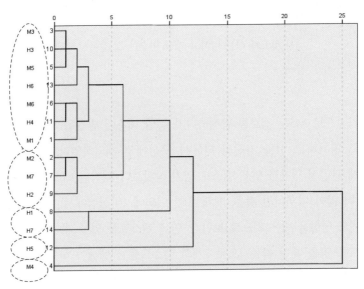

[그림 IV-3] 독자들의 군집화 덴드로그램

5개 집단을 바탕으로 K-means 군집 분석을 실시한 결과에서도 다섯 집단의 군집이 도출되었다([표 IV-18] 참조). 앞서 탐색한 계층화 분석과 K-means 분석 결과가 일치하지 않는 학생은 M3였는데, 이 학생은 K-means 군집 분석 결과와 다른 집단 독자들과의 유사성을 종합적으로 판단하여 제4군집에 포함하였다.

[표 IV-18] 독자들의 군집 분석 결과

군집 유형	계층화 분석	K-means 군집 분석(k=5)
제1군집	M4	M4
제2군집	H5	H5
제3군집	H1, H7	H1, H7
제4군집	M2, M7, H2	M2, M3, M7, H2
제5군집	M3, H3, M5, H6, H4, M1	H3, M5, H6, H4, M1

위의 K-means 군집 분석 결과를 R 프로그램(R version 3.6.1)을 활용하여 3차원상의 그래프로 제시하면 다음 그림과 같다.

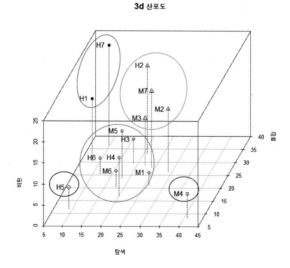

[그림 IV-4] 독자 집단의 3D 산포도(scatter plot)

최종적으로 다문서 읽기 독자의 집단은 다섯 군집으로 구분되었다. 이들은 탐색, 통합, 비판이라는 축을 기준으로 상, 중, 하의 위치에 있는 세 집단, 비판 및 통합, 탐색의 위치에 있는 두 집단으로 구분할 수 있다. 이에 따르면 능숙한 독자는 M2, M3, M7, H2, 보통 독자는 M1, M5, M6, H3, H4, H6, 미숙한 독자는 H5이다. 상 집단의 독자는 다문서 탐색·통합·비판을 능숙하게 수행하는 수준, 중 집단의 독자는 다문서 탐색·통합·비판을 보통으로 수행하는 수준, 하 집단의 독자는 모든 과정에서 낮은 수행 수준을 보여준다. 참고로 M4는 탐색 중심 독자, H1, H7은 통합 및 비판 중심의 수행을 보여준 독자인데, 이는 수준별 집단으로 보기 어려워 수준 분석에서는 제외하였다.

수준별로 구분되는 독자들의 다문서 읽기 특성을 다문서 구조도를 참고하여 살펴보고자 한다. 다문서 구조도를 통해 다문서에 대한 독자들의 이해도와 탐색, 비판, 통합 양상을 종합적으로 살펴볼 수 있다.

중·상 집단과 하 집단 독자의 특성이 대별되므로 이를 먼저 살펴본다. 아래에 제시한 다문서 구조도([그림 Ⅳ-5, 6, 7, 8])를 보면, 중·상 집단에서는 <글 2>, <글 4>, <글 5>, <글 6>을 찬성으로, <글 3>, <글 1>을 반대 입장으로 분류하고 동물실험 논쟁의 쟁점인 '동물실험의 정확도, 대체실험의 한계' 등이 기술되어 있다. 특히 쟁점을 중심으로 텍스트 간의 대조 관계, 유사 관계를 화살표와 등호 등의 기호를 사용하여 표시하였다.

반면 [그림 Ⅳ-9]에 제시된 하 집단 독자 H5의 구조도를 보면, 주어진 글 여섯 개를 찬성과 반대로 분류하였으나 다른 독자들이 수행한 텍스트의 쟁점 파악, 글 간의 관계 설정 부분이 나타나지 않았다. 또 자신이 읽은 모든 글을 바탕으로 구조도를 작성하라는 과제임에도 불구하고 자신이 인터넷에서 찾은 글은 구조도에 포함하지 않은 특징이 있었다.

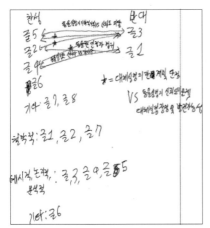

[그림 IV-5] 상 집단 중학생 독자의
다문서 구조도(M3)

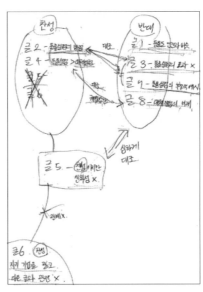

[그림 IV-6] 상 집단 고등학생 독자의
다문서 구조도(H2)

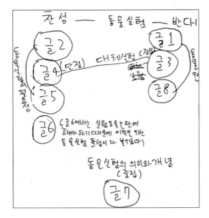

[그림 IV-7] 중 집단 중학생 독자의
다문서 구조도(M1)

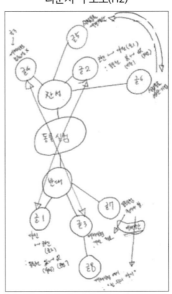

[그림 IV-8] 중 집단 고등학생 독자의
다문서 구조도(H3)

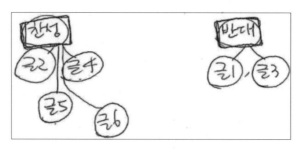

[그림 Ⅳ-9] 하 집단 고등학생 독자의 다문서 구조도(H5)

상 집단과 중 집단의 차이점은 쟁점 파악의 구체성, 글 간의 관계 설정의 다양성 측면에서 확인된다. 쟁점 파악의 구체성 부분에서 살펴보면 상 집단 M3, H2는 쟁점을 '동물실험의 의학적 이익, 동물실험의 효과, 동물권의 인정 범위, 대체시험의 장점 및 발전 가능성' 등의 상세 논의가 가능한 용어로 기술하고, 중 집단 M1, H3은 '동물실험의 필요성, 동물권, 대체실험 효율성' 등의 일반적 특징이나 개념으로 기술하여 구체화의 정도에 차이가 있었다.

글 간의 관계 설정 측면을 살펴보면, M3(상)은 쟁점을 중심으로 여러 텍스트 사이에 'VS'라는 기호를 두고 대조된다는 것을 명시하면서도 화살표, 별표 등을 추가로 활용하였다. H2(상) 역시 '심하게 대조, 대조, 해결 방안, 관계 X, 관련 X' 등의 표시를 통해 여러 텍스트의 관계를 분명하게 나타내고자 하였다.

이와 달리 M1(중)은 여러 텍스트를 동일 범주로 묶는 동그라미, 선은 사용하였으나 텍스트 간 관계를 나타내는 화살표 등의 기호나 단어는 기입하지 않았다. H3(중)은 화살표를 사용하였으나 대조 관계 이외의 기호는 사용하지 않은 것으로 보아 H2(상)보다 관계 설정의 다양성이 적었다고 볼 수 있다. 특히, H2(상)가 신뢰성이 낮은 <글 5>와 <글 6>을 나머지 글들과 공간적으로 격리하여 질적으로 다른 텍스트라는 것을 나타냈다는 점에서 H3(중)과 구분된다.

2) 능숙한 독자들의 다문서 읽기 전략 도출

이 항에서는 지금까지 분석한 독자들의 다문서 읽기 양상과 수준별 특성을 종합하여 참여자들이 활용한 다문서 읽기 전략을 도출하고자 한다. 특히, 3장에서 기술한 코딩 핵심 범주의 속성 및 차원을 주요 참조점으로 삼을 것이다. 다문서 읽기 전략 도출에는 탐색·통합·비판의 전 과정에서 우수한 이해를 보이는 상 집단의 독자뿐 아니라, 개별 과정에서 뛰어난 이해를 보이는 독자들의 읽기 특성도 포함한다.

(1) 탐색적 다문서 읽기 전략

중·고등학생 독자들은 과제를 해결하기 위해 검색 엔진에 접속하여 용어를 검색하고, 검색 결과로 얻어지는 텍스트 목록들을 훑고, 그중에 특정 텍스트를 선택하여 읽는 과정을 반복하였다. 그중 상위 수준의 독자들이 활용하는 주된 탐색 전략을 종합적으로 분석한 결과, '다중 방식으로 접근하기', '거시적으로 조망하기', '읽기 경로를 자율적으로 구축하기'로 범주화되었다 ([표 Ⅳ-19] 참고).

[표 Ⅳ-19] 탐색적 다문서 읽기 전략

전략	하위 전략
다중적 접근	• 다양한 사이트 접속 및 검색어 생성하기 • 출처가 서로 다른 텍스트 찾아 읽기
거시적 조망	• 양적 조망을 통해 정보의 경향성 파악하기 • 질적 조망을 통해 정보의 경향성 파악하기
읽기 경로 구축	• 신정보가 포함된 공간 및 텍스트 찾아 읽기 • 주제 신념과 (불)일치하는 텍스트 찾아 읽기

① 다중적 접근

다중적 접근은 한 가지가 아닌, 두 가지 이상의 방식을 통해 원하는 텍스트가 있는 공간으로 진입하고 다양한 검색어를 생성하는 전략이다. 하위 전략을 살펴보면 첫째, 능숙한 독자들은 두 개 이상의 사이트를 동시에 접속하고, 검색어를 다양하게 생성하였다. 예컨대, M4는 최초로 접속한 네이버라는 사이트에서 다양한 텍스트를 찾아 봐도 원하는 자료가 나오지 않자, 구글 사이트로 변경하여 검색하였다. 최초의 검색 엔진을 변경하며 탐색한 독자는 M5, M7, H3, H4로 참여자 14명 중 총 4명이었다. 그들은 두 개 이상의 공간을 계속해서 교차하며 검색하고 결과가 만족스럽지 못할 경우 검색 시스템을 변경하였다.

능숙한 독자들은 검색어 역시 주제 검색어(예: 동물실험, 대체시험)를 활용하는 것에서 그치지 않고, 주장 검색어(예: 동물실험 반대, 동물실험 옹호, 동물권 반대), 근거 검색어(예: 동물실험 장점, 동물실험 사례)를 다양하게 생성하고 활용하였다. H4는 디비피아(DBPIA)에서 주장 검색어인 '동물실험 찬성'을 검색한 후, 다시 구글로 돌아가서 '동물실험의 필요성'을 검색하고, 다시 주제 검색어인 '동물실험'을 검색하였다. M2는 근거 검색어인 '동물실험 성공 사례', '동물실험 사례'를 검색하여 관련 글들을 읽었다.

또 검색 엔진에서 자동으로 제공하는 추천 검색어 및 연관 검색어 즉, 시스템 제공 검색어를 활용하는 독자들도 있었다. 본 실험에서는 중학생 독자 모두가, 고등학생 독자의 절반이 시스템 제공 검색어를 활용하였다. 독자들이 정보 탐색에 활용한 '동물실험 찬성(M1), 동물실험 성공 사례(M2), 동물실험 대체(H2), 동물실험 부작용(H5), 쾌고감수능력(H7)' 등은 모두 시스템 제공 검색어이다. 독자의 배경지식이 부족하거나 최근 화두가 되는 용어 관련 텍스트를 찾아보고자 할 때는 시스템 제공 검색어를 활용하는 것도 유용한 방법이 될 수 있다.

그 밖에 검색 결과 목록의 '미리보기'에 담긴 내용, 정보 탐색 중 읽게 된 다른 텍스트 내의 용어를 활용하여 검색하는 경우도 있었다.

> M1: 여기서 질병의, 사람이 사람과 인간이, 아니 동물이 공유하는 질병의 수에 관한 내용이 있네. 이걸 자세히 알아봐야겠다.

M1은 프레지 '동물실험의 윤리적 쟁점'을 읽다가, '동물실험 성공률'을 검색한다. 특정 텍스트를 읽으면서 그 안에서 단서를 찾아 새로운 검색어를 생성하는 경우였다.

둘째, 능숙한 독자들은 출처가 서로 다른 다양한 텍스트를 찾아 읽었다. H3, H4는 전문 자료를 제공하는 논문 검색 사이트에 접속하여 정보를 탐색했고, M2, M4, M5, M6, M7, H2는 새로운 정보를 담고 있는 뉴스 사이트에 접속했으며, H2, H3는 공식적 자료를 제공하는 동물실험 관련 기관 사이트에 접속하여 정보를 탐색하였다.

그중 H3은 검색 결과로 찾은 '3D프린트로 만든 '칩위의 장기'로 동물실험 대체'라는 텍스트를 읽으면서 마지막 문단에 제시된 '이수현 박사'에 대해 알게 된 후 다음과 같이 말한다.

> H3: 그럼 이 사람(이수현 박사)이 제시한 대체시험법이 뭔지 궁금하니까.. 논문 같은 것도 있겠지? 이해가 될지는 미지수지만 한번 들어가 보자.

그 후 논문 검색 사이트 디비피아(DBPIA)에서 저자명 검색 탭에 '이수현'을, 내용 검색 탭에 '대체시험'을 동시에 입력하여 나오는 검색 결과들을 확인하였다. 검색 결과가 만족스럽지 않자 '이수현 동물실험'을 재검색하며 탐색을 계속하였다. 또 H2는 탐색을 통해 알게 된 동물대체시험을 실천하는 공식 기관 '러쉬 프라이즈'를 검색하여 대체시험의 실제 사례들을 찾아보았다. 이처럼 탐색적 읽기를 능숙하게 하는 독자들은 저자, 유통처, 매체 등의 출처 정보를 다양하게 활용하여 정보에 접근하였다.

② 거시적 조망

거시적 조망은 검색 결과들을 선택해 읽기 전이나 후에 여러 텍스트에 담긴 공통의 정보 특성들을 파악하며 읽는 전략이다. 양적 조망은 텍스트의 개수, 종류를 기반으로 관련 정보의 경향성을 이해하는 방식이고, 질적 조망은 출처(예: 관련 주체, 여론의 특성)나 과제(과제 관련 정보의 내용적 경향성)를 기반으로 경향성을 파악하는 방식이다. 두 세부 전략 모두 다문서가 담고 있는 주제 및 내용의 일반적 경향을 파악하는 시도라는 것은 공통적이나, 경향 파악의 기준 측면에서 차이가 있었다.

양적 조망은 검색 결과 목록의 첫 페이지뿐 아니라 다양한 페이지를 살펴보고(H4), 검색 결과 링크와 함께 제시되는 일부분(미리보기)을 확인하는 것(H1)을 통해 이루어졌다. 아래 예시 중 M2는 블로그 탭을 조망하면서 여러 저자들이 올려놓은 글들을 확인한 후 동물실험에 대한 반대 의견이 더 많다는 것을 확인하였다.

> M2_DT: ['동물실험 사례' 검색 후 '블로그' 탭을 클릭하여 검색 결과들을 읽으며] 근데 확실히 반대가 더 많은 것 같아요. 성공 사례보다 반대가 확실히 더 많은 것 같아가지고.
>
> M4_DT: ['동물실험 찬성 근거' 전체 결과 목록 중 4페이지까지 살펴보면서] 찬성에 대한 내용 거의 없는데..
>
> M6_DT: [뉴스 텍스트 중 '탈리도마이드'에 관한 부분을 읽으면서] 여기(글3)도 탈리도마이드 사건이라고 아까 나왔었는데, 탈리도마이드 사

건이 꽤 되게 유명한 사건이었나 보다.

M4는 '동물실험 찬성 근거'에 대한 검색 결과 목록을 4페이지까지 살펴보면서 '찬성에 대한 내용이 거의 없는데'라고 말한다. 그 과정에서 '통합(전체)' 탭[28]에만 머무는 것이 아니라 '뉴스, 지식인, 블로그, 사전' 등의 다른 탭들을 확인하면서 주제 관련 내용을 파악하였다. M6은 '오래 실험하다보면 동물들의 얼굴이 보여요'라는 뉴스를 읽다가, 탈리도마이드 사건에 대한 예시가 나오자 관련 정보가 많다고 생각하는 것에 그치지 않고, 그 사건이 중요하기 때문이라는 점을 파악하는 사례이다.

이와 반대되는 사례는 검색 결과로 제공되는 텍스트들 중 최상단의 정보만을 확인한다거나(H6) 검색 결과의 첫 페이지만 스캔하고 읽는 것을 반복하는 것(H5) 등으로 나타났다. 이 경우 정보의 양적 조건이 충족되지 않았기 때문에 정보의 경향성 파악도 어려웠던 것으로 보인다.

다음으로 질적 조망은 텍스트의 출처와 과제를 고려하여 다문서의 공통적 특성이나 관련 내용의 경향성을 파악하는 방식이다. 이 부분에서는 학교급 간의 차이가 나타났다. 중학생 집단은 '있다, 없다', 혹은 '많다, 적다'와 같이 텍스트에 대한 양적 조망은 이루어지지만 이를 통합하여 이해하지는 못한데 비해, 고등학생 독자들은 권위 있는 검색 결과 목록들(주로 뉴스, 논문)을 위주로 정보들을 조망하면서 각 집단의 관점이나 입장을 분석하였다.

아래의 H4는 디비피아에서 논문 목록을 찾아 읽으면서 동물실험 반대 입장이 많다는 것을 확인하고 구글에서 '학술자료' 탭을 훑은 후, 검색어를 생성할 때 이 점을 고려하였다. 또한 검색 결과 텍스트를 읽을 때에도 '위키백

---

[28]   통합(전체) 탭은 여러 유형(백과사전, 뉴스, 블로그, 카페, 사이트, 이미지, 동영상 등)의 정보들을 3~4개 정도로 종합하여 한 페이지로 보여주는 검색 결과의 첫 화면이다.

과, 학술단체, 환자단체' 등 다양한 저자와 관련 주체의 관점을 기반으로 이해하였다.

> H4_DT: [디비피아에서 '동물실험' 검색 후 논문 목록을 보면서] 뭔가 논문에서 뭔가 동물실험에 반대한다는 논문이 굉장히 많구나. 확실히 동물에 대한 권리가 최근에는 많이 대두되고 있으니까. … 뭔가 동물실험이라고 단순히 치면 동물실험에 반대하는 게 많이 나오니까, 동물실험 찬성이라고 써야겠어. [구글에서 '동물실험의 필요성' 검색 후 '학술자료' 탭 조망 중] 뭔가 동물실험에 대해서 반대하는 사람들이 많으니까 동물실험 반대(로 검색)하면 많이 나오는데 동물실험 찬성(으로 검색)하면 두 개밖에 안 나와. … [위키백과를 읽은 후 구글에서 '동물실험 옹호'의 검색 결과로 나온 뉴스 기사를 읽은 휘] 뭔가 대학이나 학술 단체뿐 아니라 환자 단체도 동물실험을 옹호하고 있다는 게 느껴져.

> H3_DT: ['중국 의과 대학에서 '동물실험' 후 옥상에 처참히 버려진 강아지들'이라는 뉴스 텍스트를 읽으면서] 중국하고 미국이 제일 동물실험 많이 할 텐데, 중국에서 이런 일이 있네? … 전 세계가 지양하자 하고 있는데 중국은 무조건 거쳐야 한다고.. 한국하고 비슷한 것 같은데? … [다른 글 '박완주, 동물실험 줄이고 동물대체시험 개발에 노력해야'를 클릭해 읽으면서] 국회의원도 이런 얘길 했네. … 정부에서도 이 사실을 인식하고 있는 거네, 이 심각성을. 검토하겠다고 했으니까.

H3은 '중국 의과 대학에서 '동물실험' 후 옥상에 처참히 버려진 강아지들'이라는 뉴스 텍스트를 읽으면서 '중국'은 동물실험에 어떤 입장을 보이는데, 그에 비해 '전 세계'는 어떠한 흐름인지, '한국, 정부, 국회의원'은 어떻게

인식하는지에 대해 관심을 가지고 파악한다. 세계 각국이나 참여 주체의 입장을 공시적으로 이해하고 이를 자신의 의견 형성에 반영하려는 의도로 분석된다.

③ 읽기 경로 구축

읽기 경로 구축은 독자들이 텍스트를 선별하면서 자신만의 텍스트 목록을 만들어 나가는 전략이다. 능숙한 독자들이 읽기 경로를 구축하는 전략은 신정보가 포함되었는가, 독자의 주제 신념과 일치하는가를 기준으로 검색하고 훑어 읽으며 텍스트를 선별하는 양상으로 나타났다.

하위 전략을 살펴보면 첫째, 능숙한 독자들은 이미 알고 있는 지식이나 정보가 아닌, 새로운 정보가 포함된 텍스트를 추가적으로 찾아 읽었다. 주제와 관련된 개념, 용어, 장·단점에 관련된 텍스트를 찾아 읽거나, 다른 텍스트에 언급된 문구나 내용 중 이해하기 어려운 부분들을 알아보기 위해 연쇄적으로 찾아 읽는 방식이다.

아래의 M2는 자신이 선택한 텍스트에 이미 읽었던 정보들이 포함될 경우 곧바로 창을 닫고 다른 텍스트를 찾았다. 근거가 될 만한 정보, 새로운 정보를 찾기 위한 목적이었다.

> M2_DT: [블로그 '동물실험 찬성 및 반대 그리고 반박 자료' 창을 닫으며] 그냥 좀.. 자료가, 여기서 충분히 있었고, 또 비슷한 자료가. … [검색어 '동물실험 성공 사례' 입력 후 두 번째 검색 결과를 클릭하여 읽으면서] 어, 이미 나왔던 자료들이라서 나갈게요. … [블로그 탭을 클릭하여 훑으면서] 성공 사례가? (어디 있지?)

또한 M3은 <글 1>에서 이해되지 않았던 문장 '인간과 고등동물(인간 이외의 포유동물)의 정신적 차이는 정도의 차이지 질적으로 다른 종류의 차이는 아니다'를 검색창에 그대로 입력하여 관련 정보를 찾아보기도 했다. 또한 <글 1>에 제시된 "동물권"에 대해 더 알아야' 한다면서 '동물권'을 검색하여 사전을 찾아 읽었다. 이때 사전에서 언급된 '내재적 가치'라는 단어를 알지 못해 또다시 '내재적 가치'를 검색하여 알아본다. 후에는 <글 6>의 출처인 '나라 바이오텍이 어떤 회사인지 궁금했어.'라고 말하며 '나라바이오텍'을 검색하여 홈페이지에 접속해 정보들을 확인한다. 이처럼 자신이 모르는 단어나 개념을 학습하기 위해 추가적으로 탐색하며 자신의 읽기 경로를 구축하는 모습이었다.

둘째, 능숙한 독자들은 자신의 주제 신념을 바탕으로 텍스트 탐색의 방향을 설정하고 수행하였다. 동물실험에 대한 주제 신념이 이미 확고한 독자들(M4, M7, H1, H2, H3)은 자신의 신념을 강화하기 위해 자기 입장과 일치하는 텍스트, 자기 주장을 입증할 만한 근거나 사례가 담긴 텍스트를 찾는 데 주력했다.

M4는 동물실험 찬성 입장으로, 처음부터 끝까지 '동물실험 성공 사례, 동물실험 찬성 근거' 등을 검색하며 자기 주장을 뒷받침하는 새로운 사례를 찾았고, '동물 권리 옹호론에 대한 재반론'이라는 텍스트 링크를 클릭하며 '옹호한다는 거에 대해서 다시 그 권리에 대한 재반론을 한 거니까 어떤 내용이 있는지 보고 싶어서..'라고 말하며 반대 주장을 재반박하는 내용을 찾아 읽었다. 또한 동물실험을 반대하는 H2가 찾아 읽은 텍스트는 뉴스(3개), 백과사전(2개), 단체 게시글(2개)로 총 7개인데, 모든 텍스트가 동물실험 반대 관점에서 작성되었고 독자의 주제 신념과 일치한다. 그중 6개는 동물대체시험을 지지하는 관점의 텍스트, 1개는 불필요한 동물실험의 사례를 정리한 텍스트이다.

아래의 독자 M2는 동물실험에 찬성하는 입장이기 때문에 그와 일치하는 텍스트를 중심으로 읽는다고 여러 번 말한다. M2의 탐색 과정에서 자신의 주제 신념과 다른 텍스트를 찾아 읽은 사례는 한 번이었다.

> M2_DT: [지식백과 '동물실험, 피할 수 없다면 대체하라' 창을 닫으면서] 나는 그래도 좀 찬성하는 입장이니까.. 그러니까 이거보다는 찬성 입장이나 좀 부정적인, 그니까 좀 동물실험에 대해서 긍정적인 글을 찾아보는 게 나을 것 같아서 엑스했다. … [지식백과 '동물실험'의 중간 부분을 읽으며] 음, 이 사람(아리스토텔레스)은, 이 글은 약간 찬..여기까지만 보면 내 생각이랑 똑같이 약간 찬성하고 문제될 것 없다고 보는 거 보니까, 한번 읽어봐야겠다. … 여기부터는 동물시험의 반대 입장이니까 넘겨요, 아 넘기도록 하고 … [검색어 '동물실험 찬성'을 입력하면서] 그럼 일단 (내가) 찬성 입장이니까 동물실험의 찬성 입장을 한번 찾아볼까?

반면에, 최종적으로 표명한 자신의 주제 신념과 불일치하는 방향으로 탐색한 독자는 M3이었다. M3이 찾아 읽은 글은 백과사전(4개), 뉴스(4개), 업체 및 단체 사이트의 글(2개), 개인 작성물(2개) 총 12개였는데, 그중 반대 관점의 텍스트가 9개, 찬성·반대를 모두 소개하는 텍스트가 2개, 독자의 입장과 동일한 관점의 찬성 텍스트는 1개에 불과하였다. 다른 대부분의 독자들이 자신의 관점과 일치하는 텍스트를 중심으로 찾아보는 것과 반대되는 사례이다. 이러한 양상은 검색어에서도 확인할 수 있는데, M3이 생성한 검색어 11개 중 5개가 반대 입장의 용어로 확인된다(찰스 다윈, 동물권, 내재적 가치, 동물실험 대체시험, 동물실험의 문제점).

이 독특한 탐색의 특성은 M3이 과제를 수행하는 동안 기존의 관점이 변화(반대 → 찬성)했기 때문으로 보인다. 다른 독자들은 주제 신념이 '없음 → 있음'으로 바뀌거나, '있음 → 있음'으로 유지된 것과 달리, M3은 여러 텍스트를 읽으면서 동물실험에 대해 기존과는 다른 관점을 지지하게 되었지만, 독자의 개인적 경험과 신념이 정보 탐색의 경로 구축에 영향을 미친 것으로 보인다.

(2) 통합적 다문서 읽기 전략

독자들은 다문서를 읽는 상황에서 하나의 텍스트를 이해하기 위해 다른 텍스트를 활용하여 서로 비교·대조하면서 의미를 형성하였다. 또 여러 텍스트에 담긴 이면적 의도들을 다양한 영향 관계를 고려하여 이해하기도 하였다. 이 과정에서 중등학생 독자들이 활용하는 주된 통합 전략을 종합적으로 분석한 결과는 '의미 정교화하기', '다문서의 구조 형성하기', '다문서의 의미 입체적으로 해석하기'로 범주화할 수 있다([표 Ⅳ-20] 참고).

[표 Ⅳ-20] 통합적 다문서 읽기 전략

전략	하위 전략
의미 정교화	• 다른 텍스트를 기반으로 현재 텍스트의 내용 상세화하기 • 텍스트 간의 내용 및 출처 비교·대조하기
다문서 구조화	• 화제(쟁점) 중심으로 구조화하기 • 화제(쟁점)-출처 중심으로 구조화하기
해석의 입체화	• 반대 혹은 다른 관점에서 이해하기 • 사회·문화적 맥락을 고려하여 해석하기

① 의미 정교화

능숙한 독자들은 여러 텍스트에 나타난 정보의 차이를 중심으로 필자가 의도하지 않은 내용을 추론하거나 독자가 이해되지 않는 내용을 파악하고자 하였다. 텍스트 간 의미 정교화의 하위 전략은 다른 텍스트를 활용하여 지금 읽는 텍스트 이해하기, 여러 텍스트에서 나타나는 공통점과 차이점을 비교·대조하기로 범주화되었다.

하위 전략을 살펴보면 첫째, 능숙한 다문서 독자들은 다른 텍스트에 제시된 개념, 용어를 지금 읽는 텍스트에 적용하여 이해하고 내용을 구체화하였다. 아래의 M1은 <글 1>에서 읽었던 '동물권'이라는 개념을 <글 2>의 의학적 이익 관련 내용을 읽을 때 적용하면서, 찬성하는 입장에서는 동물권을 인정하지 않을 것이라는 내포적 의미를 추론한다.

> M1_T2[29]: 의학적 이익 때문에 동물실험이 찬성된다는 건 동물권(T1)[30]을 당연히 인정하지 않는다는 얘기구나.
>
> M5_T3[31]: 미국 식품의학 FDA에 따르면 … 근데 아까는 되게, 여러 가지 병들을 치료해 왔다고 했는데(T2),[32] 이 사람, 이거는 그러면 100개 중에 8가지에 해당하는 건가?

위의 M5는 임상시험을 통과한 동물실험의 사례가 8%밖에 되지 않는다는 <글 3>의 내용을 <글 2>에 적용하여, 효과적인 동물실험은 8%에 해당되는 사례가 아닐까 추측한다. 이들 사례는 다른 텍스트에 제시된 내용을 지금 읽는 텍스트에 적용하고, 다른 텍스트를 단서로 현재 텍스트를 이해하면서

---

29 T2_1_1: 동물실험이 옹호(찬성)될 수 있는 가장 강력한 이유는 동물실험이 인간에게 주는 의학적 이익 때문이다.

30 T1_2_4: 인간이 권리를 갖는다면, 분명 동물들도 권리(동물권)를 가질 것이다.

31 T3_1_3: 미국 식품의약국(FDA)에 따르면, 동물실험을 통과한 100가지 의약품 가운데 92가지는 사람을 대상으로 한 임상시험을 통과하지 못하고 있다.

32 T2_1_4: 또한 이런 실험의 결과로 수많은 전염병(천연두, 소아마비, 홍역)을 예방하게 되었으며, 생명을 살리는 수많은 기술(수혈, 화상 치료, 심장 절개 및 뇌 수술)이 발전하게 되었다고 말하였다.

의미를 정교화하는 과정에 해당한다.

아래의 M3, M6은 여러 텍스트에 포함된 문장들을 주장과 근거로 연결하며 이해하는 사례이다.

> M3_T3[33]: [<글 3>을 읽으며] 아… 로봇을 이용하는 것이 동물실험보다 엄청나게 효율적이고 되게 빠르게 실험할 수 있는데 왜 미국 독성 물질 관리처는 2,500종의 화학 물질을 사용했을, 물질을 동물한테 사용했을까? 왜 (동물실험을) 할 수 있는데도 안 했을까? 경제적인 이유 때문에 안 했나? [<글 3>을 읽으며] 무엇보다도 동물실험의 필요성을 인정하는 중요한 근거는 대체시험이 모든 동물실험을 대체할 수 없다는 것이다. 아, 아까 문단, <글 3>에서 말했던 대체시험이 현대 회사에서 안 쓰이는 이유구나.
>
> M3_T4[34]: 대체시험이 인간의 반응과 90% 유사하더라도 10% 오류가 인간의 생명이나 건강에는 치명적인 영향을 미칠 수.. 맞아, 아까 1937년 다이에틸렌 그 사건 보면 알 수 있지.
>
> M6_T5[35]: 동물실험의 목적은 소아마비, 결핵, 암 등과 같은 위험한 병들에 대체할 백신과 치료제를 만드는 것이다. 그렇지, 아까도 소아마비, 결핵, 암(T2) 같은 걸 해결을 했다고 했으니까.

---

33 T3_4_2: 미국 독성물질 국가관리처는 지난 30년간 동물실험으로 단 2,500종의 화학물질을 실험하는 데 그쳤지만, 로봇을 이용하면 이 정도의 물질을 농도별로 실험하는 데 반나절이면 충분하다고 밝혔다.

34 T4_4_4: 대체시험이 인간의 반응과 90%까지 유사하다고 하더라도 10%의 오류가 인간의 생명이나 건강에 치명적 영향을 미칠 수 있다.

35 T5_1_2: 동물실험의 목적은 소아마비, 결핵, 암 등과 같은 위험한 병들에 대처할 백신(예방접종)과 치료제를 만드는 것이다.

M3은 <글 3>에서 대체시험의 장점 부분을 읽으면서, 왜 대체시험을 사용하지 않는지 의아해하지만 <글 3>에는 대체시험의 장점만을 제시하기 때문에 답을 찾지 못하다가, <글 4>에서 답을 찾으면서 문제를 깊이 이해하게 된다. M6도 독자들이 현재 읽는 텍스트에서 제시하는 주장의 근거 사례들을 다른 텍스트에서 상기하는 경우이다. 이처럼 능숙한 독자들은 여러 텍스트에서 교차되고 번복되는 정보들을 연결하면서 의미를 정교화하는 모습을 보였다.

아래의 H1은 인터넷 정보를 찾아 읽으면서 기존에 읽은 세 가지 텍스트의 쟁점이나 사례들을 적용하여 독자 나름대로 논의의 흐름을 형성하고 의미를 상세화하는 모습이다.

> H1_DT[36]: 이제 이건 '세계 여러 국가에서 실험동물의 고통을 완화하는 새로운 시험 방법이 계속 개발되고 있고 향후에 대체시험법이 동물을 이용한 독성 실험을 대체할 것으로 전망된다'고 하는데, 이것도 동물들의 입장에선 되게 좋은 것 같고 그 다음에 이제 동물들의 동물권을 보장하고(T1),[37] 동물들을 최소한의 고통을 받게 하면서도(T1)[38] 정확도가 높은 실험을 얻을 수 있다(T3)[39]는 말인 것 같다.

---

36 H1_DT: 세계 동물대체시험법 개발 기관을 중심으로 실험 동물을 사용하지 않거나 동물 수를 줄이고, 실험동물의 고통을 완화하는 새로운 시험 방법이 지속적으로 개발되고 있다. 향후 대체시험법은 동물을 이용한 독성시험을 대체할 것으로 전망된다.─대체시험법 연구 한계성 있어

37 T1_2_4: 인간이 권리를 갖는다면, 분명 동물들도 권리(동물권)를 가질 것이다.

38 T1_4_1: 동물 보호 윤리는 동물도 상처받을 수 있으며, 고통과 두려움을 느낀다는 사실을 전제로 한다.

39 T3_4_3: 그만큼 대체시험이 정확하면서도 효율적일 수 있다는 것이다.

H1은 대체시험에 대한 긍정적 전망이 담긴 디지털 텍스트들을 읽으면서 <글 1>, <글 3>에서 읽었던 대체시험 주장의 근거들을 실현할 수 있을 것이라고 생각한다. 세 개의 글을 바탕으로 대체시험의 장점, 정확성, 가능성을 종합적으로 추론하고 자신의 언어로 재구성하는 것은 텍스트 간 정교화가 상당한 수준임을 보여준다.

둘째, 능숙한 독자들은 여러 텍스트의 공통점이나 차이점을 비교·대조하면서 다문서의 의미를 정교화하였다. 다문서 비교·대조의 대상은 내용 혹은 출처였다. 내용 측면의 비교·대조는 아래 사례에서 확인할 수 있다.

> M5_T2[40]: '동물실험이 찬성될 수 있는 가장 강력한 이유는 동물실험이 인간에게 주는 의학적 이익 때문이다'(T2). 그래서 동물실험을 하는, 사람들이 하는 건 인간에게 도움을 주는 것 때문에 그렇게 하는 거니까.. 아까랑 똑같은 내용 같네.
>
> M6_T5[41]: 아까는(T4) 둘 다, 아까 내가 읽었던 <글 4>에 황경남 기자가 쓴 거에는 여기서 (동물실험은) 시간과 재정을 돈을 아낄 수 있다고 했는데 똑같은 의견이라도 여기서는(T5) 시간이 좀 오버된다고 하네.
>
> H4_T4[42]: 대체시험이 모든 동물실험을 대신할 수 없다는 데 있다. 아까 본 글(T3)에서는 대체시험의 장점만을 말했는데, 여기서는 대체시험

---

40 T2_1_1: 동물실험이 옹호(찬성)될 수 있는 가장 강력한 이유는 동물실험이 인간에게 주는 의학적 이익 때문이다.

41 T5_2_2: 실제 한 대학교 연구소의 연구원의 말씀을 통하면, 실험을 위한 동물들을 구입할 때 동물실험에 대한 허가를 받는 데 많은 시간이 걸려서 계획했던 실험 시간을 벗어난다고 하신다.

42 T4_3_1: 무엇보다도, 동물실험의 필요성을 인정하는 중요한 근거는 대체시험이 모든 동물실험을 대신할 수 없다는 데 있다.

의 부족한 점을 말하고 있구나. … [T4_3_3[43]을 읽으며] 뭔가 아까 전에 본 글(T3)에서는 대체시험으로 동물실험을 대신할 수 있다고 말했는데 여기서는 대체시험으로 대신할 수 있는 그런 실험이 없는 경우도 있다고 말하는구나. 위염과 당뇨병같은 경우에는.. 신뢰도가 훨씬 낮다. … 아까 전(T3)에 컴퓨터를 사용한 대체시험이 좋다고 그랬는데 여기서는 단점을 말하고 있구나.

M5는 <글 2>와 <글 5>의 내용상 공통점을 확인하고, M6은 <글 4>와 <글 5>의 차이점을 확인하였다. 다만 이 경우는 여러 텍스트가 '같다', '다르다' 정도의 표면적 통합에 해당한다. H4 역시 대체시험의 단점을 제시하는 <글 4>를 읽으면서 장점을 제시하는 <글 3>의 정보와 대조하며 읽었다. 한편 아래의 H3은 <글 2> 중 이해되지 않는 부분이 발생하자 <글 1>로 되돌아가 관련 내용을 연결하며 이해하려 한다.

H3_T2[44]: 도덕적 잘못을 저지르지 않는다고? 이거, 한 개 읽다가 그 전 거 다시 읽어도 되나요? [<글 1>을 확인함.] <글 1>에서 보면 동등함은 도덕적으로 중요하다 했고 (<글 2>에서는) 도덕적 잘못을 저지르지 않는다고 해서 그럼 도덕적 판단을 할 수 없는 거니까 권리가 인정되면 안 된다는 건가?

<글 1>은 인간과 동물이 동등하다고 주장하며 그것을 동물권, 도덕적 문제

---

43 T4_3_3: 강병철 서울대 의대 실험동물학 교수는 "현실적으로 동물실험을 대체할 방법이 많지 않다"면서 "위염 치료제, 당뇨병 치료제 등이 인체에 어떤 영향을 미치는지 확인하려면 동물실험 외에는 방법이 없다"고 말했다.

44 T2_3_2: 그는 "동물은 도덕적 잘못을 저지르지 않는다.

로 뒷받침하는데 <글 2>는 동물에게 도덕적 지위나 동물권이 없음을 주장하는 내용으로, 두 텍스트 간의 내용이 정면으로 배치된다. 이에 대해 H3은 <글 2>에 생략된 동물권 부정의 논리적 근거를 <글 1>을 참고하여 추론한다. 이는 하나의 글에 나타난 개념이나 정보에 대해 다른 글을 참고하여 더욱 깊이 있게 이해하려는 시도이다.

다음으로, 텍스트의 내용과 출처를 통합적으로 비교·대조하는 사례는 M3, M6, H6이 텍스트의 출처 특성을 바탕으로 텍스트에 담긴 내용과 관점을 추론하는 장면에서 확인할 수 있다.

아래의 M3은 <글 6>의 출처(한국실험동물협회)를 근거로 <글 5>와는 반대되는 글일 것이라 미리 추측한다. M3은 출처의 특성이 텍스트의 관점이나 내용과 관련된다는 것을 인식하는 독자로 볼 수 있다.

> M3_T6[45]: 저자, 나라바이오텍. 여기는(T6) 실험, 한국실험동물협회에서 글을 썼으니까 아까(T5)와 달리 실험동물에 대해서 긍정적인 글을 쓰겠네.
>
> M6_T3[46]: 이 사람은(T3) 아까 최훈? 최훈(T2)이랑은 좀 반대로 동물실험에 대해서 반대를 하는 건가?
>
> H6_DT[47]: 음, 여기 <글 6>에선 실험동물을 생산하는 기업 나라 바이오텍이

---

45 T_0_2/3: ·저자: ㈜나라바이오텍
·출처: 실험동물과학 잡지(한국실험동물협회 뉴스레터, 2016.12.)

46 T3_1_1: 과학 연구를 목적으로 동물에게 해를 입히는 일을 윤리적으로 정당화하기에는 동물들의 마음과 감정이 우리 인간과 너무나도 비슷하다.

47 H6_DT: 동물들의 희생을 줄이고자 대체시험법 개발과 연구자와 기업을 대상으로 대체시험 교육에 적극 나선 연구소가 있다. 영국에 기반을 둔 엑셀러에이트(XcellR8) 연구소다. 이곳은 2013년 대체시험 활성화에 기여한 개인이나 단체에 매년 4억 원의 상금을 수여하는 영국 화장품 회사 러쉬의 '러쉬 프라이즈'에서 교육 부문을 수상하기도 했다. ─대체시험, 동물실험보다 과학적이고 안전해

랑(T6), 동물들의 희생을 줄이고자 대체시험법의 개발과 연구자와 기업을 대상으로 교육에 적극 나선 연구소와 액셀러에이트랑(DT)은 대조되는 기업, 대조되는 그림이군.

M6은 <글 3>의 첫 문장을 읽으며 저자의 관점을 즉각적으로 파악한다. H6은 인터넷에서 접한 글을 읽으면서 <글 6>을 출판한 회사와 인터넷 글에 소개된 연구소가 '대조되는 그림'이라고 말한다. 출처 간의 관점 차이를 인식하고 다문서 이해에 활용한 경우이다.

또한 H2, H4는 일대일이 아니라 여러 개의 텍스트에 관여하는 참여 주체(H2: 의료계 전문가, H4: 학계 전문가)들이 지닌 관점의 공통점 혹은 차이점을 통합적으로 이해한다.

> H2_T4[48]: 의료계 또한 동물실험은 인간을 위해 어쩔 수 없다고 주장한다. 의료계(T1, T2, T3)는 아까부터 계속 동물실험을 찬성하는 입장이네.
> H4_DT: ['동물실험' 위키백과 창[49]을 다 읽고 닫으며] 이 위키백과와 그 다음에 이 학술사이트(DBPIA)는 많은 유명인들이 동물실험에 대해서 찬성한다는 것을 말해주었으니까.

H2는 <글 4>를 읽으며 이전 글에 언급되었던 '의학적 이익(T1), 미국의학협회 및 국제의학기구협회(T2), 미국식품의약국(FDA, T3)' 등에 기반하여 '의료계는 아까부터 계속 동물실험을 찬성하는 입장이네'라고 말한다. 여러 텍

---

48 T4_3_2: 의료계 또한 동물실험은 인간을 위해 어쩔 수 없다고 주장한다.
49 위키백과 '동물실험' 항목에 동물실험의 개념과 역사에 대한 내용이 제시되었다.

스트에 분산되어 있던 출처들을 통합적으로 이해하면서 쟁점에 대한 관련 집단의 입장을 파악하는 모습이다.

H4는 인터넷에서 정보 탐색을 하면서 대중적 정보가 종합적으로 담겨 있는 백과사전, 전문 학술 정보가 주로 담기는 학술 사이트의 정보들을 훑은 후 출처의 유형(사이트)에 따라 접할 수 있는 텍스트나 정보의 성격이 달라진 다는 것을 고려하면서 동물실험 논쟁에 대한 우세 의견, 양적 자료 등을 비교·대조하며 통합적으로 이해하였다. 이는 탐색적 다문서 읽기의 전략 중 하나인 거시적 조망 전략과 유사한 성격을 지닌다. 물론 정보 탐색·통합·비판이 다문서 읽기 과정에서 총체적으로 작용하는 것은 분명하나 정보 통합 전략에서 더욱 부각되는 것은 독자들이 여러 텍스트를 훑는 데 그치는 것이 아니라 텍스트 내의 자료들을 비교·대조하여 독자 자신의 의미로 재구성한 다는 점이다. 즉, 거시적 조망 전략의 목적은 과제 해결을 위한 정보 찾기이고, 의미 정교화의 목적은 독자가 찾은 정보들을 더욱 깊이 있게 연결하고 통합하기 위한 것이라는 데 차이가 있다.

② 다문서 구조화

능숙한 독자들은 여러 텍스트의 내용이나 출처를 중심으로 텍스트를 재배열하고 재조직하면서 다문서 간의 관계를 형성하였다. 이는 화제(쟁점) 중심의 구조화, 화제(쟁점)-출처 중심의 구조화로 범주화되었다.

화제나 쟁점 중심의 구조화 사례는 대표적으로 H5, H2에서 살펴볼 수 있다. 이는 독자들의 구조도 작성 장면에서 확인 가능하다.

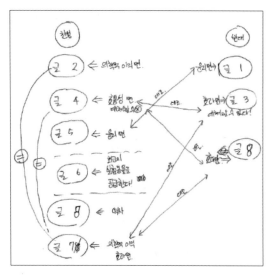

[그림 Ⅳ-10] H5의 다문서 구조도

H5는 다문서의 거시 구조를 각각 동물실험의 의학적 이익 측면, 효용성 측면, 윤리적 측면, 역사적 측면 등의 기준으로 구분하여 파악한 후, 저자의 관점을 찬성과 반대 두 가지로 범주화하고 그 아래에 개별 텍스트들을 재배치하였다. 또 두 개 이상의 텍스트에서 공통적인 쟁점이 드러나는 경우, 그들을 다시 '대조, 유사' 등의 관계 용어로 표기하면서 구조화하였다. 예컨대, 의학적 이익을 기준으로 할 때, <글 2>와 <글 7>은 유사 구조, <글 7>과 <글 3>은 대립 구조를 나타낸다고 보았다. 그러면서도 <글 6>은 다른 글들과 구분되는 특성을 지니는 것으로 판단했다. 관련되는 사후 면담은 다음과 같다.

H5: 그러니까 저는 뭔가 사실 고민했던 게, <글 6>번이요, 좀 동물실험에 대해서 입장을 밝히고 있진 않잖아요. 그래서 좀 고민을 했지만, 뭔가 '저희는 명품 실험동물을 안정적으로 생산·공급하고 있습니다.(글 6)',

또는 '여러분을 지원해 드릴 것을 약속합니다.(글 6)' 여기 면에서 뭔가 찬성 쪽에 가깝다고 저는 생각해서 찬성 쪽으로 넣었구요. 그리고 나머지 <글 1>번부터 <5>번까지에서 찬성과 반대 입장이 확실히 구별되기 때문에 그렇게 배열을 했구요.

위의 사후 면담 발화에도 나타나듯이, H5는 광고 목적의 텍스트인 <글 6>을 찬성 관점으로 분류하면서도 다른 텍스트와 점선으로 구분하고 다른 특성을 지닌다고 언급하였다.

아래에 제시한 H1 역시 이와 유사한 양상을 보였으나, H5와 다른 점은 다문서의 구조를 유사·대립 구조에서 더 나아가 '주장-근거 구조, 상호 보완 구조' 등의 이중 구조를 상정했다는 점이다. 이와 관련하여 독자가 작성한 구조도와 사고구술 자료를 함께 제시하면 다음과 같다.

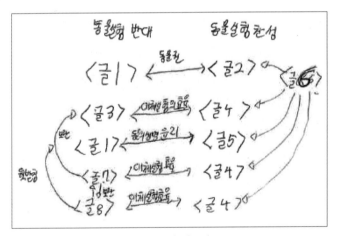

[그림 IV-11] H1의 다문서 구조도

H1: <글 7>과 <8> 같은 경우에는 서로를 근거로서 보완해줄 수 있는 존재임과 동시에 <글 7>과 <8>은 또한 <글 3>을 보완해줄 수 있는 근거 자료가

될 수 있어. 그 다음에 <글 6>같은 경우에는 <2>, <4>, <5>를 살짝 뒷받침해 주는 자료가 될 수 있는데, 현재 위생적인 환경이고 동물실험을 할 때 동물들이 최대한 고통을 느끼지 않게, 병균에 감염되지 않도록 최선의 시설을 건설하고 있다는 면이기 때문에 <2>, <4>, <5>의 동물 윤리 면에서 좀 더 보충을 할 수 있는 근거 자료가 될 수 있기 때문에 이렇게 됐어.

H1은 <글 7>과 <글 8>은 서로가 서로에게 근거가 될 수 있으며, 이들 글은 동물실험에 대한 핵심 주장이 나타나 있는 <글 3>을 뒷받침하는 근거가 될 수 있다고 보았다. 즉, H1은 다양한 텍스트들의 포함 관계가 중층적으로 구성되는 이중적 다문서 구조를 형성하였다.

다음으로, 화제(쟁점)와 출처 중심의 구조화는 H3, H2에서 살펴볼 수 있다. H3은 출처를 중심으로 여러 텍스트를 구조적으로 연결하고, 텍스트의 위치를 재배열한다는 특성이 있었다. H3은 텍스트의 생산 및 소비에 직접적으로 관여하는 1차 출처(예: 텍스트의 원저자)보다는 텍스트의 내용과 관련지을 수 있는 2차 출처(예: 텍스트에 인용된 저자)를 다문서 구조화에 적극적으로 활용하였다. 이를 종합적으로 확인할 수 있는 다문서 구조도와 면담 장면을 제시하면 다음과 같다.

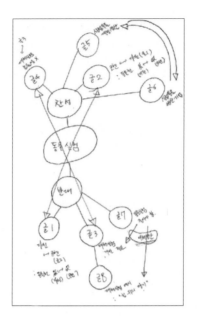

[그림 Ⅳ-12] H3의 다문서 구조도

H3: 일단 동물실험이 주제니까 동물실험을 가운데다 놓고, 찬성하고 반대의 큰 맥락으로 나눴어요. 그래서 반대 같은 경우에는 <글 1>, <글 3>이 있었는데, <글 1>은 다윈이 얘기한 게 나왔고, 찬성으로 가면 <글 2>가 있잖아요. <글 2>는 코헨이 얘기한 게 나왔어요. 근데 다윈 같은 경우에는 … <글 2>에선 코헨이 동물에겐 도덕적 지위나 동물권이 없음을 주장했거든요. 그래서 다윈하고 대조적인 것 같아서 일단 써놨어요. 너무 멀리 해놔서 화살표로 표시를 … <글 7>에선 아까 그 국회의원이 국회에서 의견을 냈잖아요? 근데 그 정책적 전환이란 게 대체시험일 수 있으니까, 거기에 대한 정부의 투자? 이런 게 될 수 있을 것 같아서 <글 3>, <글 8>하고 좀 연결된다고 생각했어요. … <글 5>같은 경우에는 여기 실험동물들이 대량 생산되고 있다고 얘(글 6)가 말했거든요? 그 대량 생산하고 있는 기업이 <글 6>에서 제시된 나라 바이오텍인 것 같아서

이렇게 둘이 연관을 지었어요.

위의 구조도와 사후 면담 발화에서 알 수 있듯이 H3은 <글 1>과 <글 2>가 공통적으로 다루는 쟁점인 '동물권'뿐 아니라, 동물권을 주장하는 대표적 인물(<글 1>의 다윈, <글 2>의 코웬)을 함께 언급하고 그들 간의 관계를 종합적으로 고려하여 구조도를 작성하였다. 반면, 각 텍스트의 저자를 고려한 텍스트 간 연결은 나타나지 않았다. 관련 배경지식이 없는 1차 출처보다는 텍스트 자체에 관련 내용이 제시된 2차 출처를 다문서 구조화의 단서로 활용한 것으로 보인다.

또한 본인이 직접 찾은 <글 7>에서 국회의원이 낸 의견이 정부 차원의 투자가 될 수도 있고, 그 글에 언급된 주체의 움직임들이 대체시험 개발의 구체적 사례(<글 3>, <글 8>)들을 현실화할 수 있는 하나의 통로가 될 수 있다고 여기면서 세 개의 글(<글 3>, <글 7>, <글 8>)을 구조적으로 연결한다. <글 5>에 대해서도, '찬성', '반대'라는 관점 파악에서 더 나아가, <글 5>에서 언급한 동물 생산 기업이 아마도 <글 6>과 관련되는 것 같다고 하면서 동물 실험과 관련된 집단 주체의 움직임을 계속해서 관련지으려는 모습을 보여주었다. 이를 통해 H3은 텍스트의 내용과 출처를 상호 연결하면서 구조화하는 독자라는 것을 알 수 있었다.

또한 H2가 작성한 구조도에서는 개별 텍스트의 의미 구조와 출처를 바탕으로 과제 관련성이 낮은 글, 신뢰성이 낮은 글을 추출하고, 그 텍스트를 원거리에 배치했다는 점이 특징적이다([그림 Ⅳ-13] 참고).

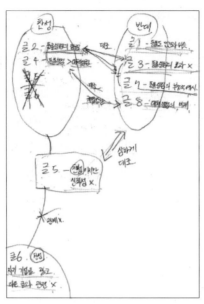

[그림 IV-13] H2의 다문서 구조도

H2: <글 5>번도 봤는데, <글 5>번은 찬성이긴 한데 여기에서 말한 거하고 너무 다 안 맞았어요. 그러니까 얘가 블로그인데, 청소년 블로그인데, 얘(글 5)가 얘(DT)를 안 찾아본 것 같아요. [본인이 인터넷에서 찾은 근거를 제시하며 <글 5>를 반박함.] … 그래가지고 신뢰성이 하나도 없다 해가지고, 일단 찬성 맥락이긴 하지만 동떨어지게 해놨고. … <글 6번>은 찬성이긴 한데 얘는 진짜 말도 안 되게, 읽다가 제가 그냥 읽기 싫었거든요 솔직히? 근데 그냥 계속 자기 실험 어떻게 했고, 자기 기업은 이렇게 했고 노력해 왔고, 이런 거 자기 기업 광고밖에 안 하고, 당연히 자기 기업이 그런 실험동물 만드는 회사니까 당연히 찬성을 할 거고. 그렇기 때문에 다른 글과는, 이거 찬반하고는 절대 관련 없다고…

H2의 다문서 구조도와 관련 발화를 참고하면, <글 5>와 <글 6> 모두

동물실험에 찬성하는 관점이지만, <글 5>는 내용과 출처 모두 신뢰성이 없기 때문에 찬성 측 공간의 하단에 독립적으로 배치하고 <글 6>은 기업 광고 글로서 다른 글과 관련되지 않기 때문에 제일 구석진 공간에 분리하였다. 그리고 두 글은 찬성 측의 다른 글과 달리, 반대 측의 글(<글 1>, <글 3>, <글 7>, <글 8>)과 '심하게 대조'된다고 표현한다. '동물실험'을 다룬 다른 글과는 현격한 거리가 있는 글이라는 의미이다. 이로 보아, 능숙한 독자들은 화제(쟁점)와 출처를 바탕으로 일부 텍스트를 배제하고 포섭하면서 관계맺는 일련의 다문서 구조화 과정을 통해 다문서의 상호 응집성을 높인다고 볼 수 있다.

③ 해석의 입체화

능숙한 독자들은 텍스트와 관련된 참여 주체나 사회·역사적 배경을 고려하여 통합적 의미를 구성하였다. 이는 텍스트와 반대 관점 혹은 다른 관점에서 이해하기, 여러 텍스트의 사회 참여 주체나 사회·역사적 맥락을 고려하여 해석하기로 범주화되었다.

하위 전략을 살펴보면 첫째, 능숙한 독자들은 텍스트에 제시된 정보를 다른 텍스트에 기반하여 다양한 각도로 이해하였다. 예컨대, 중학생 독자 M5, M6은 <글 4>의 동물대체시험의 단점 부분을 읽고, 뭐든지 장점과 단점이 있을 수 있다고 말한다. 다음은 M5, M6이 <글 4>의 동일한 부분을 읽으며 이전 글(<글 2>)에서 언급한 동물실험의 장점, 대체시험의 장점을 떠올리며 발화하는 장면이다.

M5_T4[50]: 이에 동물실험을 대체하는 방법을 개발하는 데에는 오랜 시간과

---

50   T4_4_2: 이에 동물실험을 대체하는 방법을 개발하는 데는 오랜 시간과 경제적 지원을 필요

경제적 지원을 필요로 하는 것이 사실이다. 아 그러면 뭐든지 다 장점과 단점이 있네. 오랜 시간과 경제적 지원이면, 시간도 오래 걸리고 돈도 많이 필요한 거네.

M6_T4[51]: 이에 동물실험을 대체하는 방법을 개발하는 데에는 오랜 시간과 경제적 지원을 필요로 하는 것이 사실이다. 아, 그러면 뭐든장점과 단점이 있구나.

아래의 M2는 동물실험 찬성을 주장하는 <글 4>, <글 5>를 읽으며 동물들이 희생된다는 <글 1> 내용을 언급하면서, 자신은 동물실험의 단점을 알고 있고 인정하지만 동물실험의 의학적 필요성에 더 큰 가치를 두기 때문에 동의할 수 있다고 말한다.

M2_T4[52]: 동물실험이 나쁘긴 하지만(T1) 인간을 살리고 병을 예방하기 위해서는 어쩔 수 없는 것도 맞는 말이지.

M2_T5[53]: 어 확실히 동물들을 그냥 학대한다거나 그런 건 아니고 우리들을 위해서 우리가 실험하는 것이니 동물들이 희생되는 것은 어쩔 수 없어도(T1) 확실히 필요하고, 없어서는 좀 많이 불편하고 필요할 것 같네.

이처럼 능숙한 다문서 독자들은 다문서에 언급된 다양한 내용들을 바탕으

로 하는 것이 사실이다.

51 T4_4_3: 이에 동물실험을 대체하는 방법을 개발하는 데는 오랜 시간과 경제적 지원을 필요로 하는 것이 사실이다.

52 T4_3_2: 의료계 또한 동물실험은 인간을 위해 어쩔 수 없다고 주장한다.

53 T5_4_1: 이러한 측면에서 의학 연구 목적을 위해 동물실험이 불가피한 것은 충분히 정당성을 인정받을 수 있다.

로 텍스트 이면에 전제되거나 감추어진 관점을 입체적으로 이해하고 자신의 의미로 재구성할 수 있었다.

둘째, 능숙한 독자들은 텍스트를 둘러싼 참여 주체나 사회·역사적 맥락의 영향 관계를 고려하여 다문서를 연결하고 통합하였다. 즉, 독자들이 다양한 텍스트 간의 엇갈리는 정보나 문제가 되는 상황들을 접할 때 정보의 불일치 혹은 텍스트의 고립된 문제로 파악하고 끝내는 것이 아니라, 텍스트나 담론 생산의 참여 주체와 연계하여 이해하는 특징이 있었다.

아래의 M3은 약물 부작용 사례를 읽으며 동물실험을 실시하지 않은 상황에서 약을 판매한 회사에 윤리적인 책임이 있다고 말한다. 독자가 읽은 문단은 동물실험의 의학적 필요성과 효율성을 주장하는 내용이지만, 독자는 의학적 이익의 쟁점 이면에 존재하는 참여 주체들의 윤리적 문제를 생각하는 것이다.

> M3_T4[54]: 그리고 과학자들이 동물에게 이 약물을 먹여본 결과 이들도 살아나지 못했다. 아, 임상시험도 안 해보고 사람에게 투여(투약)한 건 되게 이 회사가 윤리적인 책임이 있다는 건데.
>
> M3_T5[55]: 그래도 최소화한다는 노력이 중요하다는 거니까. 그래서 동물에 대한 생명권을 그래도 어느 정도 보장해 주려는 생각은 그래도 보이네. 아무래도 동물실험에 대한 많은 비판이 있었어 가지고 그런 의견을 수렴해서 이런 문제점을 최소화시키기 위해 노력한 것 같아.

54　T4_1_2: 그 후 과학자들이 동물에게 이 약물을 넣은 결과 이들도 살아나지를 못했다.

55　T5_2_3: 이런 엄격한 규제 밑에 있는 동물실험은 검사를 거쳤기 때문에 실험의 정확성이나 생명 윤리에 대한 문제점을 최소화할 수 있다.

이어서 M3은 엄격한 규제나 검사가 동물실험의 단점을 보완할 수 있다는 <글 5>를 읽고 동물실험 찬성론자들이 동물실험의 단점을 보완하려는 '노력'이 중요하고, 그것을 '보장해 주려는 생각'이 보이며 비판에 대한 '의견을 수렴'해서 최소화하기 위해 노력한 것 같다고 이해한다. 텍스트를 축자적으로 이해하는 것이 아니라 여러 텍스트 이면에 존재하는 주체들의 사회 참여와 맥락적 흐름들을 읽어내는 사례이다.

H1, H2, H3 역시 동물실험을 관련 주체의 문제로 확장하여 인식하고 대안을 생각해 본다. 아래의 H1은 읽기 중 사고구술, H2, H3은 사후 면담 장면이다.

> H1_T4[56]: 그렇지, 동물실험 대체 방법을 개발하는 데 오랜 시간과 노력이 필요하겠지만, 이게 많은 시간과 지원이 필요하다고 해서 대체 방법을 개발하면 안 된다는 건 아니지. 동물실험이 일단 생명을 해하는 거기 때문에, 최대한 빨리 대체 방법을 찾아야 하기 때문에 그 시간이야 뭐 투자하면 되는 거고, 정부에서 지원을 많이 해줘야 한다고 생각하는데.
>
> H2_DT: [연구자: 이건 왜 선택했어?] 이거는요[뉴스, 'HIS와 한국동물실험대체법학회, 동물실험 대체 기술 개발 예산 지원 촉구하는 정책 제안서 제출'을 가리키면서], 그러니까 지금 동물실험을 하는 데 대체시험에 대한 예산도 부족한데 예산을 주지도 않고서 일단 동물실험을 하는 거잖아요 계속. 그러니까 일단 예산이 주어지면 그거에 대해 개발을 할 수 있을 것 같고 더, 그러면 더 대체시험이 발전하면 동물실험도 줄일 수 있을 것 같은데.

---

56 T4_4_2: 이에 동물실험을 대체하는 방법을 개발하는 데는 오랜 시간과 경제적 지원을 필요로 하는 것이 사실이다.

H3_DT: [뉴스 '[국감] 박완주, 동물실험 줄이고 동물대체시험 개발에 노력해
야'를 읽은 후] 이것도 킵해 놓고. [연구자: 왜 킵해 놨어?] 이거는
좀 우리나라의 동물실험하고 관련된 내용 같아요. 어쨌든 연구소의
노력 말고 정부도 같이 법적으로 가야 개선될 수 있는 거잖아요.
그래서, 좀 중요한 것 같아요. 이런 의견이 국회에서 나왔다는 것
자체가.

대체시험을 활성화하기 위해서는 '정부 지원(H1)이나 예산(H2)'이 필요하
고, 이는 '연구소의 노력, 정부의 움직임, 법적 개선, 정책 제안'이 필요하기
때문에 '국회의 목소리'에 귀기울여야 한다(H3)는 의견이다. 이들은 의학적
이익, 생명 보호 윤리 등으로 제시되는 사회적 쟁점 사안을 '누가' 주장하는
가, '그들은' 각각 어떤 입장을 지니는가에 대한 이해를 바탕으로 여러 텍스
트를 입체적으로 이해하였다.

사회·역사적 배경과 관련 영향 관계를 고려하며 읽는 독자들도 있었다.
M2는 <글 3>에서는 대체시험 방법을 긍정적으로 소개하지만 <글 4>에서
동물실험을 대체할 방법이 많지 않다고 하는 이유는 기술적인 문제, 현실적
문제가 있을 수 있다고 생각한다.

M2_T4[57]: 이 사람 말도 일리가 있는 것 같아. 서울대 의대, 실험학 동물학
교수는… 확실히 동물실험을 대체할 방법은, 뭐 아까처럼 로봇이
나 컴퓨터를 사용하기에는(T3) 아직 좀 그런 기술적인 문제가 부
족하거나 아니면 좀 현실적으로 좀 하는 데 제한이 있나 보네,

---

[57] T4_3_3: 강병철 서울대 의대 실험동물학 교수는 "현실적으로 동물실험을 대체할 방법이
많지 않다"면서 "위염 치료제, 당뇨병 치료제 등이 인체에 어떤 영향을 미치는지 확인하려
면 동물실험 외에는 방법이 없다"고 말했다.

이런 말을 하는 거 보니까. … [M2_T4⁵⁸를 읽으며] 아까 말한 컴퓨터나 로봇을 이용하여 동물실험을 대체하는 게, 시간이, 개발하는 시간, 그니까 분명히 효율적이고 시간도 단축할 수 있겠지만 (T3) 그걸 개발하는 데는 오랜 시간이 걸리고 경제적 지원을 너무 많이 필요로 한다, 이게 문제가 된 것 같네.

M2는 <글 3>과 <글 4>를 표면적으로 이해하는 것이 아니라 각 텍스트 이면에 어떤 사회·문화적 흐름들이 있을 것이라 추측하는 모습이었다.

또한 H4는 텍스트가 어떤 특정 시기에 구성된 산물이라는 인식을 바탕으로, 통시적 맥락 위에서 텍스트를 이해하고자 한다. 다음은 H4가 <글 2>에서 1992년에 작성된 보고서를 소개하는 부분을 읽고, 그 보고서에 전제된 동물들을 대하는 관점이나 태도에 놀라움을 나타내는 장면이다.

H4_T2⁵⁹: 뭔가 1992년이면 20세기인데, 이때도 동물을 활용함으로써 많은 이득을 얻을 수 있다는 것을 알았다는 것이 좀 놀라워. 왜냐면 뭔가 20세기에는 약간 동물의 권리?(T1) 그런 게 지금 현대보다는 좀 덜한데, 그때도 뭔가 '아, 우리가 동물 덕분에 이런 뭔가, 진보를 이루었다'고, 동물에게 도움을 '받았다'[강조하는 억양으로]고 말하는 것 같아서 좀 놀라워.

H7_DT⁶⁰: 근데 그 클로드 베르나르가 한 말은, 옛날에 19세기, 1800년대

---

58 T4_4_2: 이에 동물실험을 대체하는 방법을 개발하는 데는 오랜 시간과 경제적 지원을 필요로 하는 것이 사실이다.

59 T2_1_3: 이와 관련하여 미국 의학 협회는 <동물의 사용(1992)>이라는 보고서에서 20세기 의학의 거의 모든 진보(발전)는 직접적이든 간접적이든 동물을 활용함으로써 이루어졌다고 밝혔다.

60 H7_DT: 1860년대에 근대 실험 의학의 시조로 불리는 프랑스의 생리학자 클로드 베르나르

그때니까 지금이랑은 다른 것을 주장한 것 같아. 동일한, 인간에게 독성이 있는 것이 동물에겐 독성이 없을 수도 있고, 아까 읽었듯이 다르니까, 인간과 동물은(T3).

20세기는 21세기와 달리 동물권이나 동물 보호가 활성화되지 않은 시점이었을 텐데, 인간이 동물에게 도움을 '받았고', 그들 '덕분에' 진보를 이루었다고 말하는 것이 놀랍다는 발언이다. H4는 그 당시 관점에서 생각하면, 그 보고서에 '동물권을 배려하는 의도'가 내재되어 있다고 해석한다. 동물의 권리에 대한 생각이 시대마다 다를 것이라는 추측은 <글 1>에서 '동물권'에 대한 개념을 접하지 않았다면[61] 일어나기 힘든 반응이다. H7도 이와 유사한 맥락에서 이해될 수 있다. 다른 시대에 산출된 텍스트를 근거로, 19세기 배경의 텍스트를 다른 각도에서 입체적으로 이해하고자 하는 시도이다.

(3) 비판적 다문서 읽기 전략

능숙한 독자들은 다문서를 읽는 동안 텍스트의 질을 평가하고 문제를 제기하면서 자신의 생각을 형성하고 재구성하였다. 그 과정에서 중등학생 독자들이 활용하는 주된 비판 전략을 종합 분석한 결과 '다면적으로 평가하기', '반론 및 대안 제시하기', '신념을 성찰하고 실천 다짐하기'로 범주화되었다

(Claude Bernard, 1813~1878)는 특정한 물질이 인간과 동물에게 미치는 영향은 정도의 차이만 있을 뿐 동일하기 때문에 동물에 대한 실험이 독성학과 인간 위생학에서 확실한 증거로 활용될 수 있다고 주장함으로써, 동물실험을 생리학 분야의 표준적인 연구 방법으로 확립시켰다. ─동물실험은 윤리적으로 정당한가

[61] H2는 사전 활동에서 '동물권'의 개념을 적으라는 문항에 답변하지 못했고, <글 1>에서 동물권을 처음으로 소개하는 문장을 읽으며 '동물권을 많이 들어보지 못한 것 같아'라고 말한다. 이를 근거로 H2는 본 실험 접하기 전에 동물권이라는 용어의 개념을 알지 못했다고 볼 수 있다.

([표 Ⅳ-21] 참고).

[표 Ⅳ-21] 비판적 다문서 읽기 전략

전략	하위 전략
다면적 평가	• 텍스트 정보의 질 평가하기 • 텍스트의 출처 및 과제 관련성 평가하기
반론 및 대안 제시	• 텍스트와 대립되는 관점에서 반론 제기하기 • 다문서의 정보나 관점을 종합하여 대안 제시하기
신념 성찰 및 실천 다짐	• 다문서를 읽으며 독자 자신의 주제 신념을 형성하고 성찰하기 • 다문서의 주제나 쟁점과 관련된 실천적 활동 다짐하기

① 다면적 평가

다문서에 대한 다면적 평가는 다양한 텍스트의 내용과 출처를 중심으로
이루어졌다. 분석 결과, 능숙한 독자들이 공통적으로 수행한 다면적 평가
전략은 텍스트 정보의 타당성 평가, 출처의 공정성 평가, 과제 관련성 평가로
범주화되었다.

하위 전략을 살펴보면 첫째, 능숙한 다문서 독자들은 여러 텍스트에 포함
된 불균형적인 내용들, 충돌하는 정보들을 바탕으로 다문서의 '타당성'을
평가하였다. 아래의 M7은 임상시험보다 동물실험 시간이 더 짧기 때문에
동물실험이 효율적이라는 <글 4>를 읽으면서, 동물실험보다 대체시험 시간
이 더 짧다는 내용의 <글 3>을 근거로 <글 4>의 주장이 타당하지 않다고
비판한다.

　　　M7_T4[62]: 시간이 짧은 것은 대체시험으로, 로봇으로 하는 게 더 짧은데(T3),

62　T4_2_1: 동물실험은 사람을 대상으로 하는 임상시험에 비해 통제가 간단하고 생식 기간이
　　　짧아 연구에 드는 시간을 절약할 수 있다.

동물실험을 하는 것은 그래도 인간보다 짧다고 해서 동물실험을
하는 것은 좀 아닌 것 같다고 생각해.

H3_T5[63]: 이걸(동물실험을) 못하는 경우를 대비해서 대체시험이라는 게 나
온 거잖아(T3). 그리고 직접 인체실험을 하는 경우도 이미 있기
때문에, 동물실험을 못한다고 해서 이렇게 되는 건 아닌 것 같아.

H3은 <글 5>의 '동물실험을 못 한다면 인체실험을 해야 할지도 모른다'는
문장을 읽고, <글 3>에 제시된 정보를 근거로 제시하며 타당하지 않다고
평가한다.

둘째, 능숙한 독자들은 다문서의 출처에 대해서는 주로 공정성 측면에서
평가하였다. 아래 예시들 모두 필자의 주장이 편향적임을 비판하는 읽기
장면이다. M5는 인터넷 글의 근거가 빈약하고(M5_DT), 자료 조사가 충분하
지 않아서(M5_T5) 편향되었다고 비판하였다.

M5_DT: ['동물실험 반대 입론서'를 읽으며] 응, 근데 이 글은 동물실험을
반대한다고만 써서 대체시험 같은 거(T3)를 자료를 참고했으면 더
사람들이 뭔가 반대를 한다고 생각할 수 있을 것 같은데, 너무 자기
의견만 써서 조금.

M5_T5[64]: 얘(저자)는 자료 조사를 좀 더 해야 될 것 같다. 왜냐면 직접 인체실
험, 이거는 직접 인체실험이라는 거는 너무 약간 한 쪽으로 치우쳐
져 있는 주장이고, 여러 가지 아까 말했듯이 화이자 약품이나 아니
면 컴퓨터 아까 뭐라 그랬지, 인 어쩌고저쩌고 그것도 있는데(<글

---

63   T5_4_4: 동물실험을 못 한다면 직접 인체시험을 해야 할지도 모른다.
64   T5_4_4: 동물실험을 못 한다면 직접 인체시험을 해야 할지도 모른다.

3>에서 언급된 '인 실리코'). 얘(저자)는 그런 걸 모르는 건지 아니면 알고도 그런 걸 안 쓴 건지 잘 모르겠다.

M5_T4[65]: 여기에 있는 대부분의 글 쓰는 사람들이 읽는 사람들을 자기 편으로 만들기 위해서 약간 이런 자기와 반대되는 의견은 다 안 넣고 자기한테 좋은 의견만 넣었네. … [이어서 4문단[66]을 읽으며] 근데 내가 아까 봤는데, 아까 톰 리건이라고 하는 사람이 (쓴) '동물실험, 과연 선인가 악인가?' 여기서 봤을 때 동물이랑 우리나라랑, 아니 우리 사람들이랑 몸이 완전히 똑같지 않다는 얘기가 어디 나왔었냐? 아 여기 있다, [<글 1>을 확인하면서] 아니구나. 마크 베코프라는 사람이 … 그런 결과가 있었는데. 얘도, 얘는 그걸 완전히 다 빼고 말하네. 무조건 동물이라고 해서 우리랑 몸이 똑같은 게 아닌데.

M5_T4는 자신이 읽은 대부분의 텍스트 저자가 독자를 설득하기 위해 유리한 정보만을 편향되게 다루고 있다고 평가하였다. 이런 반응은 단일문서 읽기에서는 확인하기 어려운 것으로, 여러 텍스트를 읽음으로써 입장의 다양성, 근거 자료의 풍부성 등을 바탕으로 평가하는 사례에 해당한다.

아래의 H2는 서로 다른 텍스트의 작성 시기, 기술 발전의 속도에 비추어 필자의 의도, 자료 수집의 충분성을 추론하고 비판하였다.

H2_T4[67]: 정말 그럴까? 근데 지금 보니까 이거는 2008년이고 아까 글은

---

65 T4_2_2: 이러한 이유로 과학자는 의약 제품에 영향을 미치는 것이 무엇인지를 효율적으로 분석할 수 있다.

66 T4_4_4: 대체시험이 인간의 반응과 90%까지 유사하다고 하더라도 10%의 오류가 인간의 생명이나 건강에 치명적 영향을 미칠 수 있다.

67 T4_3_3: 강병철 서울대 의대 실험동물학 교수는 "현실적으로 동물실험을 대체할 방법이 많지 않다"면서 "위염 치료제, 당뇨병 치료제 등이 인체에 어떤 영향을 미치는지 확인하려

2013년인데, 아니다 아까 글(T3)은 2011년인데 4년 사이에 이런 게 다 발달했나? 이 사람이 잘 찾아보지 않고서 쓴 것 같은데? 4년 사이에 그렇게 많은 발전을 하진 않았을 것 같은데?

<글 3>과 <글 4>의 작성 시기에 큰 차이가 없으므로 대체 기술의 발달이나 정보 공유 측면에도 큰 차이가 없을 것인데 두 글이 대체시험의 실현 가능성에 대해 반대 주장을 하는 이유는 저자의 주장을 일방적으로 관철하기 위해서일 것이라 추측한다.

다음으로, 능숙한 독자들은 지금 읽는 글이 읽기 과제와 관련되는지, 하나의 글이 다른 글과 관련되는지를 평가하였다. 대표적으로 H2는 다른 텍스트와 비교했을 때 <글 6>이 동물실험이라는 과제와 관련되는지를 평가하였다.

> H2_T6[68]: 이게 실험동물.. 앞에서(T1에서 T5까지 논의되었던 동물실험) 찬반하고 관련이 있는지는.. 당연히 없겠지만 이거는.
>
> H7_DT: [지식백과 '동물 신경 윤리-동물 고통의 윤리적 의미'를 읽은 후] 아.. 근데 여기 도덕적으로 의미 있는 고통에 쓰인 내용은 그, 동물실험을 반대하냐 찬성하냐 이런 문제보다도, 반대한다는 쪽에 가깝긴 한데..

H7은 인터넷에서 찾아 읽은 텍스트가 동물실험에 대한 입장을 밝힌 글이 아니기 때문에 과제와의 관련성이 있는지에 대해 고민한다. H7이 읽은 글은 동물실험과 관련된 글이 아니라 '동물이 정말로 고통을 느끼는가'를 신경학

___

면 동물실험 외에는 방법이 없다"고 말했다.

68 T6_2_5: 최근에는 다양한 국제적인 기관으로부터 책임 있는 동물 관리 및 사용을 위하여 헌신적인 노력을 기울이고 있음을 인정받았다.

적 고통, 도덕적 고통으로 구분하여 설명하는 동물의 고통에 대한 글이기 때문이다.

이처럼 능숙한 독자들은 다문서를 읽을 때 하나의 요소로만 평가하지 않고, 다른 글의 내용이나 출처를 지금 읽는 글에 대한 내용 및 출처 평가의 근거로 삼으며, 글 간의 관련성, 글과 과제의 관련성을 따지는 등 평가의 요소를 다양하게 적용할 수 있었다.

② 반론 및 대안 제시

반론 및 대안 제시는 다양한 텍스트를 읽으면서 텍스트에 전제된 기본 개념과 가정에 대해 문제를 제기하고, 새로운 해결책을 제시하는 전략이다. 분석 결과, 능숙한 독자들이 사용한 하위 전략은 텍스트와 대립되는 관점에서 반론 제기하기, 다양한 텍스트의 정보나 관점을 종합하여 대안 제시하기로 범주화되었다.

하위 전략을 살펴보면 첫째, 능숙한 독자들은 관점이나 정보가 다른 텍스트를 바탕으로 반론을 제기하거나 의견을 제시하였다. 아래에 제시한 M2는 동물 검사 시행이 생명 윤리의 문제점을 최소화한다는 <글 5>를 읽으면서, '생명 윤리를 지켰다고는 해도' '매매'의 대상이기 때문에 동물권(<글 1>)을 보장하는 것은 아니라고 반론을 제기한다.

> M2_T5[69]: 동물실험이 아무리 동물을 희생하고 인간의 이익을 추구한다고
> 해도 … 그래도 동물들이 인간에게 사고 팔리는 거니까 동물들의
> 권리를 보장해 주는 것 같진 않은데(T1). 생명 윤리를 지켰다고는

---

69 T5_2_3: 이런 엄격한 규제 밑에 있는 동물실험은 검사를 거쳤기 때문에 실험의 정확성이나 생명 윤리에 대한 문제점을 최소화할 수 있다.

해도.

아래의 M5, M7은 동물실험을 여러 근거로 찬성하는 <글 5>, <글 6>에
대해 각각 동물권(<글 1>)을 인정하지 않는 처사며, 동물실험을 반대하는
입장(<글 1>, <글 3>)에서는 이 회사가 나쁜 것이라고 말한다. 두 독자 모두
동물실험을 반대하는 <글 1>, <글 3>의 정보나 관점을 바탕으로 찬성 입장의
글에 반론을 제시하는 사례이다.

> M5_T5[70]: 뭔가 동물들한테 생산이라고 하는 단어를 쓴 게 동물권, 동물권?
> 아까 말한.. 동물권(T1)을 약간 좀 동물들을 무시하고 동물권을
> 인정하지 않는 단어 선택 같다.
> M7_T6[71]: 동물실험을 위하여 헌신적인 노력, 헌신적인 노력을 한다는데, 뭐
> 우리나라가 아직 동물실험을 허용하고 있기 때문에 그렇게 욕을
> 먹지는 않을 것 같은데, 동물실험을 반대하는 입장(T1, T3)에서는
> 이, 이 회사가 정말 나쁜 것 같다고 생각해.
> M7_T4[72]: 이 강병철 서울대 의대 동물실험학 교수에게 아까 전에 봤던 글
> (T3)인, 글에서 본 내용을 좀 알려주고 싶어.

위의 M7_T4는 현재 대체시험이 많지 않다는 교수의 주장을 인용한 <글

---

70 T5_3_4: 그 중 대표적인 예로 다양한 종류의 '실험동물(쥐, 토끼, 개 등)'을 대량으로 생산
하고 있다.
71 T6_2_5: 최근에는 다양한 국제적인 기관으로부터 책임 있는 동물 관리 및 사용을 위하여
헌신적인 노력을 기울이고 있음을 인정받았다.
72 T4_3_3: 강병철 서울대 의대 실험동물학 교수는 "현실적으로 동물실험을 대체할 방법이
많지 않다"면서 "위염 치료제, 당뇨병 치료제 등이 인체에 어떤 영향을 미치는지 확인하려
면 동물실험 외에는 방법이 없다"고 말했다.

4>를 읽고, 그 교수에게 <글 3>의 내용을 알려주고 싶다고 말한다. 최근 대체시험이 많이 개발되고 있기 때문에 동물실험이 반드시 필요한 것은 아니라는 생각이다. 이 역시 <글 3>을 바탕으로 <글 4>에 대한 반론을 제기한 사례이다.

둘째, 능숙한 다문서 독자들은 여러 텍스트에 나타난 서로 다른 정보나 관점을 종합하여 대안을 제시하였다. M3은 대체시험이 부정확하기 때문에 동물실험을 해야 한다는 <글 4>를 읽고 '동물실험 못지않게 신뢰도가 높은 대체시험을 찾'아야 한다는 새로운 대안을 제시한다.

> M3_T4[73]: 음, 아니면 실은 100%의 방법을 개발하지 못한 입장에서는 좀 더 확률이 높은 대체시험을 찾아가지고 동물실험 못지않게 신뢰도가 높은 대체시험을 찾아가지고 그걸 사용하, 동물실험을 하는 대신 그거라도 하는 게 내 생각엔 도덕적이라든가, 인간성의 그런 보장? 인간성의 그런 연장선에 있어서는(T2) 그게 맞는 것 같은데.

위의 인용문에 나타나 있듯이 M3은 현재 시행되는 동물실험도, 대체시험도 정확성이 떨어지므로 현재 상태의 실험을 그대로 시행하기보다는 대체시험의 정확성을 높여야 한다는 주장을 한다. 그 목적은 <글 2>에서 제시한 인간의 의학적 이익 혹은 인간성 보장이다. M3은 현재 문제가 되는 상황이 무엇인지 파악하고 텍스트에 제시되지 않은 대안을 제시했다.

다음의 H2는 대체시험에서 나타나는 10%의 오류가 인간에게 미치는 영향이 막대할 것이라는 <글 4>를 읽고, <글 3>에서 동물실험을 통과하고도

---

[73] T4_4_4: 대체시험이 인간의 반응과 90%까지 유사하다고 하더라도 10%의 오류가 인간의 생명이나 건강에 치명적 영향을 미칠 수 있다.

임상시험에 통과하지 못한 의약품의 비율이 92%라는 것을 떠올리면서 둘의 경우를 비교 분석한다. H2의 결론은 '동물실험보다는 대체시험'이 더 이득이라는 것이다. 정면으로 대치되는 텍스트의 정보들을 세밀히 분석하면서 무엇이 더 합리적인 대안인지 제시하였다.

> H2_T4[74]: 아, 이건 좀 아니다. 대체시험이 인간 반응과 90%까지 유사하면, 솔직히 이거는 괜찮다고 보는데. 앞에서 100개 중에서 8%만 통과했는데. 여기는 90%가 유사하면 동물실험보다는 대체시험을 사용하는 게 더 이득인 것 같은데.
>
> H7_T4[75]: 그래도 동물실험이 완벽하게 일치하진 않는다 그랬어. 그 동물실험이 컴퓨터 모델링이나 시뮬레이션보다 정확성이 떨어진다고 아까 글(T3)에서 읽었던 것 같아. 그러면 컴퓨터로 하지 못한 것을 동물실험으로 하고, 동물실험으로 해결되지 않는 것을 컴퓨터로 대체해서 하면 괜찮지 않을까 하는 생각이 들어.

H7은 정확성이 낮은 대체시험보다 동물실험이 더 효율적이라는 <글 4>를 읽으면서, 그와 반대되는 주장을 펼쳤던 <글 3>을 떠올린다. 그 후 어느 한 쪽의 입장을 선택하는 것이 아니라, '대체시험과 동물실험을 병행'하는 것이 괜찮을 것 같다는 의견을 제시한다. 이처럼 능숙한 다문서 독자들은 다양한 정보나 관점에서 생각하고 반론을 제기하거나 대안을 제시하는 등 자신의 의견을 적극적으로 형성할 수 있었다.

---

74 T4_4_4: 대체시험이 인간의 반응과 90%까지 유사하다고 하더라도 10%의 오류가 인간의 생명이나 건강에 치명적 영향을 미칠 수 있다.

75 T4_4_5: 따라서 정부나 과학계는 정확성이 떨어지는 대체시험보다는 동물실험이 시간과 재정(돈)을 아끼는 좀 더 효율적인 방법이라고 본다.

③ 신념 성찰 및 실천 다짐

신념 성찰 및 실천 다짐은 여러 텍스트를 읽으면서 자신이 현재 가지고 있는 생각이나 의견의 어떤 부분이 잘못되었는지, 개선할 부분이 있는지를 스스로 점검하며 이를 실천적 행위로 실현하려는 시도를 보이는 모습이다. 이때 능숙한 독자들이 사용한 전략은 독자 자신의 주제 신념을 형성하고 성찰하기, 주제나 쟁점과 관련된 실천적 행위 다짐하기로 범주화되었다.

하위 전략을 살펴보면 첫째, 능숙한 독자는 다문서 읽기를 통해 자신의 주제 신념을 형성하고 성찰하였다. 여러 텍스트를 읽으면서 주제나 쟁점을 이해하는 데 그치는 것이 아니라 자신의 생각은 무엇이고, 자신은 어떤 성향을 지니는지를 끊임없이 생각하는 것이다.

아래의 M1은 동물실험 반대 관점(<글1>, <글 3>)과 찬성 관점(<글 2>, <글 4>, <글 5>)의 텍스트를 읽으며 그에 대한 자신의 생각을 형성한다.

> M1: [T1를 읽으며] 이 말처럼 동물, 인간의 목적을 위해 동물을 희생시키는 것은 별로 좋아 보이지 않는다 … 이 글을 보니까 동물실험은 동물권을 보장하지 않기 때문에 딱히 없었으면 좋겠다. … [T2[76]를 읽으며] 아까 생각과는 달리 이걸 보니까 동물실험이 약간 필요해야 한다는 생각이 든다. … 동물실험이 없었다면 인간의, 인간의 삶의 질이 발전하기가 힘들었겠구나 … [T3을 읽으며] 부정확한 동물실험은 그냥 동물만 죽이는 일이니까 당연히 없어져야 할 수도 있겠구나 … 이 사건 때문에 과학에서는 동물실험을 필수로 하는 거구나 … 동물실험보단 첨단 과학을 이용하는 것이 더 좋겠다. … [T4를 읽으며] 동물실험을 대체하는 아까

---

[76] T2_1_4: 또한 이런 실험의 결과로 수많은 전염병(천연두, 소아마비, 홍역)을 예방하게 되었으며, 생명을 살리는 수많은 기술(수혈, 화상 치료, 심장 절개 및 뇌 수술)이 발전하게 되었다고 말하였다.

말했던 대체시험들은 오히려 더 번거롭겠다.

M1은 찬성 글을 읽을 때는 찬성 의견을 형성하다가 반대 글을 읽을 때는 반대한다고 말한다. <글 4>를 읽을 때까지 생각을 번복하고 재구성하다가 실험 막바지에 동물실험에 대한 찬성 입장을 정하고 후속 과제를 수행한다. 텍스트마다 다르게 제시된 정보들을 이해하면서 자신은 무엇을 더 선호하는지, 무엇이 옳다고 생각하는지에 대해 성찰하고, 그 과정에서 주제에 대한 신념을 형성하는 사례이다.

아래의 M2, H2 역시 다양한 텍스트를 읽으면서, 동물실험 문제에 대해 자신의 생각을 정립하기도 하고 다시 무너뜨리면서 고민하는 중에 있다. 그 과정에서 독자가 '반대를 하는 게 맞는지 모르겠고, 주장이 살짝 변하는 것 같기도(H2)' 하다면서 자신 스스로의 생각을 되돌아본다.

> M2_T2[77]: 이런 병들을 다 동물실험으로 치료했구나. 그냥 아까같은 부정적인
> 글(T1)만 읽었을 때는 동물실험에 당연히 반대했는데 이런 찬성의
> 분석 글을 읽으니까 또 생각이 바뀌는 것 같아.
>
> H2_T2[78]: 그럼 지금까지 의학은 모든 게 동물의 희생이 있으므로 발전이
> 되었다는 건데.. 우리가 반대를 하는 게 맞는지는 잘 모르겠다,

---

77 T2_1_4: 또한 이런 실험의 결과로 수많은 전염병(천연두, 소아마비, 홍역)을 예방하게 되었으며, 생명을 살리는 수많은 기술(수혈, 화상 치료, 심장 절개 및 뇌 수술)이 발전하게 되었다고 말하였다.

78 T2_1_3: 이와 관련하여 미국 의학 협회는 <동물의 사용(1992)>이라는 보고서에서 20세기 의학의 거의 모든 진보(발전)는 직접적이든 간접적이든 동물을 활용함으로써 이루어졌다고 밝혔다.
T2_1_4: 또한 이런 실험의 결과로 수많은 전염병(천연두, 소아마비, 홍역)을 예방하게 되었으며, 생명을 살리는 수많은 기술(수혈, 화상 치료, 심장 절개 및 뇌 수술)이 발전하게 되었다고 말하였다.

다시 이렇게 읽으니까. … 아까는 또 반대하는 입장에서만 들으니까 확실히 반대를 했는데, 또 이렇게 동물실험의 좋은 입장만 보니까, 내 주장이 살짝 변하는 것 같기도 하고.. 설득력 있는 것 같다 확실히.

H7_T4[79]: 그런데 아까 그래서 88%까지 일치했다 그래서 되게 유용하구나, 라고 생각하고 있었는데. 이 글에서는 유사한 반응을 나타내지 못한다고 그래서 혼란스러워. … [인터넷 탐색 중에 찾은 백과사전 '동물실험: 동물실험은 윤리적으로 정당한가'를 읽으면서] 철학적 입장을 읽어보면 읽어볼수록 내 생각이 더 복잡해지는 것 같아. 이것도 맞고 저것도 맞는 것 같아서, 어떻게 평가를 해야 될지 되게 복잡해지는 것 같아.

특히 H2는 동물실험 반대에 대해 비교적 강한 신념을 가진 독자임에도 불구하고, 다른 관점의 텍스트를 반대하는 데 집중하는 것이 아니라 오히려 자신의 신념을 반추하고 점검하였다. H7은 '읽어보면 읽어볼수록 내 생각이 더 복잡'해지는 것 같다고 되뇐다. 그 과정에서 독자들은 텍스트에 나타난 '입장'에 대해 '자신'은 어떻게 바라봐야 하는가에 대해 성찰하게 된다.

둘째, 능숙한 다문서 독자들에게서 자신의 가치관 및 신념을 기반으로 실천적 행위를 다짐하는 모습이 나타났다. H7은 <글 5>를 읽으면서, 자신이 방문했던 수암 생명공학센터[80]에서 동물 복제 기술을 강연해주는 직원들은

---

79 T4_4_3: 또한 컴퓨터 모델 또는 시뮬레이션의 대체시험은 인간과 유사한 반응을 나타내지 못한다.

80 정확한 재단명은 '수암생명공학연구원'이다. 독자가 글 읽기를 끝낸 후 사후 면담에서 연구원에 어떻게 가게 되었는지 물어보았다.
연구자: 거기(수암 생명공학센터) 왜 갔었어?
H7: 거기에 과학, 생명과학에 관심 있는 사람이었나? 무슨 신청하는 게 있었어요. 친구랑

윤리 문제에 관심이 없었지만 자신은 불쌍한 강아지들을 보며 윤리적으로 공격하고 싶었다고 말한다.

> H7_T5[81]: 근데 저번에 수암 생명공학센터에 가서 봤는데, 무분별하게 복제된 강아지들은 엄청 많은데 막상 주인이 없으니까 되게 불쌍했어. 인간이 무책임하다고 생각을 했고, 이쁜 애들, 복제를 해서 이쁜 애들은 데려가 버리고 이상한 거나 좀 남는 애들은 그 센터에서 관리를 당하다 보니까 불쌍하고, 아까 말했던 동물권(T1) 이런 게 살짝 무시되는 느낌이었던 것 같아. 그리고 또 거기서 정신병에 걸린 애들도 많아서. 그렇게 윤리적으로 많은 공격을 하고 싶었어.

센터 방문 당시에 들었던 연민('불쌍해서')이 <글 1>, <글 5>를 읽으면서 '동물권, 윤리성'의 문제로 확장·심화되고 정당한 분노로('공격') 표출되었다. 물론 이 사례를 실천적 행위로 곧장 치환하기는 어렵지만 다문서에 대한 비판적 읽기가 태도 측면의 강화나 변화를 이끌 수 있고, 이는 참여와 실천의 원동력이 될 수 있다는 점에서 주목할 만하다.

같이 가서 배웠는데.
연구자: 거기 관심 있어?
H7: 아니요, 지금은 없어요.
연구자: 그때가 언제였어?
H7: 1학기 때. 그래서 가서 동물 복제하고 이런 걸 배웠는데, 제가 거기서 동물 복제하는 기술이랑 이런 걸 알려주더라고요. 근데 혼자 제 생각이 이렇게 막 주인 없는 강아지들을 되게 많이 만드는데, 불쌍해가지고 좀 물어보고 싶었거든요. 근데 거기 사람들은, 황우석 박사 있는 데거든요? 거기 있는 사람들은 딱히, 그런 윤리 문제에 관심이 많이 없는 것 같더라고요 강연을 해주시는데 자꾸 자기들 기술 이런 것만 얘기를 해 주니까, 좀 불쌍했어요 강아지들.

81 T5_3_5: 이는 인간의 이익을 위한 것이기 때문에 생명을 복제했다고 해서 윤리적으로 공격을 할 사람은 없을 것이다.

아래의 H3은 정보 탐색 과정 중에 관련 뉴스를 읽으면서 실천적 행위를 다짐하는 장면이다.

> H3_DT[82]: [뉴스 '중국 의과 대학에서 '동물실험' 후 옥상에 처참히 버려진 강아지들'을 읽으면서] 아, 나스가? 나스는 이제 원래 비싸서 못 샀지만 앞으로도 안 사겠습니다.

독자가 읽은 텍스트는 동물실험을 하지 않는 유명 화장품 브랜드 '나스'가 중국 시장으로의 본격적인 진출에 앞서 동물실험 정책을 수정했다는 내용이다. 이 부분을 읽으면서 H3은 나스 화장품은 앞으로 사지 않겠다고 다짐한다. 이 발화는 한 문장이나 하나의 글에서 영향을 받은 것이라 보기는 어렵다. 이미 읽었던 여러 텍스트들에 기반하여 의견을 형성하고, 추가로 읽게 된 텍스트의 일부분에서 자기 신념의 단면을 표현했다고 해석할 수 있다.

이처럼 능숙한 다문서 독자들은 다양한 글들을 평가하고 반론 및 대안을 제시할 뿐 아니라 과제에 대한 자신의 관점이나 입장을 형성하고 자신의 개인적·사회적 문식 실천에 적용하고자 하는 특징이 있었다.

지금까지 살펴본 학생 독자들의 다문서 읽기 양상과 전략을 바탕으로 다음 장에서는 중·고등학생의 다문서 읽기 역량 함양을 위한 교육 내용을 마련하고자 한다. 먼저 국내외 다문서 읽기 교육 현황을 검토한 후 4장의 연구 결과와 종합하여 교육 목표와 내용을 제시할 것이다.

---

82 인터넷 뉴스 '중국 의과 대학에서 '동물실험' 후 옥상에 처참히 버려진 강아지들' 중 다음 부분을 읽는 중임. "이에 최근 동물실험을 하지 않겠다는 유명 화장품 브랜드 나스는 중국 시장에 본격적인 진출에 앞서 동물실험 정책을 수정했다는 사실이 알려진 바 있다."

제5장

다문서 읽기 교육 내용을
어떻게 구성해야 하는가?

1. 다문서 읽기 교육 현황

1) 국내 교육과정 검토: 2015, 2022 개정 시기를 중심으로

역대 중·고등학교 교육과정에 제시된 다문서 읽기 관련 성취기준을 요약적으로 제시하면 [표 V-1]과 같다.

[표 V-1] 역대 중·고등학교 교육과정에 제시된 다문서 읽기 관련 성취기준(요약)

다문서 읽기 과정	다문서 읽기 관련 성취기준
탐색	• (1차-3차) 양서(良書)를 가려 읽는다. • (1차-07 개정) 독서 목적에 따라 필요한 정보나 책을 찾아 읽는다. • (1차-07 개정) 여러 가지 참고 자료나 사전을 활용한다. • (2차-6차) 서적을 선택하는 태도 및 습관을 기른다. • (09 개정) 다양한 독서 매체를 활용하여 읽는다. • (09-15 개정) 도서관이나 인터넷 등 다양한 경로를 통해 정보를 얻고 활용한다. • (09-15 개정) 독서의 목적과 상황, 독자의 흥미나 가치관 등을 고려하여 글을 스스로 선택하여 읽는 태도를 기른다.

통합	• (1차) 여러 가지 글의 내용을 비교한다.
	• (5차) 주제나 소재가 같은 여러 글의 구성, 표현, 관점의 차이를 안다.
	• (5차) 구성과 표현의 차이와 적절성을 이해한다.
	• (6차-15 개정) 여러 글의 글쓴이의 의도나 목적, 논지나 관점, 구성이나 표현의 차이를 비교 분석한다.
	• (7차-15 개정) 주제, 필자, 글감, 배경 등 여러 측면에서 관련되는 글을 비교하고 분석하여 읽고 재구성한다.
비판	• (5차) 관점을 비교하고 신뢰성을 판단한다.
	• (6차) 여러 글의 일관성을 판단한다.
	• (07 개정) 여러 글을 읽고 전제나 가정을 비교 분석하고 평가한다.
	• (09 개정) 다양한 관점의 글을 비판적으로 재구성한다.

탐색적 다문서 읽기 관련 내용은 주로 양서(良書) 골라 읽기나 한 권의 책 찾기를 중심으로 1차 교육과정 시기부터 제시되었다. 통합적 다문서 읽기 관련 교육 내용은 여러 가지 글의 내용 및 형식의 차이 파악을 시작으로 5차 교육과정 시기부터 본격적으로 선정되었다. 비판적 다문서 읽기 관련 교육 내용은 다양한 글에 대한 신뢰성, 일관성을 비교 평가하는 것을 시작으로 5차 교육과정 시기 이후 제시되었다. 2015 개정 교육과정까지는 다문서 읽기의 탐색, 통합, 비판 과정이 분리되어 제시되다가 2022 개정 교육과정에 이르러 다문서에 대한 종합적 읽기 관련 성취기준이 마련된다.

서술어를 중심으로 구체적으로 살펴보면, 탐색적 다문서 읽기 수행과 관련된 서술어는 1차 교육과정에서 좋은 책을 '가려 읽는다'로 제시된 이래, 주로 다양한 글(책)이나 자료를 '찾아 읽는다(1차-07개정), 활용하여 읽는다(1차-15개정), 선택하여 읽는다(09-15개정)'는 수행 동사로 제시되었다. 통합적 다문서 읽기는 1차 교육과정에서 여러 가지 글을 '비교한다'로 제시된 후, '(차이를) 안다(5차), 비교 분석한다(6차-15개정)'로 구체화되었다. 다양한 글의 공통점보다는 차이점을 인식하고 비교하는 것에 중점을 둔다. 비판적 다문서 읽기 관련 성취기준은 비교적 늦은 시기인 5차 교육과정에서 적절성이나 신뢰성 '판단하기'로 처음 제시되었다. 6차 교육과정에서는 여러 글에 나타난 관점, 논조, 문체 등의 일관성 '평가하기'로, 2007년 개정 교육과정 이후 여러 글에 내포된 '전제나 가정, 최근 인기 도서의 사회·문화적 맥락에 대한 비판(07개정), 다양한 관점의 글을 비판적으로 재구성(09개정)'으로 제시되면서 읽기 요인을 고려한 교육 내용으로 심화되었다.

다문서 읽기의 대상은 '책, 양서(1차-3차)'에서 '글, 정보 매체(4차 이후)'로 확장되고 추상화되었다. 3차 교육과정까지는 관련 성취기준의 목적어를 여러 권의 책으로 명시한 데 비해, 4차 이후 교육과정에서는 독자의 필요에 의해 읽게 되는 여러 글 자료에 담긴 정보로 확장되면서 5차 시기에 '다양한 관점의 글'로 심화된다.

다문서 읽기 요인을 중심으로 살펴보면, 텍스트 내용 및 형식의 측면에서 5차 교육과정은 '주제나 소재'가 같은 여러 글 읽기로 제한되다가, 9차 개정 이후 '다양한 독서 매체'를 활용하여 읽기로 확장된다. 텍스트 출처 측면에서 보면, 6차 개정 이후에 '저자의 의도나 목적, 논지나 관점'을 고려한 다문서 읽기가 강조되고, 2007 개정 이후에는 '전제나 가정, 사회·문화적 맥락'을 고려한 읽기로 확장되며, 2009 개정 이후 '읽기 상황, 읽기 경로'를 고려한 다문서 읽기가 추가된다. 독자 측면에서는 1차 개정 교육과정부터 '독자의 읽기 목적'이 중요하게 고려되고, 그 후 '독자의 흥미나 가치관'(09 개정 이후)으로 확장된다. 독자의 다문서 읽기 태도 및 습관 형성에 관련된 내용은 2차 교육과정부터 2015년 개정 교육과정까지 유지되었다.

다음으로는 현행 교육과정과의 비교를 위해 2015 개정 교육과정에 나타난 다문서 읽기 성취기준을 세부적으로 제시하면 다음과 같다.

[표 V-2] 2015 개정 교육과정에 나타난 다문서 읽기 관련 성취기준

다문서 읽기 과정	학교급	다문서 읽기 관련 성취기준
탐색	초	[6국02-06] 자신의 읽기 습관을 점검하며 스스로 글을 찾아 읽는 태도를 지닌다.
	중	[9국02-08] 도서관이나 인터넷에서 관련 자료를 찾아 참고하면서 한 편의 글을 읽는다.
	고	[10국02-05] 자신의 진로나 관심사와 관련된 글을 자발적으로 찾아 읽는 태도를 지닌다. [12독서01-01] 독서의 목적이나 글의 가치 등을 고려하여 좋은 글을 선택하여 읽는다.
통합	초	-
	중	[9국02-06] 동일한 화제를 다룬 여러 글을 읽으며 관점과 형식의 차이를 파악한다.
	고	[12독서01-02] 동일한 화제의 글이라도 서로 다른 관점과 형식으로 표현됨을 이해하고 다양한 글을 주제 통합적으로 읽는다.
비판	초	-
	중	-
	고	[12독서03-06] 매체의 유형과 특성을 고려하여 글의 수용과 생산 과정을 이해하고 다양한 매체 자료를 주체적이고 비판적으로 읽는다.

교육과정에 나타난 다문서 읽기 관련 내용을 살펴보면, 기존 교육과정과 같이 탐색적, 통합적, 비판적 다문서 읽기가 분리되어 나타나 있음을 확인할 수 있다. 탐색적 다문서 읽기 관련 내용은 초등학교급(6학년)부터 고등학교급(9학년부터 12학년까지)까지 고루 분포된 데 비해, 통합적 다문서 읽기는 중학교급 이후에 제시되고, 비판적 다문서 읽기는 고등학교급(12학년)에만 제시되었다. 탐색적 다문서 읽기는 초보 독자들도 비교적 쉽게 수행할 수 있는 읽기인 데 비해, 통합적, 비판적 다문서 읽기는 그보다 수준 높은 읽기로

상정하였음을 알 수 있다.

또한 탐색적 다문서 읽기는 읽기 '태도' 범주의 성취기준도 제시되는 데 비해, 통합적·비판적 다문서 읽기는 읽기 '기능이나 전략(방법)' 범주에서 나타난다. 예컨대, 탐색적 다문서 읽기 관련 성취기준 4개 중 절반이 '찾아 읽는 태도를 지닌다'(초등, 고등)고 제시된 반면, 통합 및 비판 관련 성취기준에는 태도에 관한 내용이 제시되지 않는다. 이는 탐색적 다문서 읽기에는 글을 직접 찾아 읽는다는 행위적 특성이, 통합적, 비판적 다문서 읽기에는 글을 비교 분석하고 평가한다는 사고적 특성이 부각되기 때문인 것으로 보인다.

현행 2022 개정 국어과 교육과정의 읽기 성취기준 중 다문서 읽기와 관련된 항목을 제시하면 [표 V-3]과 같다. 2022년 개정 시기에 핵심 아이디어가 새로이 도입되었지만 다문서 읽기 관련 내용은 이전 개정 시기와 마찬가지로 성취기준 수준에서 제시되므로 성취기준을 살펴본다.

[표 V-3] 2022 개정 교육과정에 나타난 다문서 읽기 관련 성취기준

다문서 읽기 과정	학교급	다문서 읽기 관련 성취기준
탐색	중	[9국02-07] 진로나 관심 분야에 대한 다양한 책이나 자료를 스스로 찾아 읽는다.
	고	[12독작01-01] 주제 탐구 독서의 의미를 이해하고 관심 있는 분야에서 탐구할 주제를 탐색한다. [12독작01-02] 독서의 목적과 작문의 맥락을 고려하여 가치 있는 글이나 자료를 탐색하고 선별한다. [12독작01-03] 관심 분야의 책과 자료가 지닌 특성을 파악하며 주제 탐구 독서를 한다.
통합	중	[9국02-06] 동일한 화제를 다룬 여러 글이나 자료를 주제 통합적으로 읽는다.
	고	[10공국2-02-01] 동일한 화제의 글이나 자료라도 서로 다른 관점

		과 형식으로 표현됨을 이해하며 읽기 목적을 고려하여 글이나 자료를 주제 통합적으로 읽는다. [12독작01-13] 다양한 글을 주제 통합적으로 읽고 학습의 목적과 교과의 특성을 고려하여 학습을 위한 글을 쓴다. [12주탐01-05] 주제에 관련된 책과 자료를 종합하여 읽으며 자신의 관점과 견해를 형성한다.
비판	중	-
	고	[10공국1-02-01] 다양한 글이나 자료를 읽으며 논증의 타당성을 평가하고 자신의 관점을 바탕으로 논증을 재구성한다. [12주탐01-07] 주제 탐구 독서를 생활화하여 주도적으로 삶을 성찰하고 계발한다.
종합	초	[6국02-04] 문제 상황과 관련된 다양한 관점의 글을 읽고 이를 문제 해결에 활용한다.
	고	[10공국1-02-02] 자신의 진로나 관심 분야와 관련한 다양한 글이나 자료를 찾아 주제 통합적으로 읽고 읽은 결과를 공유한다. [12주탐01-04] 주제와 관련된 책이나 자료를 탐색하면서 신뢰할 수 있고 가치 있는 정보를 선정하여 분석하며 읽는다. [12주탐01-06] 매체를 포함한 다양한 방법으로 주제 탐구 독서의 과정이나 결과를 사회적으로 공유하고 소통한다.

2015 국어과 교육과정에서 '다문서 읽기'를 명시적으로 언급한 성취기준은 중학교급, 고등학교급에 각각 2개, 4개였던 것에 비해, 2022 교육과정에서는 공통 교육과정 중학교부터 선택 중심 교육과정의 공통 과목, 선택 과목까지 분포되면서 폭넓은 학교급, 다양한 과목으로 확장되고 성취기준 개수가 중학교급, 고등학교급에 각 2개, 12개로 증가했다. 선택 중심 교육과정의 진로 선택 과목으로 '주제 탐구 독서'가 신설된 점이 성취기준 개수 증가에 영향을 미쳤다. 다만 중학교급에는 비판적 다문서 읽기 성취기준이 없고, 탐색적, 통합적 다문서 읽기 부분도 이전 교육과정과 비교했을 때 큰 변화가

없다.

2015 개정 시기에서는 중·고등학교급 모두에서 다문서에 나타나는 '관점과 형식의 차이'를 파악하며 읽는 것이 강조된 반면 2022 개정 시기에는 고등학교에서 '논증 재구성을 위한 주제 통합적 읽기([10공국1-02-01])', '읽기 목적을 고려한 주제 통합적 읽기([10공국2-02-01]), 학습 목적의 주제 통합적 읽기([12독작01-13]), 독자의 관점과 견해 형성을 위한 주제 통합적 읽기([12주탐01-05]) 등으로 구성하여, 주제 통합적 읽기에 적용되는 상황 맥락을 고려하였고 읽기의 적용 범위를 대폭 확장하였다.

또한 2022 개정 교육과정에서 달라진 점은 탐색, 통합, 비판적 다문서 읽기를 종합적으로 수행하는 성취기준이 제시되었다는 점이다. 이는 초등학교급(6국02-04), 고등학교급([10공국1-02-02], [12주탐01-04], [12주탐01-06])에서 나타난다. [6국02-04] 설정의 취지는 '학습자가 직면한 문제를 해결하기 위해 다양한 관점의 글을 찾아 읽고 문제 해결에 필요한 지식이나 정보를 구성하는 창의적 읽기 능력을 기르기 위한 것'이고, 학습 요소는 '문제 상황과 관련한 읽기 목적 명료화하기, 문제 상황 해결에 도움을 줄 수 있는 다양한 관점의 글 선정하기, 다양한 관점의 글을 읽고 내용의 타당성과 유용성 평가하기, 문제 해결을 위한 자신만의 창의적인 해결 방안 마련하기'로 제시되어, 탐색적·통합적·비판적 다문서 읽기 관련 내용을 골고루 포함하고 이를 창의적 읽기로까지 확장하고 있다.

[10공국1-02-02]는 자신의 진로나 관심 분야에 대한 다양한 글이나 자료를 선택적으로 읽으며 읽기 목적에 알맞게 정보를 통합하고 재구성하며 읽는 능력을 기르기 위해 설정한(교육부, 2022: 81) 것으로, 진로 독서와 주제 탐구 독서를 연계한 성취기준이다. [12주탐01-06]은 주제 탐구 독서와 매체 활용을 적극적으로 연계하는 활동을 의도한 것으로 '주제 탐구 독서에서는 서평, 주제 탐구 보고서 등 전통적인 글쓰기 이외에도 다양한 매체를 활용한 구두

발표 형식으로 탐구의 과정이나 결과를 구성원들과 공유할 수 있다(교육부, 2022: 152)'고 본다. 디지털 매체 기반의 주제 탐구 독서를 상정하는 성취기준이라 볼 수 있다.

이처럼 2022 개정 교육과정에서는 다문서 읽기가 적용될 수 있는 교육적 맥락들을 '논증 구성하며 읽기, 읽기 목적을 고려한 읽기, 학습(학문) 목적 읽기, 창의적 읽기, 진로 독서, 매체 읽기' 등으로 대폭 확장함으로써 다문서 읽기의 교육적 적용을 적극적으로 시도하였다.

2) 국외 교육과정 검토: 호주, 뉴질랜드, 미국, 일본을 중심으로

국외 교육과정 분석 대상 국가는 호주, 뉴질랜드, 미국, 일본으로 설정하였다. 이들은 국가 수준 교육과정을 개발하여 고시하기 때문에 표준화된 교육 내용을 확인하기에 적합하다. 분석 대상 국가 중 뉴질랜드와 일본은 PISA 2015 읽기 평가에서 평균 이상의 성취를 보이는 국가이고,[1] 호주와 미국은 다문서 읽기 관련 교육 내용이 체계적, 명시적으로 제시된 국가들 중 하나이다. 각 나라 교육과정의 교육 내용 체계를 먼저 소개하면 다음과 같다.

(1) 각 나라 교육과정의 교육 내용 체계[2]

다음 [표 V-4]는 국외 자국어 교육과정에서 제시하는 내용 체계를 우리나라 교육과정의 읽기 교육 내용 체계와 비교하여 정리한 것이다. 우리나라

---

1   PISA 2015는 2015년 5월 11일-30일에 시행되고, 2016년 12월 6일에 결과가 발표되었다. 전체 참여국(OECD 회원국 35개국, 비회원국 37개국, 총 62개국) 중 읽기 성취도 순위를 1위부터 10위까지 제시하면 '싱가포르, 홍콩, 캐나다, 핀란드, 아일랜드, 에스토니아, 대한민국, 일본, 노르웨이, 뉴질랜드' 순이다(조성민 외, 2018).

2   이 부분은 주로 한국교육과정평가원의 연구 보고서(권점례 외, 2018; 김종윤 외, 2018ㄴ; 박혜영 외, 2018)와 각 나라 교육과정 문서(홈페이지)를 참고하였다.

현행 국어과 교육과정의 내용 체계는 '핵심 아이디어'와 함께 '지식·이해, 과정·기능, 가치·태도'라는 대범주가 설정되므로, 대범주의 하위 항목을 읽기 내용 범주로 제시하였다. 국외 자국어 교육과정의 내용 체계 역시 우리나라의 '읽기' 영역과 일치하거나 가장 유사한 영역에 해당하는 부분을 내용 범주로 제시하였다.

[표 Ⅴ-4] 국내외 자국어 교육과정의 내용 체계

	한국	호주	뉴질랜드	미국	일본
영역	읽기	해석, 분석, 평가	듣기, 읽기, 보기	읽기	읽기
내용 범주	• 읽기 맥락 • 글의 유형 • 읽기의 기초 • 내용 확인과 추론 • 평가와 창의 • 점검과 조정 • 가치·태도	• 목적 및 청중 • 읽기 과정 • 읽기 전략 • 텍스트 분석과 평가	• 과정 및 전략 -목적과 청중 -아이디어 -언어의 특질 -구조	• 핵심 내용 및 세부 내용 이해 • 기능 및 구조 • 지식과 아이디어의 통합 • 읽기 범위 및 텍스트 복잡도	• 지식 및 기능 • 사고력, 판단력, 표현력 -학습 내용 -수행 활동
다문서 읽기 관련 내용 범주	• 내용 확인과 추론 • 평가와 창의 • 점검과 조정 • 가치·태도	• 목적과 청중 • 읽기 전략	• 과정과 전략 -목적과 청중 -아이디어 -구조	• 지식과 아이디어의 통합	• 사고력, 판단력, 표현력 -학습 내용 -수행 활동

호주[3]의 읽기 교육 내용은 교육과정에 제시된 항목(strand)인 언어, 문학,

---

3   호주는 오랜 기간 주 교육과정을 운영하다가 2008년부터 국가 수준의 교육과정 개발을 시작하여 2013년에 전면 시행하였다. 그 후 2015년에 교육과정을 개정하였고 2018년부터 전면 시행하고 있다. 호주의 학교 제도는 기초 교육과정과 중등 교육과정으로 구분된다.

리터러시 중 리터러시 영역의 다섯 하위 항목(sub-strands) 중 하나에 제시되어 있고, 항목명은 '해석, 분석, 평가'이다. '해석, 분석, 평가' 범주에서는 목적과 청중을 고려하며 읽기의 과정과 전략을 학습하고, 텍스트를 분석하고 평가한다는 내용이 제시되어 있다. '영역-하위 항목'이 학년마다 동일한 제목으로 반복되며, 제시되는 성취기준은 학년 및 내용에 따라 위계적으로 구성된다. 본고의 검토 대상은 2015 개정 자국어 교육과정 중 7학년부터 12학년까지 제시된 다문서 읽기 관련 교육 내용 중 '해석, 분석, 평가'에 해당하는 부분이다.

뉴질랜드[4]에서는 학교급이나 학년군의 개념이 교육과정에 별도로 제시되어 있지 않으며 1학년에서 13학년까지를 8개의 수준(Level)과 느슨하게 연결하고 있다. 대체로 뉴질랜드 교육과정의 수준 1은 우리나라의 초등학교 1-3학년에 해당한다. 수준 2는 2-5학년, 수준 3은 4-7학년, 수준 4는 6-10학년, 수준 5는 8-12학년, 수준 6은 10-13학년, 수준 7은 11-13학년, 수준 8은 12-13학년에 해당하는 것으로 볼 수 있으나 그 경계가 분명하지는 않다.[5]

뉴질랜드 교육과정에서 설정하는 수준은 하나의 상위 목표(과정 및 전략), 네 개의 하위 목표(목적과 청중, 아이디어, 언어의 특질, 구조)로 구성되며 상위·하위 목표 아래에 각각의 지표(indicators)들이 제시된다. 예컨대, 듣기, 읽기,

---

기초 교육과정은 F(Foundation year, 유치원의 마지막 학년)-2학년, 3-6학년, 7-10학년(우리나라 중학교급 과정)으로 구분되며, 중등 교육과정은 11-12학년의 2년 과정으로 구성된다.

4   뉴질랜드는 1993년에 국가 수준 교육과정의 골격(Framework)을 개발한 후 지속적으로 교육과정 체계를 정교화했다. 이후에 1997년부터 2003년까지 수행되었던 OECD의 DeSeCo 프로젝트에 제시된 핵심 역량을 반영하여 2007년에 교육과정을 개정하고(Ministry of Education, 2007), 현재까지 실행하고 있다. 뉴질랜드 교육과정에는 '가치(Values)', '핵심 역량(Key Competencies)', '학습 영역(Learning areas)', 그에 따른 '성취 목표(Achievement objectives)' 등이 동일한 위상으로 제시되어 있다.

5   뉴질랜드 국가 교육과정 수준은 다음과 같이 제시되어 있다.

보기 영역의 4수준을 대표하는 단일 상위 목표인 '과정과 전략' 아래에 지표가 제시되고, 뒤이어 네 개의 '하위 목표-지표' 세트가 나열되는 방식이다. 읽기의 과정과 전략을 단일 목표로 두고, 그에 따라 하위 목표들을 진술한다는 것은, 과정과 전략을 그만큼 중요하게 다루고 있다는 것을 시사한다. 본고의 검토 대상은 2007년 개정 자국어 교육과정 중 수준 4부터 수준 8까지에 해당하는 항목으로, 주로 '텍스트의 목적과 청중, 언어 맥락 속의 아이디어, 텍스트의 구조와 조직' 부분이다.

미국[6] 자국어 교육과정은 우리나라처럼 '읽기' 영역이 자국어 교육과정의 독립 영역으로 제시된다. 읽기 교육 내용의 범주는 '핵심 내용 및 세부 내용 이해', '기능 및 구조', '지식과 아이디어의 통합', '읽기 범위 및 텍스트 복잡

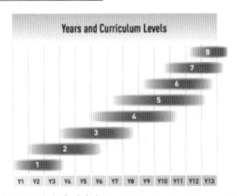

*출처: 뉴질랜드 교육과정 홈페이지(https://nzcurriculum.tki.org.nz/The-New-Zealand-Curriculum#collapsible14, 최종 검색일: 2024.1.16.)

6   미국은 본래 국가 중심 교육과정이 없었으나, 1990년대에 교육과정 기준(standards) 개발에 대한 필요성이 제기되면서 각 주에서 교육과정 기준을 개발하기 시작하였다. 그 후 주 단위에서 자율적으로 교육과정을 편성하고 운영해 오다가 미국의 교육이 위기에 처했다는 인식 아래 국가 수준(연방 정부) 차원의 자국어, 수학 교육과정 개설에 합의하게 되었다(강미정, 2017: 74). 미국의 교육과정은 전국 교육감 협의회(Council of Chief State School Officer, CCSSO)와 전국 주지사 협의회(National Governors Association, NGA) 주관 하에 2010년 공통핵심국가기준(Common Core State Standards, CCSS)을 발표하였고, 2012년에 41개 주에서 이를 적용하였다.

도'로 구성된다. 미국 교육과정은 뉴질랜드와 마찬가지로 영역별 '기준 성취기준(anchor standards)'을 제시하고, 이를 기준으로 모든 학년의 교육 내용을 개발한다. 기준 성취기준은 모든 학년의 성취기준에 참고가 되는 성취기준이므로, 각 학년의 성취기준은 기준 성취기준을 수정·변형하여 제시한다. 본고의 검토 대상은 2010년 개정 자국어 교육과정 중 7학년, 8학년, 9-10학년군, 11-12학년군에 제시된 내용 중 '지식과 아이디어의 통합' 부분이다.

일본[7]의 학교 제도는 초등학교, 중학교, 고등학교로 구분하는 6-3-3 학제이다. 초등학교와 중학교의 9년이 의무교육 기간이다. 고등학교 교육과정은 일반 과정(대학 준비 교육), 전문 과정(직업 준비 교육), 통합 과정(일반 과정과 전문 과정을 공통으로 배움)의 3가지 형태로 분류된다. 일본의 자국어 교육과정의 1차 범주는 '지식 및 기능', '사고력, 표현력, 판단력'이고, 그중 '사고력, 표현력, 판단력' 하위에 '말하기·듣기, 쓰기, 읽기'의 3가지 영역으로 나누어 각 영역마다 '학습 내용, 수행 활동'으로 항목화하여 기술한다. 그중 읽기는 '지식 및 기능'의 '말이나 글에 포함된 정보 이해 방식', '사고력, 판단력, 표현력'의 '읽기' 부분에서 제시된다. 본고의 검토 대상은 2017년 개정 교육과정 중 중학교 3년, 고등학교 일반 과정에서 찾아볼 수 있고, 주로 '사고력, 판단력, 표현력'의 '읽기' 중 '학습 내용, 수행 활동'에 제시된다.

(2) 교육 내용 요소 및 성취기준

다문서 읽기 교육 내용은 교육과정에 제시된 교육 내용의 수준과 범위, 교육 내용 요소, 성취기준을 통해 살펴볼 수 있다. 교육과정에 반영된 다문서

---

[7] 일본의 자국어 교육과정은 문부과학성 장관이 고시하는 '학습지도요령'을 따르도록 하고 있다. 1947년에 최초로 학습지도요령을 고시한 후, 약 10년 주기로 개정되었으며 2017년 3월에 유치원 교육요령, 초등학교 및 중학교 학습지도요령을 고시하였다. 이 학습지도요령은 초등학교에는 2020년도부터, 중학교에서는 2021년도부터 학교 현장에 적용되었다.

읽기 교육 내용의 수준과 범위를 검토하기 위해서는 먼저 학년(군)별로 제시된 영역 통합기준에 해당하는 내용을 확인해야 한다. 호주, 뉴질랜드, 미국은 각 학년(군)별로 도달해야 하는 통합기준을 성취기준과 별도로 제시하고 있으나([표 V-5] 참고).[8] 우리나라와 일본은 그렇지 않으므로 호주, 뉴질랜드, 미국 교육과정을 살펴보기로 한다.

[표 V-5] 국외 중등 자국어 교육과정의 다문서 읽기 관련 통합기준

중학교급		고등학교급	
<7, 8학년 학습 수준>		<9, 10학년 학습 수준>	
• 학습자는 다양한 (미디어) 텍스트들이 맥락, 목적, 청중에 의해 받는 영향을 이해할 수 있다. … 해당 학년에서 듣고 읽고 보고 해석하고 평가하는 정보 텍스트는 전문화된 주제와 관련된 다양한 출처의 형식적·내용적 정보를 포함한다.		• 학습자는 신문, 디지털 텍스트, 복합 양식 텍스트를 포함하는 다양하고 상호 관련된 문학, 정보 텍스트에 대해 해석하고, 창조하고, 평가하고 토론한다. 학습자는 다양한 미디어 텍스트 간의 차이점과 현대 미디어에 대한 비판적 이해 능력을 함양할 수 있다.	
<7학년 성취 수준>	<8학년 성취 수준>	<9학년 성취 수준>	<10학년 성취 수준>
• 다양한 출처에서 제시된 증거와 암시적 의미를 분석하면서 쟁점과 아이디어를 설명한다. • 각 텍스트는 서로 다른 관점을	• 아이디어와 정보의 출처에 대한 신뢰성에 의문을 제기하며 텍스트를 해석한다. • 사건, 상황, 사람들이 서로 다른	• 텍스트의 아이디어와 정보를 평가하고 통합하여 자신의 해석을 형성한다. • 언어 선택과 언어 관습이 청중에게 미치는 영	• 서로 다른 저자들에 의해 텍스트 구조가 어떤 방법으로 달리 사용될 수 있는지를 평가한다. • 텍스트에 대한 독자 자신의 해

(호주)

---

8 이 부분에서 확인한 각 국가 교육과정 사이트 주소는 다음과 같다(최종 검색일: 2024.1.11.).
  • 호주: https://australiancurriculum.edu.au
  • 뉴질랜드: http://nzcurriculum.tki.org.nz
  • 미국: http://www.corestandards.org

반영한다는 것을 인식하면서 독자 자신의 반응을 발전시키기 위해 텍스트에서 특정한 세부 사항을 선택한다. • 텍스트에 나타나는 <u>서로 다른 관점</u>을 설명하고 주의 집중한다.	관점에서 어떻게 제시될 수 있는지를 보여주기 위한 근거를 텍스트에서 선택한다.	향을 설명하고 분석할 수 있는 근거를 텍스트에서 선택한다.	석을 개발하고 <u>정당화</u>한다. • 다른 해석을 뒷받침하는 데 사용된 근거를 분석하면서 텍스트를 <u>평가</u>한다.

뉴질랜드	<과정 및 전략_4수준> • <u>아이디어를 확인하고</u>, 형성하고, 표현하기 위해 다양한 출처의 정보, 과정, 전략들을 <u>자신 있게</u> 통합한다.	<과정 및 전략_5, 6수준> • <u>더욱 정교한 아이디어</u>를 확인하고, 형성하고, 표현하기 위해 다양한 출처의 정보, 과정, 전략들을 <u>자신 있게, 목적에 맞게</u> 통합한다.	<과정 및 전략_7, 8수준> • <u>더욱 정교한 아이디어</u>를 확인하고, 형성하고, 표현하기 위해 다양한 출처의 정보, 과정, 전략들을 <u>자신 있게, 목적에 맞게, 정확하게</u> 통합한다.
미국	<지식과 아이디어의 통합_K-12> • 단어뿐만 아니라 시각적, 양적으로 다양한 형식과 매체로 제시된 내용을 통합하고 평가한다. • 텍스트에 나타난 증거들의 관련성, 충분성, 논리의 타당성을 고려하여 <u>주장과 논거를 구분</u>하고 평가한다. • <u>저자의 관점을 비교</u>하기 위해 두 개 이상의 텍스트가 유사한 주제를 다루는 방법을 분석한다.		

호주 교육과정에 제시된 학년별 학습 수준(Level Description)과 성취 수준 (Achievement Standards) 중 다문서 읽기와 관련되는 항목을 살펴보면,[9] 7, 8학년 수준에서 다양한 텍스트가 맥락, 목적, 청중에 의해 영향을 받을 수 있다는

점을 이해하는 것 즉, 다문서의 내용 및 형식에 작용하는 영향 요인을 고려한 이해가 필요하다는 것을 강조한다. 특히, 7학년에 다양한 텍스트의 '출처 (sources)'와 '서로 다른 관점(different viewpoints)'이라는 용어가 등장하면서 다문서 읽기 교육 내용이 본격화된다. 9, 10학년 수준에서는 다문서 읽기 과정에서 서로 다른 텍스트의 형식이나 구조에 대한 인식과 이해도 병행되어야 함을 명시한다. 이 수준의 독자들은 상호 관련되는 다양한 텍스트를 이해하는 데 그치는 것이 아니라 해석하고 평가하고 토론하는 것까지 나아가야한다. 특히, 다양한 텍스트 간의 차이점을 바탕으로 한 비판적 이해, 현대의 디지털 미디어를 고려한 비판적 이해 능력을 함양해야 하며 다양한 텍스트에 대한 '독자 자신의 해석을 정당화'할 수 있어야 한다고 진술되어 있다.

뉴질랜드 교육과정의 성취 목표명인 '과정 및 전략'에 제시된 다문서 읽기의 수준(levels)을 살펴보면, 우리나라 중학교급에 해당하는 4수준에서 '아이디어를 확인하고, 형성하고, 표현하기 위해 다양한 출처의 정보, 과정, 전략들을 자신 있게 통합한다.'라는 항목이 제시된다. 학습 수준이 높아지면서 '자신 있게'라는 구절이 '자신 있게, 목적에 맞게(5-6수준)'로, '자신 있게, 목적에 맞게, 정확하게(7-8수준)'로 심화된다. 또 읽기 대상이 '아이디어(수준 4)'에서 '더욱 정교한 아이디어(수준 5-8)'로 구체화된다. 중학교급 수준에서는 다문서 읽기에 대한 자신감을 형성하고, 고등학교급으로 갈수록 읽기 목적이라는

---

9   호주 교육과정은 초등학교 저학년에서 기초적 읽기를 수행할 수 있고 5-6학년부터 본격적으로 디지털 텍스트를 포함한 다양한 텍스트에 대한 관점 이해와 통합을 수행할 수 있다고 제시된다. 가령, 4학년의 성취 수준은 '낯선 어휘와 다음절, 다양한 문장 구조를 포함하는 텍스트를 유창하게 읽을 수 있다'로 제시되지만, 5학년에서는 '다양한 텍스트에 담긴 축자적, 암시적 정보를 설명하고 분석할 수 있다'로 제시되어 다문서 읽기로 확장된다는 것을 확인할 수 있다. 6학년의 성취 수준인 '다양하고 복잡한 텍스트에 담긴 정보를 비교하고 분석한다'에서는 다문서 읽기 수준이 '분석(5학년)'에서 '비교 및 분석(6학년)'으로 심화되었음을 알 수 있다.

상황적 요소를 고려해서 읽고, 아이디어나 내용을 더욱 깊이 있게 이해하며 읽는 것이 강조된다는 것을 알 수 있다. 즉, '과정 및 전략'의 하위 목표로 제시된 '목적과 청중, 아이디어, 언어 특질'을 고려하여 교육 내용 위계화가 이루어졌다.

미국 교육과정은 '지식과 아이디어의 통합' 범주에서 주로 다문서 읽기 교육 내용이 제시된다. 유치원부터 고등학교급까지 모든 학년에 적용되어야 할 기준 성취기준(anchor standards)이 먼저 제시되고, 이를 토대로 학년별 세부 성취기준이 제시된다. '지식과 아이디어의 통합'에 제시된 기준 성취기준은 '1. 형식과 매체가 다양한 텍스트를 통합하고 평가하기, 2. 각 텍스트의 관련성, 충분성, 타당성을 고려하여 이해하고 평가하기, 3. 유사 주제의 서로 다른 글에 담긴 저자의 관점 비교하기'로 요약된다. 학교급에 따른 다문서 읽기의 수준 차이는 뒤에서 제시할 세부 성취기준에서 확인할 수 있다.

종합하면, 호주 다문서 읽기 관련 교육과정이 학년(군)별로 수준과 범위가 모두 확장되면서 위계화되는 데 비해, 뉴질랜드는 주로 교육 내용의 수준 측면에서 심화된다. 즉, 호주는 학년(군)이 높아지면서 독자의 다문서 읽기의 깊이나 사고 수준(수준), 다문서 읽기에 영향을 미치는 요인(범위)이 확장된다는 것을 명시적이고 구체적으로 기술한다. 이에 비해 뉴질랜드는 추상적이고 대강화된 용어로 수준이나 범위 변화를 간접 제시하는 특성을 보인다. 예컨대, '아이디어(수준 4) → 더욱 정교한 아이디어(수준 5-8)', '자신 있게(수준 4) → 자신 있고 목적에 맞게(수준 5-8)'와 같은 방식으로 위계화가 이루어진다. 미국 교육과정에 제시된 통합 기준은 위계화보다 요소 설정이 더 중요하게 고려된 것으로 보인다. 즉, 다양한 텍스트의 '내용과 형식', '저자의 관점', '관련성, 충분성, 타당성'이 통합과 평가의 주요 교육 내용으로 다루어지고 있다.

다음으로, 국외 중등 자국어 교육과정에 제시된 다문서 읽기 관련 성취기준을 제시하면 [표 V-6]과 같다.[10] 앞서 살펴본 학년(군)별 통합기준([표 V-5])과 중복 제시되는 경우도 있지만, 약간의 변형이 이루어지거나 적용 학년이 달라지는 경우도 있다.

[표 V-6] 국외 중등 자국어 교육과정의 다문서 읽기 관련 성취기준

국가	다문서 읽기 관련 성취기준
호주	• C_7학년: 이해 전략을 활용하여 다양한 텍스트 출처의 정보와 아이디어를 종합·분석·해석한다. • C_9학년: 이해 전략을 활용하여 다양한 텍스트에 제시된 쟁점, 사건, 상황, 특성들을 비교·평가하면서 분석하고 해석한다. • A_9학년: 다양한 텍스트에 대한 정보·의견·관점을 제시하기 위해 저자가 선택하는 언어 및 시각 자료의 조합을 이해하고 설명한다. • P_10학년: 이해 전략을 활용하여 텍스트 내·텍스트 간의 정보들을 비교·대조하면서 근거를 평가하고, 내재된 관점을 확인하고 분석한다. * P: 목적 및 청중(Purpose and audience), C: 이해 전략(Comprehension strategies) A: 텍스트 분석 및 평가(Analysing and evaluating texts) *출처: https://docs.acara.edu.au/resources/English_-_Sequence_of_content.pdf

---

10 국외 자국어 교육과정의 성취기준을 검토할 때 고려한 사항은 다음과 같다.
첫째, 이 책에서 제시하는 다문서 읽기의 과정은 탐색, 통합, 비판이지만, 외국의 교육과정을 그 틀에 맞추어 일률적으로 제시하기 어려운 측면이 있어 '다양한 텍스트를 읽고 이해하는 것'과 관련된 교육 내용 항목들을 요약 발췌하여 제시한다. 다만, 일본의 경우 최종적으로 제시한 내용 요소 항목의 특성이 탐색, 통합, 비판으로 구분되는 면이 있어 점선으로 표시한다.
둘째, 모든 나라가 우리나라처럼 '성취기준'이라는 이름으로 교육 내용 요소를 제시하는 것은 아니기 때문에 우리나라의 성취기준에 해당되는 내용을 참고하여 분석한다. 이는 교육과정에서는 '표준(Standards)'으로, 호주에서는 '내용 기술(Content Descriptions)'로, 뉴질랜드는 '지표(indications)'로, 일본은 '내용(內容)'의 하위 항목으로 제시된다.
셋째, 본고의 연구 대상은 중등 교육 내용에 한정되므로 중·고등학교 교육과정에 제시된 성취기준만을 검토 대상으로 삼아 표로 제시하고, 그 외 학교급의 성취기준이 필요할 경우 본문에 추가 기술한다.

	• P_수준 4-8: 즐거움과 개인적 만족을 위해 텍스트를 선택하고 읽는다.
	• P_수준 4: 점점 다양해지고 복잡해지는 텍스트를 이해하기 위해 다양한 정보 (source of information)와 사전 지식을 <u>자신 있게</u> 통합한다.
	‑i_수준 4: 다양한 맥락에서 텍스트 내·텍스트 간의 내용 및 쟁점(ideas)을 <u>생각해 봄으로써</u> 연결(connections)한다.
	‑i_수준 4: 저자들이 각기 다른 목소리와 특성을 가지고 있다는 것을 알고 그 차이를 <u>파악할 수 있다.</u>
	• P_수준 5-6: 점점 다양해지고 복잡해지는 텍스트를 이해하기 위해 다양한 정보와 사전 지식을 <u>자신 있게, 목적에 맞게</u> 통합한다.
	‑p_수준 5-6: 텍스트가 취하는 관점을 확인하고, 텍스트가 독자를 위치 지을 수 있다는 것을 인식한다.
	‑i_수준 5: 다양한 맥락에서 텍스트 내·텍스트 간의 내용 및 쟁점을 <u>탐구하며</u> (by exploring) 연결한다.
	‑i_수준 6: 다양한 맥락에서 텍스트 내·텍스트 간의 내용 및 쟁점을 <u>해석하며</u> (by interpreting) 연결한다.
뉴질 랜드	‑l_수준 5: 저자들이 각기 다른 목소리와 특성을 가지고 있다는 것을 <u>이해하고</u> 그 차이를 파악할 수 있다.
	‑l_수준 6: 저자들이 각기 다른 목소리와 특성을 가지고 있다는 것을 이해하고 그 차이를 <u>설명할 수 있다.</u>
	• P_수준 7-8: 점점 다양해지고 복잡해지는 텍스트를 이해하기 위해 다양한 정보와 사전 지식을 <u>자신 있게, 목적에 맞게, 정확하게</u> 통합한다.
	‑p_수준 7-8: 텍스트가 취하는 관점을 확인하고, 텍스트가 독자를 위치 지을 수 있다는 것을 <u>이해한다.</u>
	‑i_수준 7: 다양한 맥락에서 텍스트 내·텍스트 간의 내용 및 쟁점을 <u>분석하며</u> (by analysing) 연결한다.
	‑i_수준 8: 다양한 맥락에서 텍스트 내·텍스트 간의 내용 및 쟁점을 <u>분석·종합·평가하며</u>(by analysing, evaluating, and synthesising) 연결한다.
	‑l_수준 7-8: 저자들이 각기 다른 목소리와 특성을 가지고 있다는 것을 이해하고 그 차이를 <u>평가한다.</u>
	*P: 과정 및 전략(processes and strategies), p: 목적과 청중(Purposes and audiences), i: 아이디어(Ideas), s: 구조(Structure)

미국	• 7학년: 둘 이상의 저자가 동일 주제에 대해 다른 증거를 강조하거나 다른 해석을 내리는 것을 통해, 핵심 정보를 어떻게 달리 제시하는지 분석한다. • 8학년: 둘 이상의 텍스트가 동일한 주제에 대해 상충되는 정보를 제공하는 사례를 분석하고, 사실 및 해석 문제에 있어서 각기 다른 부분이 어디인지를 파악한다. • 9-10학년 -동일 화제를 다룬 서로 다른 매체(예: 한 인물의 삶이 담긴 인쇄물과 멀티미디어 둘 다)에 대한 설명을 분석하고 각 매체에서 어떤 사항이 강조되는지 확인한다. -미국의 역사적·문학적 중요성을 지닌 여러 텍스트(예: 워싱턴의 고별 연설, 게티스버그 연설, 루스벨트의 네 가지 자유에 관한 연설, 킹의 "버밍엄 감옥에서 온 편지")가 주제와 개념을 다루는 방식을 분석한다. • 11-12학년 -문제를 해결하기 위해 다양한 단어, 형식(예: 시각적, 양적), 매체로 표현된 복수의 정보 출처들을 통합하고 평가한다. -17세기, 18세기, 19세기 미국의 역사적·문학적 중요성을 지닌 여러 텍스트(독립선언서, 헌법 전문, 권리장전, 링컨의 제2차 취임사)를 주제, 목적, 수사적 특징을 중심으로 분석한다.
일본	• B_중1: 학교 도서관 등을 이용하여 다양한 정보를 얻고 생각한 것을 보고하고 자료로 정리한다. • B_중2: 책이나 신문, 인터넷 등에서 수집한 정보를 활용하여 설명하고 제안한다. • B_고: 관심 있는 일에 대해 여러 가지 자료를 조사하고 그 성과를 발표하거나 보고서 및 소논문으로 정리한다. • A_중2: 목적에 맞추어 두 가지 이상의 정보를 정리하여 선별한다. • B_중3: 논설, 보도 등의 글을 비교하며 읽고 토론하거나 글로 정리한다. • A_고: 글의 유형을 근거로 다른 글과의 관계를 파악하고, 내용이나 구성을 정확하게 이해한다.

- A_고: 관련된 글이나 자료를 바탕으로 저자의 입장이나 목적을 생각하면서 내용을 깊이 있게 해석한다.
- A_고: 유사한 제재나 주제와 관련된 다양한 글이나 자료를 바탕으로, 필요한 정보를 관계지어 자신의 생각을 확장한다.
- B_고: 같은 사안에 대해 다른 논점을 가진 복수의 글을 비교하며 읽고 논하거나 비평하는 활동을 한다.

*A: 학습 내용, B: 수행 활동
*출처: http://www.mext.go.jp/a_menu/shotou/new-cs/1384661.htm

호주의 7학년 성취기준에는 '다양한 텍스트 출처의 정보와 아이디어를 종합·분석·해석'하는 내용이 제시되면서, 다문서에 담긴 다양한 형식적, 내용적 정보들을 '해석'하는 것까지 나아가도록 한다. 8학년에서는 다문서 읽기에 대한 '평가'가 시작된다. 9학년이 되면서 '쟁점, 사건, 상황, 개인 또는 집단의 다양한 관점'을 고려하여 읽는 것이 목표로 제시된다. 다문서가 수용·생산되는 맥락과 독자 자신의 읽기 목적이 복합적으로 고려되는 것이다. 또, 9학년에서 중요한 점은 다문서 읽기와 문법 인식(혹은 언어 인식)이 긴밀하게 연결되도록 구성되어 있다는 점이다. 이는 '저자가 자신의 의견을 제시하기 위해 선택하는 언어 및 시각 자료'라는 용어로 제시된다. 10학년에서는 다문서에 대한 '비교, 대조', '평가', '관점 분석' 등의 수준 높은 성취기준이 복합적으로 제시된다.

뉴질랜드 교육과정은 호주와 달리 탐색적 다문서 읽기에 관한 지표가 수준별로 동일하게 한 개씩 제시되는데, 이는 '즐거움과 개인적 만족을 위해 텍스트를 선택하고 읽는다(P_수준 4-8).'라는 항목이다. 반면 통합적 다문서 읽기가 각 수준에서 목표마다 달리 제시되는 것을 보면, 뉴질랜드 교육과정에서는 탐색적 읽기보다 통합적 읽기에 더 큰 중점을 두는 것으로 보인다.

다문서 읽기 교육 내용의 구조는 '다양한 정보와 사전 지식의 통합(과정과 전략), 텍스트의 관점 및 저자와 독자의 관계 설정에 대한 인식(목적과 청중, 독자), 다양한 맥락을 고려한 통합 및 텍스트 간의 내용과 쟁점 통합(아이디어), 각 저자들의 목소리와 특성의 차이점 이해(구조)'로 범주화되고, 교육과정 수준에 상관없이 반복 제시된다.

다문서 읽기 수행은 교육과정 수준에 따라 심화되고 구체화된다. 예컨대, '아이디어' 측면에서 4수준의 학습자들은 다양한 맥락에서 텍스트 내·텍스트 간의 내용 및 쟁점을 '생각해 봄으로써 연결'할 수 있어야 한다. 5-6 수준에서 학습자들은 텍스트 간 내용 및 쟁점을 '탐구함으로써(5수준)', '해석함으로써(6수준)' 다문서를 통합할 수 있다. 7-8 수준에서는 '분석함으로써(7수준)', '분석·종합·평가함으로써(8수준)' 다문서를 통합할 수 있다. 또한 자신 있게(4수준) 통합해야 한다는 지표를 읽기 상황('목적에 맞게', 5-6수준) 및 읽기 대상('정확하게', 7-8수준)을 고려한 통합적 이해보다 먼저 제시하는 것으로 보아 다문서 읽기를 수행하는 독자들의 태도를 중요하게 고려한다는 것을 알 수 있다.

그 외의 특징은 비판적 다문서 읽기에 대한 교육 내용 요소가 7-8 수준(우리나라 고등학교 수준)에서 '다양한 맥락에서 텍스트 간 내용 및 쟁점을 분석·종합·평가하며 연결한다'는 지표로 등장한다는 점이다. 고등학교급에서 비판적 다문서 읽기 교육 내용이 등장하는 것은 우리나라와의 공통점이다.

미국 자국어 교육과정의 다문서 읽기 교육 내용은 유치원 과정부터 제시된다. 호주, 뉴질랜드, 일본 교육과정에서 초등학교 1학년부터 다문서 읽기 교육 내용을 제시하는 것과 차이가 난다. 그만큼 다양한 텍스트를 통합적으로 읽는 것이 강조되는 국가 교육과정이라 볼 수 있다.

중학교급 성취기준을 살펴보면 다문서 간의 단순 비교가 아니라 다문서 간에 차이가 발생하는 근원을 생각해 보도록 하는, 맥락 속의 텍스트 읽기에 방점을 둔다. 가령, 7학년에서는 다양한 텍스트에 담긴 '서로 다른 증거, 서로 다른 해석, 서로 다른 제시 방식'에 대해 이해하는 것을 강조한다. 8학년에서는 서로 상충되는 혹은 불일치하는 정보가 있는 다양한 텍스트를 읽으며 사실에 대한 기술과 해석이 다른 부분을 파악하는 것을 주 내용으로 삼는다. 고등학교에서는 다문서 읽기의 대상을 양적 측면, 형식적 측면으로 확장하고 매체에 따른 텍스트의 특성을 분석·통합·평가하도록 한다. 또한 다문서 읽기를 미국의 역사적·문학적 가치가 담긴 텍스트를 분석하는 데 적용할 수 있도록 안내하고 있다.

일본 자국어 교육과정의 다문서 읽기 교육 내용에서 특징적인 것은 초등학교 1~2학년부터 도서관 탐색 활동을 수행하도록 한다는 것이다('도감이나 과학책을 읽고 알게 된 것을 설명한다.'). 중학교 2학년에서는 도서관 방문뿐 아니라 신문, 인터넷 등 정보를 찾을 수 있는 다양한 매체 환경 속에서 정보를 수집하고 이를 활용할 수 있도록 하는 활동이 제시된다(B_중1, B_중2). 고등학교에서는 여러 자료를 조사한 후 보고서나 논문으로 정리하는 활동을 한다. 이처럼 탐색적 다문서 읽기 내용이 '학습 내용' 범주보다는 '수행 활동'으로 제시되는 것으로 보아, 정보 탐색의 성격을 독자의 수행과 태도 측면에서 접근한다는 것을 알 수 있다. 통합적 다문서 읽기는 초등학교 5-6학년부터 제시되고('설명, 해설 등의 글을 비교하며 읽고, 알게 된 것이나 생각한 것을 나누고 정리한다'), 비판적 다문서 읽기는 고등학교급부터 제시된다(B_고: 같은 사안에 대해 다른 논점을 가진 복수의 글을 비교하며 읽고 논하거나 비평하는 활동을 한다).

지금까지 살펴본 국외 교육과정의 특성을 종합하면 첫째, 모든 나라에서 초등학교 1학년부터(미국은 유치원부터) 기초적인 다문서 읽기 교육 내용을 제시하고, 중학교부터는 그 폭과 깊이를 확장하고 심화한다. 둘째, 호주, 미국은 탐색적 다문서 읽기와 직접적으로 관련된 성취기준이 없지만, 뉴질랜드와 일본은 별개의 성취기준으로 제시한다. 특히, 일본은 우리나라 교육과정과 거의 유사한 내용의 탐색적 다문서 읽기 관련 성취기준이 제시된다. 셋째,

저학년에서 탐색적 다문서 읽기나 통합적 다문서 읽기 관련 성취기준이 제시되고 고등학교급에 가서 비판적 다문서 읽기 관련 성취기준이 제시되는 것은 우리나라를 포함한 대부분의 외국 자국어 교육과정의 공통적 특성이다(호주 제외).

2. 다문서 읽기 교육 내용 설계

교육 과정 설계란 교육과정을 구성하는 요소들, 즉 교육 목표, 교육 내용, 교육 방법, 교육 평가 등의 성격과 내용을 밝히고, 이들 요소가 하나의 체계적인 교육과정으로 결합될 수 있도록 배열하는 작업이다(소경희, 2017). 교육 내용 설계는 그중 교육 목표, 교육 내용에 초점을 두어 교육 방식 및 내용을 구안하는 것이다. 다문서 읽기 교육 내용은 교육의 목적과 목표, 교육 내용 체계에 제시된 교육 내용을 성취기준과 학습 요소로 구체화한 교수·학습 내용이다. 이번에는 2장에서 논의한 다문서 읽기의 개념과 특성에 기반하고 앞서 검토한 국내·외 교육과정의 특성을 반영하여 다문서 읽기 교육의 목적 및 목표를 설정하고, 교육 내용 체계화의 방향을 제시한다. 그 후 4장에서 도출된 연구 결과와 앞서 진행한 국내외 교육과정 검토를 바탕으로 내용 체계를 구조화하고, 교육 내용의 수준 및 범위를 설정하고자 한다. 마지막으로 다문서 읽기 교육 내용 요소에 기반하여 성취기준을 제시할 것이다.

1) 교육 목적 및 목표

다문서 읽기 교육의 목적은 개인적 목적과 사회적 목적으로 구분하여 살펴볼 수 있다. 개인적 목적은 다문서 읽기 관련 지식과 방법을 내면화하고,

그 과정에서 주제 신념을 주체적으로 형성하고 성찰하도록 하는 데 있다. 독자 개인의 읽기 능력을 함양하고, 자아 정체성을 형성하는 데 다문서 읽기 교육이 활용될 수 있다.

사회적 목적은 독자가 다문서 읽기 수행을 생활화하고, 개인의 읽기 활동을 비판적 사회 실천 및 참여 활동으로 확장하도록 하는 데 있다. 다른 모든 교육이 그러하듯, 다문서 읽기 교육의 목적 역시 독자 개인의 발전과 성장에 그치는 것이 아니라, 사회적 개인으로 성장하도록 돕는 데 있다. 다문서 읽기 교육의 궁극적 목적은 일회적 다문서 읽기로 끝나는 것이 아니라 독자들이 평생에 걸쳐 다양한 텍스트들을 읽는 것, 그 과정에서 형성되고 확립되는 신념들을 자신의 삶 속에서, 사회 속에서 공동체와 협력하며 실천하고 사회를 변화시키기 위해 도전하는 것에 있다.

교육 목표는 교육 활동의 목적을 실현하기 위하여 달성해야 할 사항으로, 교육 목적을 구체화한 항목이라 할 수 있다. 다문서 읽기 교육의 목표를 제시하면 다음과 같다.

[표 V-7] 다문서 읽기 교육의 목표

다양한 텍스트를 탐색하고, 통합하고, 비판하며 읽는 과정을 통해 비판적·창의적 사고 역량, 디지털·미디어 역량, 의사소통 역량, 자기 성찰·계발 역량을 중점적으로 기른다.
 • 다양한 텍스트 자료를 탐색하고, 통합하고, 비판하면서 자신의 생각을 창의적으로 표현한다. • 텍스트의 내용, 형식, 출처, 과제를 고려한 다문서 읽기 방법을 익혀 텍스트 관련 주제, 읽기 공동체와 협력적으로 의사소통한다. • 다문서 읽기를 통해 독자의 주제 신념을 형성하고 성찰하는 태도를 기름으로써 개인과 공동체의 문제에 관심을 가지고 협력하여 문제를 해결하는 데 기여한다.

위의 교육 목표에서 강조하는 바는 다음과 같다. 첫째, 다문서 읽기 교육은

일반 읽기 교육과 마찬가지로 학습자의 다문서 읽기 지식, 기능, 태도 함양을 도모해야 한다. 이에 다문서 읽기 교육의 목표는 독자들이 다양한 글을 읽는 데 도움이 되는 지식을 알고, 읽는 방법을 익히며, 그와 관련되는 태도를 함양하도록 하는 데 있다. 이를 통해 다문서 읽기와 관련된 삶의 문제를 해결할 뿐 아니라 현실의 삶에서 주체적으로 행동하는 독자를 양성할 수 있다.

둘째, 다문서 읽기 교육은 궁극적으로 국어 역량 함양을 위해 계획 및 실행되어야 한다. 다문서 읽기 교육은 국어 교과에서 추구하는 여섯 가지 역량 중 비판적·창의적 사고 역량, 디지털·미디어 역량, 의사소통 역량, 자기 성찰·계발 역량을 함양하는 것을 목표로 한다. 다문서 읽기 교육은 다음과 같은 지점에서 각 역량과 관련된다.

다문서 읽기 교육은 독자로부터 다양한 글을 주체적인 관점에서 해석하고 평가하여 새롭고 독창적인 의미를 부여하거나 구성하도록 한다는 점에서 비판적·창의적 사고 역량과 관련된다. 디지털·미디어 역량은 다문서 읽기 교육이 필요한 자료나 정보를 인쇄 텍스트뿐 아니라 디지털 텍스트 환경에서 수집·분석·평가하고 이를 효과적으로 활용하여 의사 결정을 하거나 문제를 해결하는 능력을 길러준다는 점에서 관련된다. 의사소통 역량은 다문서 읽기 교육이 다양한 글을 읽으면서 생각과 느낌, 경험을 수용함과 동시에 독자 자신의 의미를 생산하고 자아와 타인, 세계와의 관계를 (재)구성하는 능력을 길러준다는 측면에서 관련된다. 자기 성찰·계발 역량은 다문서 읽기 교육이 독자가 다양한 글을 읽으며 삶의 가치와 의미를 끊임없이 반성하고 성찰하며 변화하는 사회에서 필요한 재능과 자질을 계발하고 관리하는 능력을 기르도록 한다는 점에서 관련된다. 이들 역량은 미래 사회에서 필요한 핵심적인 능력 요소로서, 다문서 읽기 교육을 통해 함양할 수 있다.

셋째, 다문서 읽기 과정인 정보 탐색, 통합, 비판을 세분화하여 교육함과 동시에 총체적으로도 교육할 수 있어야 한다. 다문서 읽기 상황에서 독자들은 서로 다르거나 대립되는 텍스트들 중 자신의 읽기 목적에 맞는 텍스트를 찾아 읽고, 몇몇 텍스트를 특정 지점에서 관련지어 읽고, 다른 텍스트나 맥락을 고려하여 텍스트에 대해 판단하고 성찰하며 읽는다. 또한 세 과정은 서로 상호작용하면서 독자의 의미 체계를 구축한다. 탐색적 다문서 읽기에서 접하는 텍스트들은 곧 비판적 다문서 읽기의 대상이 되고, 탐색적 다문서 읽기의 결과물로서의 텍스트들은 통합적 다문서 읽기의 자료가 된다. 탐색적 다문서 읽기는 비판적 다문서 읽기의 수행 정도나 수준을 평가할 수 있는 준거가 되며, 통합적 다문서 읽기의 질에 영향을 미친다. 따라서 정보 탐색·통합·비판을 체계적으로 교육하되, 총체적 다문서 읽기 교육을 전제로 하는 것이 바람직하다.

넷째, 다문서 읽기 과정에 영향을 미치는 주요 요인인 텍스트, 출처, 과제, 독자의 배경지식 및 신념을 인식하고 적용할 수 있도록 교육해야 한다. 텍스트는 내용과 형식으로 구성되고, 출처는 텍스트의 저자, 배경을 포함한다. 과제는 독자의 읽기 목적으로서의 과제뿐 아니라 텍스트의 과제 관련성 측면이 포함된다. 독자의 읽기 과제는 읽기 상황에 따라 단기적, 장기적 과제로 구분될 수도 있고 학습 과제, 여가 과제 등으로 구분될 수도 있다. 텍스트의 과제 관련성은 특정 텍스트가 다른 텍스트와 지니는 관련성, 특정 텍스트가 과제와 갖는 관련성으로 구분된다. 독자의 배경지식과 신념 또한 중요한 요인이다. 특히, 동일 주제의 서로 다른 여러 글을 읽는 상황에서 독자들의 주제 신념을 형성하고 성찰하는 것은 다문서 읽기의 중요한 목표이다.

2) 교육 내용 설계의 방향

지금까지 살펴본 국내·외 교육과정의 특성을 바탕으로 다문서 읽기 교육 내용 체계화의 방향을 '내용 체계, 내용 조직, 내용 선정' 측면에서 제시하면 다음과 같다.

본고에서 설정하고자 하는 내용 체계 구축의 방향은 과거 교육과정부터 현행 교육과정까지 적용되어 온 '지식, 기능, 태도'의 3원 체제를 유지하되, 교육과정 내용 구성의 핵심 요소는 '내용 범주'와 '핵심 개념'으로 구성하고자 한다.

내용 조직의 방향을 제시하면 첫째, 교육 내용의 종적 연계성 확보를 위해 학습자의 이론적 발달 수준과 이 연구에 참여한 학습자들이 보여준 읽기 수준을 고려한다. 또한 호주와 뉴질랜드 교육과정의 위계화 방식과 각국에서 동일 내용이 공통적으로 언급되는 시기를 참고한다. 둘째, 교육 내용의 횡적 연계성 확보를 위해 다문서 읽기의 과정과 요소를 종합하는 방안을 제안한다. 이때 다문서 읽기가 영역 통합적으로 제시된 호주와 뉴질랜드 교육과정의 위계화 방식을 참고한다.

내용 선정의 방향을 제시하면 첫째, 다문서 읽기는 탐색, 통합, 비판 과정으로 이루어지며, 각 과정은 긴밀한 연계성을 지닌다. 특히 기존 교육 내용은 탐색적 다문서 읽기가 읽기 주로 '태도'로 다루어져, 다른 읽기 과정과의 연계성을 확보하지 못했기 때문에 이 부분을 구체화하는 데 중점을 둘 것이다. 또 다문서 읽기의 과정인 탐색, 통합, 비판을 지식, 기능, 태도 측면에서 종합적으로 교육할 수 있도록 구성하고자 한다.

둘째, 다문서 읽기의 요소에 기반한 세부 전략들을 교육 내용으로 구성한다. 지금까지의 교육과정에서는 다문서 '탐색'이 적극적인 인지 전략으로 구성되지 못했고, 세부 전략에 대한 내용이 제시되지 않았다. 탐색적 다문서 읽기의 태도적 측면이 곧바로 지식 축적이나 전략 활용으로 전이되기는 어렵다는 점을 고려하면, 탐색 전략을 구체화하여 제시하는 것이 필요하다. 이를 위해 본고에서는 디지털 텍스트 읽기 상황을 포함하는 탐색적 다문서 읽기 전략을 중요한 교육 내용으로 구성한다. 또한 단일문서의 읽기 전략들이 다문서 읽기에 그대로 전이되기 어렵기 때문에 본 연구 결과로 도출된 다문서 읽기 전략을 반영하여 단일문서 읽기 중심의 교육과정과 구분되는 다문서 읽기의 세부 전략을 제시할 것이다.

셋째, 다문서 읽기의 요인을 고려하여 교육 내용을 구성한다. 2장에서 밝혔듯 다문서 읽기에서는 단일문서 읽기에 비해 출처, 과제, 독자 요인의 중요성이 크게 부각된다. 다문서 읽기 상황에서는 개별 텍스트 요인보다는 다른 텍스트와의 관계 속에서 재구성되는 의미가 중요하고, 이는 독자에 의해서만 성립된다는 점, 텍스트의 출처에 의해 다문서의 의미 구조가 달라질 수 있다는 점, 과제 관련성에 의해 텍스트의 취사 선택과 의미 구성이 달라질 수 있다는 점에서 다문서 읽기의 요인에 대한 인식과 적용을 강조할 필요가 있다.

넷째, 독자의 '주제 신념'을 다문서 읽기 태도 범주의 내용 요소로 포함한다. 유사한 주제의 다양한 텍스트를 읽는 독자들은, 단일 텍스트를 읽는 독자들에 비해 해당 주제에 대한 자신의 생각과 의견을 형성하거나 재구성하기 쉽다. 독자들은 다문서 읽기를 통해 여러 텍스트에 내재된 의미를 파악하는 데서 끝나는 것이 아니라 텍스트 간의 관련 의미를 파악하고, 다문서가 공통으로 다루는 주제에 대한 독자의 생각을 형성하고 성찰할 수 있는 도전적 기회를 얻기 때문이다. 이는 다문서 읽기 교육의 궁극적 목적이라고도 볼 수 있다. 이에 다문서 읽기를 통한 독자의 주제 신념 형성 및 성찰을 태도 측면에서 부각하고자 한다.

3) 교육 내용 체계

다문서 읽기의 교육 내용 체계는 '내용 범주'와 '핵심 개념'으로 구성한다.

그중 교육 내용 범주는 '지식, 기능, 태도'로 구성된다([표 V-8] 참고). '지식' 범주는 현행 교육과정 내용 체계의 '읽기의 지식·이해'에 해당하는 것으로, 다문서 읽기의 본질을 드러내는 다문서의 몇 가지 특성들에 대한 교육 내용이다. '기능'은 현행 교육과정 내용 체계의 '읽기의 과정·기능'에 해당하는 것으로, 다문서 읽기 과정에서 활용할 수 있는 읽기 전략과 관련된 내용이다. '태도'는 현행 교육과정 내용 체계의 '읽기의 가치·태도' 범주와 동일하며, 이 범주에서는 특히 다문서 읽기 성향 함양과 실천을 강조한다.

[표 V-8] 다문서 읽기 교육 내용 체계

내용 범주	핵심 개념
지식	• 다문서의 형식적·내용적·구조적 특성 이해 • 다문서 읽기의 상황적 특성 이해
기능	• 탐색적 다문서 읽기 • 통합적 다문서 읽기 • 비판적 다문서 읽기
태도	• 다문서 읽기의 가치 인식 및 생활화 • 다문서 읽기를 통한 주제 신념 구성 및 실천

다문서 읽기 교육 내용의 핵심 개념은 범주마다 달리 설정하였다. '지식' 범주에는 다문서 읽기 상황에서 필요한 다양한 텍스트의 형식적·내용적·구조적 특성, 다문서 읽기의 상황적 특성이 포함된다. 이 범주는 독자가 다문서를 전략적으로 읽고, 읽기 태도를 형성하는 바탕이 된다. 다문서의 형식적 특성에는 텍스트의 '개수, 양식, 매체, 난도'가 포함되고, 다문서의 내용적 특성에는 텍스트의 '내용, 출처(저자, 배경)'이 포함된다. 구조적 특성에는 '쟁점 중심의 다문서 구조, 쟁점·출처 중심의 다문서 구조'에 관한 내용이 포함될 수 있다. 상황적 특성에는 다문서 읽기의 '과제'와 관련된 내용이 포함된다.

'기능' 범주에서는 독자가 다문서 읽기 상황에서 활용할 수 있는 탐색적·통합적·비판적 다문서 읽기 전략을 핵심 개념으로 마련하였다. 이 범주는 다문서와 다문서 읽기에 대한 지식을 바탕으로 실질적 읽기 능력을 발휘하여 읽을 수 있는 방법을 제시한다. 탐색적 다문서 읽기의 하위 내용에는 '다중적 접근, 거시적 조망, 읽기 경로 구축'이 포함된다. 통합적 다문서 읽기는 '의미 정교화, 다문서 구조화, 해석의 입체화'로 구성된다. 비판적 다문서 읽기는 '다면적 평가, 반론 및 대안 제시, 신념 성찰 및 실천 다짐'으로 구성된다.

'태도' 범주에서는 독자가 다문서 읽기의 즐거움, 가치, 중요성 등을 인식하고 다문서 읽기 활동을 생활화하는 것, 다문서 읽기를 통해 주제 신념을 구성하고 성찰하며 실천하는 교수·학습 내용을 핵심 개념으로 마련하였다. 가치 인식 및 생활화 항목에는 '다문서 읽기에 대한 가치 인식, 개인적·사회적 삶으로의 적용'에 관한 내용이, 주제 신념 구성 및 실천 다짐 항목에는 '다문서 읽기를 통한 주제 신념 형성, 주제 신념 성찰 및 실천'으로 구성된다. 이 범주는 다문서 읽기에 대한 지식과 방법을 독자 개인의 정신적·실천적 삶에 적용하고 확장할 수 있는, 다문서 읽기 교육의 궁극적 지향점이다.

4) 교육 내용 요소 및 성취기준 설정

(1) 교육 내용 조직 방식

본고에서 설정한 교육 내용 설계의 방향과 교육 내용 체계에 기반하여 교육 내용을 조직하고자 한다. 교육 내용을 어떻게 조직해야 하는가 하는 문제는 교육 내용 설계의 핵심 작업에 해당한다(김재춘, 2017; 소경희, 2017). 교육은 조직된 교육 내용을 바탕으로 실행되기 때문이다. 앞에서 '핵심 개념'으로 언급한 교육 내용의 개념들을 조직하는 데 있어서 고려해야 할 핵심적인 요소는 '수준(sequence, 계열)'과 '범위(scope)'이다(김재춘, 2017: 190, [그림

V-1] 참고).

　수준은 교육 내용을 제시하는 순서를 결정하는 것으로, 서로 다른 학년
간의 내용 배열 문제에 해당한다. 이는 주로 교육 내용의 종적 조직을 의미한
다. 범위는 교육에서 다룰 내용의 폭과 깊이를 지칭하는 것으로, 동일 학년
내의 내용 배열 문제와 관련되며, 교육 내용의 횡적 조직에 해당한다. 교육
내용을 조직할 때에는 반드시 교육 내용의 수준과 범위가 고려되어야 한다.

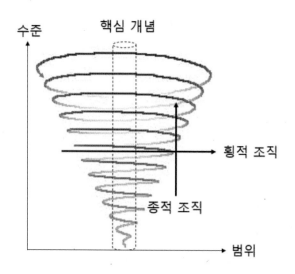

[그림 V-1] 교육 내용 조직의 요소

　다문서 읽기 교육 내용의 수준은 학교급별 독자들의 인지적·정의적 수준
을 고려해서 설정할 필요가 있다. 이는 독자의 발달 단계 혹은 해당 학년(군)
의 독자들이 어느 정도의 다문서 읽기 수행을 할 수 있는가를 기준으로 결정
된다. 예컨대, 다문서 읽기의 기초 수준은 인지적 측면에서 두 개의 텍스트에
나타난 공통점과 차이점을 이해할 수 있는 정도, 정의적 측면에서 두 개의
텍스트를 연결해 읽는 것을 생활화하는 것으로 설정할 수 있다. 고등 수준은

인지적 측면에서 다양한 텍스트를 출처와 독자 자신의 상황을 고려하여 다문서 읽기 전략을 활용해 읽는 것으로 설정할 수 있다. 정의적 측면에서는 독자들이 다양한 텍스트를 읽으며 기존의 자기 신념을 성찰하고 재구성하고 다문서를 지속적으로 읽으려는 의지를 지니며, 이를 사회 공동체의 문제 해결을 위해 적용하는 실천적 태도를 지니는 것으로 설정할 수 있다.

다문서 읽기 교육 내용의 수준을 고려한 조직 방식은 미국과 뉴질랜드 교육과정에 잘 드러난다는 것을 앞서 확인하였다. 미국 교육과정에서는 '기준 성취기준'에 따른 학년별 성취기준이 학년 발달 상황에 따라 복잡도가 증가하는 모습을 보인다. 특히, CCSS 부록(Appendix A: 6)에도 학생들에게 제시되는 텍스트의 복잡도가 단순한 구조에서 복잡한 구조로, 명시적 내용에서 함축적 내용으로, 관습적 내용에서 비관습적 내용으로, 축어적 의미에서 비유적인 의미로, 명료한 의미에서 모호한 의미로 점점 증가해야 함을 명시하고 있으며, 이에 따라 다문서 읽기 교육 내용과 관련된 학년별 성취기준도 텍스트 복잡도를 고려하여 제시되어 있다.

뉴질랜드 다문서 읽기 성취기준 역시 교육과정 수준(우리나라의 '학년군' 개념)에 따라 심화되고 구체화된다. 예컨대, '아이디어' 측면에서 4수준의 학습자들은 다양한 맥락에서 텍스트 내·텍스트 간의 내용 및 쟁점을 '생각해 봄으로써 연결'할 수 있어야 한다. 5-6 수준의 학습자들은 텍스트 간의 내용 및 쟁점을 '탐구함으로써(5수준)', '해석함으로써(6수준)' 다문서를 통합할 수 있다. 7-8 수준에서는 '분석함으로써(7수준)', '분석·종합·평가함으로써(8수준)' 다문서를 통합할 수 있다. 이러한 진술 방식을 통해 교육 내용의 수준을 고려하여 교육 내용을 조직하였다는 것을 알 수 있다. 이처럼 다문서 읽기 교육 내용의 수준을 독자의 읽기 발달 수준, 실제 학교급 독자들의 수준을 고려하여 설정할 것이다.

다문서 읽기 교육 내용의 범위는 다문서 읽기 시 고려해야 할 요인들을 고려해서 설정할 필요가 있다. 다문서 읽기에는 다양한 텍스트에 담긴 정보뿐 아니라, 텍스트의 저자·배경과 같은 출처, 읽기 상황을 좌우하는 과제, 독자의 배경지식이나 신념 등이 영향을 미친다. 이를 교육 내용화할 때 가장 기본적인 범위로 설정할 수 있는 것은 텍스트의 형식과 내용 기반의 읽기이고, 가장 확장된 범위는 사회·문화적 배경과 독자의 신념 형성에 기반한 다문서 읽기가 될 것이다.

앞서 살펴본 교육과정을 예로 들자면, 우리나라 현행 교육과정에서 다루는 다문서 읽기의 범위는 이전 개정 교육과정에 비해, 학교급이 높아질수록 넓어지고 깊어진다. 예컨대, 텍스트 정보 측면에서는 다양한 텍스트의 '형식'을 이해하는 것에서 '관점과 형식'([10공국2-02-01])으로 확장된다. 출처는 한동안 고려되지 않다가 6차 교육과정부터 '저자의 의도나 목적, 관점'이 강조되고, 현행 교육과정에는 '다양한 관점'([6국02-04]), '서로 다른 관점([10공국2-02-01])'이라는 용어로 종합된다. 또 다문서 읽기 시 고려해야 하는 사회·문화적 맥락(배경)은 2007 개정 교육과정부터 본격적으로 제시되었다. '맥락'이 내용 체계의 하위 범주로 포함되면서 사회·문화적 맥락을 고려한 다문서 읽기가 더불어 강조되었다고 볼 수 있다.

또한 초등학교급에서는 문제를 해결하기 위한 실용적 목적으로 다문서 읽기를 언급하고([6국02-04]) 중학교급에서는 진로나 관심 분야와 관련된 다문서 읽기를 제시하는 것([9국02-07])에 비해, 고등학교급에서는 진로 독서뿐 아니라 읽기 목적([10공국2-02-01], [12독작01-02]), 논증([10공국1-02-01]), 교과 학습([12독작01-13]), 디지털 매체([12주탐01-06]) 등을 고려한 다문서 읽기로 확장된다. 학교급이 높아질수록 다문서 읽기의 요인을 더 폭넓게 다루고 적용 범위를 확장한다는 것을 알 수 있다.

호주 교육과정에서도 7학년에서는 '출처(sources)'와 '서로 다른 관점(different viewpoints)'에 대한 이해를 중심으로 하는 다문서 읽기 교육 내용이 제시되는 데 비해, 7, 8학년에서는 다양한 텍스트가 맥락, 목적, 청중에 의해 영향을 받을 수 있다는 점을 이해하는 것이 필요하다는 것을 강조한다. 9, 10학년의 독자들은 관련되는 여러 텍스트를 이해하는 데 그치는 것이 아니라 해석하고 평가하고 토론하는 것까지 나아가야 한다. 특히, 여러 텍스트 간의 차이점을 바탕으로 한 비판적 읽기, 디지털 미디어를 고려한 비판적 읽기 능력을 함양해야 하며 여러 텍스트에 대한 '독자 자신의 해석'을 정당화할 수 있어야 한다. 이러한 진술 방식을 통해 교육 내용의 범위를 고려하여 교육 내용을 조직한 사례를 확인할 수 있다.

(2) 내용 설정을 위한 독자들의 다문서 읽기 수준 및 범위 검토

지금까지 살펴본 다문서 읽기 교육 내용의 수준과 범위를 교육과정으로 구현하기 위해서는 실제 중·고등학생의 다문서 읽기의 수준과 양상을 고려해야 한다. 다문서 읽기 교육 내용의 수준은 다문서 읽기에서 나타나는 독자의 학년(군)별 수행 정도를 고려하여 설정할 수 있다. 이에 독자들의 수행 정도를 4장에서 도출한 다문서 읽기 전략의 양적 수준(읽기의 빈도)과 질적 수준(사고의 깊이와 범위)을 통해 확인해 보고자 한다.

4장의 연구 결과를 시각화한 [표 V-9][11]를 보면, 중·고등학생 독자들이 탐색적·통합적·비판적 다문서 읽기를 모두 수행할 수 있는 것으로 확인된다. 하지만 중학생 독자들은 고등학생 독자들보다 다문서 읽기의 수준이나 정도 면에서 미숙한데, 그중에서도 비판적 다문서 읽기에서 많은 차이를 보인다.

---

11 [표 V-9], [표 V-10], [표 V-11]에서 제시하는 독자들의 다문서 읽기 수준은 실험 중 독자들의 발화의 양과 질, 그들이 작성한 다문서 구조도, 실험 후 활동지 기입 결과, 사후 면담 등을 토대로 구성하였다. 이와 관련된 모든 상세 결과는 4장에서 분석하고 제시하였다. 세 표에서 제시하는 읽기 수준 '상·중·하'를 구분하는 기준은 읽기 수행의 양(빈도)과 질(수준)의 적절성이다.

[표 V-9] 교육 내용 설정을 위한 과정별 다문서 읽기 수준 시각화

다문서 읽기 과정 \ 학교급	중학생			고등학생		
수준	하	중	상	하	중	상
탐색						
통합						
비판						

[표 V-9]에 나타난 독자들의 다문서 읽기 과정별 수준 차이와 유사하게, 우리나라 교육과정과 국외 자국어 교육과정은 대체로 탐색적 다문서 읽기(뉴질랜드, 일본)와 통합적 다문서 읽기(호주, 뉴질랜드, 미국, 일본)를 초등학교부터, 비판적 다문서 읽기를 중학교급(호주)이나 고등학교급(미국, 뉴질랜드, 일본)부터 제시한다.

탐색적 다문서 읽기와 통합적 다문서 읽기를 초등학교 시기부터 제시할 필요가 있다는 데는 동의하나, 이 연구는 초등학교 독자들을 대상으로 하지 않았고 다문서에 대한 기초적 읽기에 대해서는 다루지 않았으므로 중학교 시기부터 제시하는 것으로 한다.

비판적 다문서 읽기의 경우 우리나라를 포함한 뉴질랜드, 미국, 일본 교육과정은 고등학교급부터 제시하고 있지만, 4장에서 밝힌 독자들의 다문서 읽기 수행 수준을 반영하고 호주 교육과정이 다문서 비판 교육 내용을 8학년부터 제시한다는 것을 참고하면 중학교급에 기초적인 비판적 다문서 읽기를 제시하는 것이 가능하다고 판단된다. 이에 비판적 다문서 읽기와 관련된 교육 내용 역시 중학교급부터 설정하고자 한다.

교육 내용을 상세화하기 위해서는 다문서 읽기 과정의 세부 전략 활용에서 학교급의 차이가 나타나는지, 동일 학교급의 독자들이라 하더라도 세부 전략별로 다른 이해 정도를 보이는지 검토할 필요가 있다. 4장의 연구 결과를

시각화한 [표 V-10]을 보면, 같은 학교급의 독자라 하더라도 세부 전략에 따라 수행 정도에 차이가 있다는 것이 확인된다.

[표 V-10] 교육 내용 수준 설정을 위한 전략별 다문서 읽기 수준 시각화

과정	전략	중학생			고등학생		
		하	중	상	하	중	상
탐색	다중적 접근	▨	▨		▨	▨	▨
	거시적 조망	▨	▨		▨	▨	
	읽기 경로 구축	▨	▨		▨	▨	
통합	의미 정교화	▨	▨	▨	▨	▨	▨
	다문서 구조화	▨	▨		▨	▨	
	해석의 입체화	▨	▨		▨	▨	
비판	다면적 평가	▨			▨	▨	
	반론 및 대안 제시	▨			▨	▨	
	신념 성찰 및 실천 다짐	▨			▨	▨	▨

　중학생의 경우 탐색적 다문서 읽기 과정에서 다중적 접근과 거시적 조망 전략은 보통 정도 수행할 수 있는 것으로 나타나는 데 비해, 읽기 경로 구축은 그보다 좀 더 능숙하게 수행할 수 있다. 통합적 다문서 읽기 과정에서 다문서의 의미 정교화는 대체로 잘 이루어지는 데 비해 다문서의 구조를 형성하거나 입체적으로 이해하는 데 있어서는 보통 정도의 수행을 보인다. 비판적 다문서 읽기는 전반적으로 미숙한 모습을 보였다.

　고등학생의 경우 탐색 과정 중 다중적 접근 전략은 능숙하게 수행하지만, 거시적 조망이나 읽기 경로 구축 전략 활용에 있어서는 중학생 독자들과 유사하거나 조금 더 나은 읽기 양상을 보였다. 통합적 다문서 읽기 과정에서 다문서의 의미 정교화는 대부분의 독자들이 능숙하게 수행하였으나, 다문서

의 구조 형성이나 입체적 해석은 그보다 미숙하였다. 비판적 다문서 읽기 전략은 중학생 독자들과 가장 큰 차이가 나타나는 부분이다. 그럼에도 불구하고 고등학생들의 다면적 평가는 제대로, 높은 빈도로 수행되었으나, 반론 및 대안 제시, 주제 신념 성찰 및 실천에 대한 다짐은 많이 나타나지 않았다.

다음으로, 교육 내용의 범위는 다문서 읽기 과정에서 독자가 고려하는 다문서 읽기 요인을 기준으로 설정할 수 있다. 다문서 읽기 요인은 앞서 살펴보았듯 텍스트(내용, 형식), 출처(저자, 배경), 과제, 독자(배경지식, 신념)으로 구성된다.

4장의 연구 결과를 시각화한 [표 V-11]을 보면, 두 학교급의 공통적인 특징은 텍스트의 내용 및 형식을 바탕으로 하는 다문서 읽기를 능숙하게 수행하는 데 비해, 여러 텍스트의 출처를 종합적으로 고려하여 읽거나 독자의 배경지식과 신념에 기반하여 읽는 것은 대부분의 독자들이 어려워하거나 제대로 수행하지 못했다는 점이다. 전통적 국어 능력 평가에서 높은 성취를 보인 독자들임에도 불구하고, 읽어야 할 텍스트가 많은 상황에서 독자의 배경지식을 활용하고 신념을 구성하거나 성찰하면서 읽는 것을 어려워한 것을 보면 이 작업이 학생 독자들에게 매우 도전적인 과업이라는 점, 이에 대한 체계적인 교육이 반드시 필요하다는 점을 알 수 있다. 과제를 인식하고 과제에 맞는 텍스트를 중심으로 읽는 데에는 학교급 간의 차이가 있긴 하지만 보통 정도는 수행할 수 있는 것으로 나타났다.

중학생의 경우 여러 텍스트의 내용과 형식을 고려하여 선택해 읽고 연결하는 데는 비교적 능숙했지만 읽기 과제와 출처를 복합적으로 고려하여 읽는 데는 미숙했다. 또 독자 자신의 배경지식이나 경험을 적극적으로 활용하는 사례는 거의 나타나지 않았다.

고등학생의 경우 텍스트나 과제를 고려한 다문서 읽기는 능숙하게 수행하는 것으로 확인되었다. 그에 비해 독자의 배경지식 및 신념에 기반한 다문서

[표 V-11] 교육 내용 범위 설정을 위한 요인별 다문서 읽기 수준 시각화

과정	요인	학교급 / 수준 중학생			고등학생		
		하	중	상	하	중	상
탐색	텍스트						
	과제						
	출처						
	독자						
통합	텍스트						
	과제						
	출처						
	독자						
비판	텍스트						
	과제						
	출처						
	독자						

읽기 수행의 빈도와 수준이 낮게 나타났다. 특히, 독자들은 다문서를 읽으면서 주제에 대한 독자의 기존 신념을 확고히 하는 경우가 일반적이었고, 상대적으로 자신의 신념을 성찰하고 반추하는 경우는 드물게 나타났다.

이를 정리하면, 다문서의 내용 및 형식에 대한 이해 수준은 두 학교급 학생들에게서 비슷하게 나타나지만, 고등학생 독자들에 비해 중학생 독자들의 요인별 읽기 수준의 편차가 크다. 대체로 중학생 독자들은 텍스트 정보를 고려한 다문서 읽기는 능숙하게 수행할 수 있었지만, 텍스트의 출처, 독자의 신념과 배경지식에 기반한 비판은 거의 나타나지 않았다. 고등학생 독자들은 중학생 독자들에 비해 출처를 고려한 다문서 읽기에 능숙했고, 독자의 배경지식과 신념에 기반한 다문서 읽기는 드물었지만 비교적 더 많이 나타났다.

지금까지 독자들의 다문서 읽기 수준을 살펴봄으로써 중·고등학생 독자들

의 최대 수행 수준을 확인하였다. 이를 반영하면 교육 내용 요소 설정의 기준은 중학교급에서 탐색적·통합적 다문서 읽기를 보통 수준, 비판적 다문서 읽기를 낮은 수준으로 설정할 수 있다. 고등학교급에서는 탐색적·통합적 다문서 읽기를 높은 수준, 비판적 다문서 읽기를 보통 수준으로 설정할 수 있다.

다만, 다문서 읽기의 세부 전략에 따라 독자들의 반응이나 수행 정도가 달리 나타날 수 있기 때문에 세부 전략별 내용 요소에 약간의 차등을 두어야 한다. 중학생의 경우, 탐색적 다문서 읽기 과정에서 활용되는 다중적 접근 전략, 거시적 조망 전략은 보통 정도의 수준으로 설정하되, 읽기 경로 구축은 높은 수준으로 설정해도 큰 무리 없이 학습할 것으로 예상된다. 통합적 다문서 읽기 시 의미 정교화의 수준은 다소 높게 설정하되, 다문서 구조화나 해석의 입체화 전략은 보통 수준으로 구성하는 것이 적절하다. 비판적 다문서 읽기의 하위 전략들은 수행의 양과 질에서 모두 낮게 나타났으므로, 내용 요소들을 최대한 쉽게 구안하고 다문서 읽기의 비계를 적절히 마련해 주어야 한다.

고등학생의 경우, 탐색적 다문서 읽기 과정의 다중적 접근 전략은 최대한 높은 수준의 교육 내용을 학습할 수 있도록 설정하는 것이 바람직하다. 거시적 조망이나 읽기 경로 구축은 다중적 접근보다는 낮은 수준으로 제시해야 하지만 중학교 독자들보다는 높은 수준이 되어야 한다. 고등학생 독자들은 통합적 다문서 읽기에서 의미 정교화 부분을 큰 어려움 없이 수행한 것으로 보아, 이에 대한 내용 요소 역시 높은 수준으로 설정할 수 있다. 다문서 구조화, 해석의 입체화 부분에서는 의미 정교화보다 다소 낮은 수준이지만 중학생보다는 높은 수준으로 설정할 필요가 있다. 비판적 다문서 읽기에서 다문서 평가는 깊이 있게 가르칠 수 있도록 요소를 설정하되, 반론 및 대안 제시나 신념 성찰 및 실천과 관련된 내용 요소는 그보다는 낮은 수준으로 설정한다.

(3) 교육 내용 요소 및 성취기준

지금까지 살펴본 다문서 읽기 교육 내용의 수준과 범위를 바탕으로 학년 (군)에서 교수·학습해야 할 내용 요소를 마련하고자 한다. 이를 위해 먼저 학년별 내용 통합기준을 제시해야 할 것인가 하는 문제를 살펴본다.

우리나라 현행 교육과정의 교육 내용은 핵심 아이디어, 내용 요소, 성취기준으로 구성된다. 2015 개정 교육과정에서 있었던 '학년(군)별 공통 성취기준'이 없어지고 핵심 아이디어를 신설하였다. 학년(군)별 공통 성취기준은 내용 통합보다는 학년(군) 통합, 영역 통합의 성격을 지니고, 핵심 아이디어는 영역별로 달리 설정되지만 모든 학교급에 공통적으로 적용된다.

이에 비해 호주, 뉴질랜드, 미국은 학년(군)별 공통 성취기준과 영역별 세부 성취기준의 중간적 성격을 지니는 내용 통합기준을 따로 제시한다. 각 학년 (군)별로 도달해야 하는 교육 내용과 관련된 통합기준을 세부 성취기준과는 별도로 제시하는 방식이다. 앞서 살펴보았듯이, 호주 교육과정은 학습 수준 (Level Description)과 성취 수준(Achievement Standards)을 제시하면서 그 안에 교육 내용 요소들을 포함하여 설명한다. 뉴질랜드 교육과정은 상위 목표(과정 및 전략)와 하위 목표(목적과 청중, 아이디어, 언어의 특질, 구조와 조직) 각각의 수준을 내용 요소를 중심으로 구성한 후 성취기준을 따로 제시한다. 미국 교육과정은 읽기의 하위 범주(핵심 내용 및 세부 내용 이해, 기능 및 구조, 지식과 아이디어의 통합, 읽기 범위 및 텍스트 복잡도)마다 도달해야 할 내용 목표 중심의 기준 성취기준(anchor standards)이 먼저 제시되고, 이를 토대로 학년별 읽기 세부 성취기준이 제시된다. 참고로 캐나다 교육과정에서도 빅 아이디어(Big Ideas) 부분에서 내용 통합기준을 제시하고 있다.

앞서 살펴본 교육과정 중 일본을 제외한 다른 모든 외국 교육과정은 우리나라 교육과정에 없는 '내용 통합 성취기준'이 별도로 제시되는 것이다. 이 제시 방식의 장점은 학교급 간(중학교급, 고등학교급), 교육 내용 범주(지식,

기능, 태도) 간 교육 요소가 긴밀히 연결되도록 설정하는 데 중요한 참고점이
되고, 결과적으로 횡적·종적 연계성 확보 여부와 정도를 가늠할 수 있다는
점이다. 현행 교육과정의 교육 내용 제시 방식 하에서는 내용 체계나 세부
성취기준 비교를 통해서만 학교급 간, 범주 간 연계성을 짐작할 수 있다.

이러한 점을 개선하기 위해 본고에서는 외국 교육과정 중에서도 학교급별
로, 범주별로 내용 통합 기준을 구분하여 제시하는 호주 교육과정의 방식을
따르고자 한다([표 V-12] 참고). 내용 통합기준의 구체적 내용은 앞서 마련한
내용 체계의 '핵심 개념'을 기준으로 하고, 교육 내용의 '수준과 범위'를 고려
하여 마련하였다.

[표 V-12] 다문서 읽기 교육 내용의 학교급별 통합기준(안)

범주	핵심 개념	통합기준	
		중학교급	고등학교급
지식	• 다문서의 형식적·내용적·구조적 특성	• 다문서가 내용적·형식적 측면에서 연결되어 있다는 것을 안다.	• 다문서가 내용적·형식적·구조적 측면에서 연결되어 있다는 것을 안다.
	• 다문서 읽기의 상황적 특성	• 다문서를 읽을 때, 출처와 과제가 큰 영향을 미친다는 것을 안다.	• 다문서를 읽을 때, 출처와 독자가 큰 영향을 미친다는 것을 안다.
기능	• 탐색적 다문서 읽기	• 텍스트의 정보, 출처, 과제 관련성을 고려하여 신정보가 담긴 다양한 텍스트를 스스로 찾아 읽을 수 있다.	• 텍스트의 정보, 출처, 과제 관련성을 고려하여 독자 자신의 주제 신념과 (불)일치하는 다양한 텍스트를 스스로 찾아 읽을 수 있다.
	• 통합적 다문서 읽기	• 텍스트의 출처, 과제 관련성을 고려하여 내용과 형식이 다양한	• 텍스트의 정보, 출처, 과제 관련성을 고려하여 읽되, 다문서에 작

		텍스트를 통합적으로 읽을 수 있다.	용하는 맥락이나 영향 관계를 고려하여 통합적으로 읽을 수 있다.
	• 비판적 다문서 읽기	• 다문서의 정보, 출처, 과제 관련성을 고려하여 기초적 수준에서 평가하며 읽을 수 있다.	• 다문서의 정보, 출처, 과제 관련성을 고려하여 심화된 수준에서 비판하며 읽을 수 있다.
태도	• 다문서 읽기의 생활화 • 다문서 읽기를 통한 주제 신념 구성 및 실천	• 다문서 읽기의 즐거움과 가치를 느끼고 생활화하는 습관을 형성한다. • 다문서 읽기를 통해 주제나 쟁점에 대한 독자 자신의 주제 신념을 형성하려는 의지를 지닌다.	• 다문서 읽기의 중요성과 가치를 인식하고 관련 주제나 쟁점을 개인적·사회적 삶의 문제에 적용하려는 태도를 지닌다. • 다문서 읽기를 통해 주제나 쟁점에 대한 독자 자신의 주제 신념을 성찰하고 재구성하며 이를 토대로 사회 공동체의 문제 해결에 참여하려는 태도를 지닌다.

본고의 연구 결과와 앞선 논의들을 반영하면 다문서 읽기의 '지식'은 중학교급에서는 '출처와 과제'가 강조되고, 고등학교급에서는 '출처와 독자'가 강조되는 것이 바람직하다. 출처는 다문서 읽기의 핵심 교육 내용이기에 두 학교급 모두의 교육 내용으로 포함한다. 능숙한 중학생 독자들이 독자 요인보다 과제 요인을 고려한 다문서 읽기를 비교적 더 잘 수행했기에 중학교급에 과제 요인을 강조하고 고등학교급에는 독자들이 어려워했지만 수행할 수 있었고 수준이 가장 높은 독자 요인을 추가한다. 이를 위해 중학교급에

과제 해결을 위한 다문서 읽기, 읽기 목적을 고려한 다문서 읽기를 더욱 강조하고, 고등학교급에 독자의 배경지식과 신념에 기반한 다문서 읽기를 강조하여 학교급에 따라 내용의 주안점에 차등을 둔다.

다문서 읽기의 '기능'은 중학교급에서 '신정보가 담긴 텍스트 찾기, 내용과 형식이 다양한 텍스트 통합하기, 기초적 수준에서 평가하기'가 강조된다. 이에 비해, 고등학교급에서는 '독자의 주제 신념과 (불)일치하는 텍스트 찾기, 텍스트에 작용하는 맥락이나 영향 관계 고려하여 통합하기, 심화된 수준에서 대안을 제시하고 비판하기'로 심화·확장된다.

다문서 읽기의 '태도' 범주에는 중학교급에서 다문서 읽기의 즐거움과 가치를 '느끼고', 다양한 텍스트 읽기를 통해 주제 신념을 '형성'하고, 개인적 삶에 '생활화'하는 내용을 제시하였다. 고등학교급에서는 다문서 읽기의 중요성과 가치를 '인식하고', 다문서 읽기를 통해 주제 신념을 '성찰'하고 '재구성'하며, 사회적 삶에 적용하며 사회적 '참여'를 위해 노력할 것을 기준으로 제시하였다. 태도 범주에서는 다문서 읽기 교육이 이 시기의 독자들에게 자신이 굳게 믿고 있었던 신념을 성찰하고 재구성할 기회를 줄 수 있어야 하고, 이를 통해 독자들이 사회적 참여와 실천에 기여할 수 있도록 한다는 내용을 제시하였다.

학교급별로 제시한 내용 통합기준은 해당 학교급에서 집중적으로 다루되, 학교급 간 연계성을 바탕으로 하여 다른 학교급에서도 융통성 있게 다룰 수 있다. 또한 다문서 읽기 활동의 총체성을 고려하여 각 범주의 활동들을 종합적으로 활용하여 교육 내용을 재구성할 수 있다.

지금까지의 논의를 바탕으로 다문서 읽기 성취기준을 구체화하여 제시하면 다음과 같다[표 V-13], [표 V-14] 참고). 성취기준은 위에서 제시한 '통합기준'을 바탕으로 설정하되, 4장에서 제시한 독자들의 읽기 양상 및 전략을 반영하여 구체화하였다. 두 학교급 모두 지식, 기능, 태도를 균형적으로 학습할 수 있도록 성취기준을 고르게 분배하였다. 탐색적, 통합적, 비판적 다문서 읽기에 대한 교육 내용 역시 균형적으로 다루되, 학교급이 높아지면서 그 수준과 범위가 확대될 수 있도록 조직하였다.

[표 V-13] 중학교급 다문서 읽기 성취기준

범주	통합기준	성취기준
지식	• 다문서가 내용적·형식적 측면에서 연결되어 있다는 것을 안다.	• 다문서가 내용적 측면에서 연결되어 있다는 것을 안다. • 다문서가 형식적 측면에서 연결되어 있다는 것을 안다.
	• 다문서를 읽을 때, 출처와 과제가 큰 영향을 미친다는 것을 안다.	• 다문서를 읽을 때, 출처와 과제가 영향을 미친다는 것을 안다. • 다문서의 의미가 텍스트의 저자, 배경, 과제와의 관련성에 따라 달리 해석될 수 있다는 것을 안다.
기능	• 텍스트의 정보, 출처, 과제 관련성을 고려하여 신정보가 담긴 다양한 텍스트를 스스로 찾아 읽을 수 있다.	• 읽기 과제를 해결하기 위해 다양한 사이트에 접속하고 검색어를 생성할 수 있다. • 정보의 양이나 종류 등을 바탕으로 텍스트의 양적·질적 특성에 대해 조망할 수 있다. • 새로운 내용과 형식의 정보가 포함된 공간이나 텍스트를 찾으면서 자신의 읽기 경로를 구축할 수 있다.
	• 텍스트의 출처, 과제 관련성을 고려하여 내용과 형식이 다양한 텍스트를 통합적으로 읽을 수 있다.	• 다른 텍스트를 바탕으로 지금 읽는 텍스트의 의미를 정교화할 수 있다. • 텍스트의 내용과 형식, 출처를 고려하여 다문서의 구조를 형성할 수 있다. • 여러 텍스트에 나타난 관점을 반대 혹은 다른 각도에서 이해할 수 있다.
	• 다문서의 정보, 출처, 과제 관련	• 다양한 텍스트를 읽으면서 출처를 고

	성을 고려하여 기초적 수준에서 평가하며 읽을 수 있다.	려하여 정보의 질을 평가할 수 있다. • 다양한 텍스트의 과제 관련성을 평가할 수 있다.
태도	• 다문서 읽기의 즐거움과 가치를 느끼고 생활화하는 습관을 형성한다.	• 다문서 읽기의 즐거움을 몸소 체험하고, 그것이 자신의 삶에 주는 가치를 깨닫는다. • 자신의 삶 속에서 다문서 읽기를 생활화한다.
	• 다문서 읽기를 통해 주제나 쟁점에 대한 독자 자신의 주제 신념을 형성하려는 의지를 지닌다.	• 다문서를 읽으면서 독자 자신의 주제 신념을 형성한다. • 다문서를 읽으면서 관련 주제나 쟁점을 개인적 문제 해결에 적용하는 습관을 지닌다.

중학교급에서는 탐색적·통합적·비판적 다문서 읽기를 기초적인 사고 및 활동 수준에서 수행할 수 있도록 하는 것이 목표이다. 이에 중학교급의 다문서 읽기 성취기준은 주로 텍스트의 내용과 형식을 고려한 다문서 읽기에 집중된다. 출처 중에서는 주로 저자를 고려한 다문서 읽기를 성취기준으로 제시하였다. 또한 독자의 주제 신념을 형성하고, 자신의 개인적 문제를 해결하기 위해 다문서 읽기를 적극적으로 활용하고 이를 생활화하는 내용을 성취기준으로 제시하였다.

[표 V-14] 고등학교급 다문서 읽기 성취기준

범주	통합기준	성취기준
지식	• 다문서가 내용적·형식적·구조적 측면에서 연결되어 있다는 것을 안다.	• 다문서가 내용적·형식적 측면에서 연결되어 있다는 것을 안다. • 다문서가 구조적 측면에서 연결되어 있다는 것을 안다.
	• 다문서를 읽을 때, 출처와 독	• 다문서를 읽을 때, 독자의 읽기 목적이

	자가 큰 영향을 미친다는 것을 안다.	나 읽기 신념 등이 큰 영향을 미친다는 것을 안다. • 다문서의 연결 관계가 텍스트의 저자, 사회·문화적 배경과 독자의 배경지식에 따라 달라질 수 있다는 것을 안다.
기능	• 텍스트의 정보, 출처, 과제 관련성을 고려하여 독자 자신의 주제 신념과 (불)일치하는 다양한 텍스트를 스스로 찾아 읽을 수 있다.	• 읽기 과제를 해결하기 위해 출처가 서로 다른 텍스트에 접근하고 과제와 관련되는 텍스트를 찾아 읽을 수 있다. • 텍스트와 관련되는 주체나 여론 등을 바탕으로 텍스트의 질적 특성에 대해 조망할 수 있다. • 자신의 신념과 일치하는 텍스트뿐 아니라 다르거나 불일치하는 텍스트를 찾아 읽을 수 있다.
	• 텍스트의 정보, 출처, 과제 관련성을 고려하여 읽되, 다문서에 작용하는 맥락이나 영향 관계를 고려하여 통합적으로 읽을 수 있다.	• 과제와 관련되는 다문서의 정보와 출처를 비교·대조하면서 의미를 정교화할 수 있다. • 텍스트의 내용과 형식, 출처, 과제 관련성을 고려하여 다문서의 구조를 형성할 수 있다. • 다문서에 작용하는 맥락이나 영향 관계, 독자의 배경지식과 경험을 고려하여 입체적으로 해석할 수 있다.
	• 다문서의 정보, 출처, 과제 관련성을 고려하여 심화된 수준에서 비판하며 읽을 수 있다.	• 다문서를 읽으면서 정보, 출처, 과제 관련성을 종합적으로 평가할 수 있다. • 다문서의 정보나 관점에 반론을 제기하고 독자의 관점에 기반하여 대안을 제시할 수 있다.
태도	• 다문서 읽기의 중요성과 가치를 인식하고 관련 주제나 쟁점을 개인적·사회적 삶의 문제에 적용하려는 태도를 지닌다.	• 다문서 읽기의 중요성과 가치를 인식하고 일상 생활 속에서 다양한 텍스트를 읽으려는 태도를 지닌다. • 다문서의 주제나 쟁점에 대한 신념을 자신의 사회적 삶에 적용하려는 성향을 지

	닌다.
• 다문서 읽기를 통해 주제나 쟁점에 대한 독자 자신의 주제 신념을 성찰하고 재구성하며 이를 토대로 사회 공동체의 문제 해결에 참여하려는 태도를 지닌다.	• 다문서를 읽으면서 독자 자신의 주제 신념을 성찰하고 재구성한다. • 다문서를 읽으면서 관련 주제나 쟁점을 자신의 생활과 삶에 적용함으로써 개인적·사회적 문제 해결에 참여한다.

고등학교급에서는 탐색적·통합적·비판적 다문서 읽기를 고차원적인 수준에서 수행할 수 있도록 하는 것이 목표이다. 이에 고등학교급의 다문서 읽기 성취기준은 중학교급의 중점 교육 요소인 텍스트 정보, 출처, 과제뿐 아니라 독자의 배경지식 및 주제 신념을 고려한 다문서 읽기를 추가적으로 구성하였다. 출처 중에서는 주로 시·공간적 맥락이나 사회·문화적 배경을 고려한 다문서 읽기를 성취기준으로 제시하였다. 또한 독자의 주제 신념을 성찰 및 재구성하고, 사회적 문제를 해결하기 위해 다문서 읽기를 적극적으로 활용하고 생활화하는 내용을 성취기준으로 제시하여 중학교급의 성취기준과 연계되면서도 심화·확장되는 내용으로 구성하였다.

중·고등학교급 다문서 읽기 성취기준의 제시 순서는 앞서 논의한 내용 체계와 통합기준의 순서에 따랐는데, 이 순서가 교수·학습의 순서를 의미하지는 않는다. 성취기준은 교육 내용의 범위와 수준을 명료하게 제시하기 위한 것으로, 다양한 교수·학습 상황에 맞게 재구성할 수 있다. 모든 성취기준과 관련된 교육 내용은 학습자의 요구와 수준에 따라 종합적 관점에서 종적 연계성과 횡적 연계성을 고려하며 창의적으로 재구성하여 활용할 수 있을 것이다.

제6장

이 연구의 결론은 무엇인가?

현대 사회를 살아가는 사람들은 어디선가 아래 용어와 관련된 이야기들을 한번쯤 접한 적이 있을 것이다.

신념 고착화, 확증 편향적 사고, 피상적 읽기

위의 용어들은 모두 자신의 생각과 관점에 갇혀 타자 및 다른 세계와의 교류가 어려워지고, 그들에 대한 관심이 지극히 들어든 상태를 함의한다. 우리 대부분은 기상 직후부터 잠들기 직전까지 수많은 디지털 정보를 접하고 있지만, 자신이 원한다면 내게 필요한 것만, 나와 관련된 것만 기억하고 편집할 수 있는 세상에 살고 있다. 우리의 취향이 아닌 것, 우리가 원하지 않는 것, 우리와 다른 시각을 지닌 정보들은 있어도 보이지 않으며 다른 말이라도 나와 같은 말처럼 들릴 수 있다. 결국, 피상적 읽기가 생활화된 현대인들에게 남은 것은 신념 고착화, 확증 편향적 사고 성향이라고 해도 과언이 아니다.

피상적 읽기가 신념 고착화나 확증 편향적 사고 형성에 큰 영향을 주며 그 역도 성립한다는 것을 뒤집어 보면, 피상적 읽기에서 벗어날수록 신념 고착화와 확증 편향적 사고를 깰 수 있는 가능성이 커진다는 말이 된다. 이때 우리가 지향하는 바는 아래의 용어들로 설명된다.

위 용어들이 이 책에서 궁극적으로 지향하는 바이며, 필자는 그것들이 바로 탐색·통합·비판 중심의 총체적 다문서 읽기를 통해 이루어진다고 보았다. 총체적 다문서 읽기는 여러 텍스트를 탐색적으로 통합하고, 통합적으로 비판하며, 비판적으로 탐색하는 등의 방식으로 수행하는 읽기이다. 다른 세계의 정보들 중 수용할 것들은 수용하고 버릴 것들은 버릴 수 있는 독자, 일정한 기준에 의해 자신의 세계로 흡수하고 자신의 세계관을 확장하고 성장할 수 있는 독자가 바로 총체적 다문서 읽기를 수행하는 독자이다. 이상적인 다문서 독자는 일상생활에서 다른 사람의 말에 귀 기울일 줄 알며 여러 측면을 균형 있게 생각하고 자신의 생각이나 주관을 기꺼이 합리적으로 조정할 수 있는 건강한 독자이다.

이 책은 이러한 이론적 가정과 지향을 품고 우리나라 학생 독자들이 실제로 다문서를 어떻게 읽는지, 능숙한 다문서 독자들은 어떤 전략을 사용하는지를 밝히고 이를 통해 다문서 읽기 교육 내용을 설계하고자 하였다. 궁극적으로는 이 연구를 통해 우리나라 학생들에게 다문서를 교육할 수 있는 이론적 기반과 교육적 기틀을 마련하여 학술적 논의를 이끌어낼 뿐 아니라 교육과정이나 교과서, 교수·학습 자료에 활용할 수 있는 교육적 근거를 제공하고자 하였다.

이를 위해 본고에서는 다문서 읽기의 개념을 정의하고, 다문서 읽기의 토대 이론과 영향 요인들을 깊이 있게 살폈다. 연구 방법은 조사 연구와 실험 연구를 병행하는 혼합 연구 방법에 기반하였고, 설문 조사(중·고등학생 242명), 현장 및 연구 전문가의 의견 조사(28명), 예비 실험 등을 거쳐 실험을 설계·수정하고 실시하였다. 분석의 기초 자료는 중학생 7명, 고등학생 7명, 총 14명의 학생 독자들에게서 수집한 사고구술 자료, 노트북 화면 녹화본,

음성 녹음본, 읽기 장면 촬영본, 사전·사후 면담, 사후 활동지이고, 주요 분석 방법은 근거 이론에 기반하는 지속적 비교 분석 방법이다.

중·고등학생 독자 14인의 인쇄 텍스트와 디지털 텍스트의 읽기 특성을 정보 탐색·통합·비판 과정에 기반하여 분석한 후 읽기 수준을 상·중·하로 구분하여 그중 능숙한 다문서 읽기를 보여준 독자들을 중심으로 학교나 교육 과정 개발 등에 활용할 수 있는 다문서 읽기 전략을 도출하여 다음과 같이 제안하였다.

[표 VI-1] 본고에서 도출한 다문서 읽기 전략

다문서 읽기 과정	전략	하위 전략
탐색적 다문서 읽기	다중적 접근	• 다양한 사이트 접속 및 검색어 생성하기 • 출처가 서로 다른 텍스트 찾아 읽기
	거시적 조망	• 양적 조망을 통해 정보의 경향성 파악하기 • 질적 조망을 통해 정보의 경향성 파악하기
	읽기 경로 구축	• 신정보가 포함된 공간 및 텍스트 찾아 읽기 • 주제 신념과 (불)일치하는 텍스트 찾아 읽기
통합적 다문서 읽기	의미 정교화	• 다른 텍스트 기반으로 현재 텍스트의 내용 상세화하기 • 텍스트 간의 내용 및 출처 비교·대조하기
	다문서 구조화	• 화제(쟁점) 중심으로 구조화하기 • 화제(쟁점)-출처 중심으로 구조화하기
	해석의 입체화	• 반대 혹은 다른 관점에서 이해하기 • 사회·문화적 맥락을 고려하여 해석하기
비판적 다문서 읽기	다면적 평가	• 텍스트 정보의 질 평가하기 • 텍스트의 출처 및 과제 관련성 평가하기
	반론 및 대안 제시	• 텍스트와 대립되는 관점에서 반론 제기하기 • 다문서의 정보나 관점을 종합하여 대안 제시하기
	신념 성찰 및 실천 다짐	• 다문서를 읽으며 독자 자신의 주제 신념을 형성하고 성찰하기 • 다문서의 주제나 쟁점과 관련된 실천적 활동 다짐하기

이상에서 도출한 학생 독자들의 다문서 읽기 양상과 전략에 기반하여 국내외 교육과정을 검토한 후 교육 내용 체계화의 방향 및 근거를 제시하고 교육 내용을 마련하였다. 끝으로 다문서 읽기 교육의 목적 및 목표, 교육 내용 체계, 교육 내용 요소 및 성취기준을 제시하였다.

이 연구는 그동안 학계·교육계에서 분절적으로 다루어졌던 디지털 텍스트 읽기, 다문서 읽기, 비판적 읽기를 탐색·통합·비판 중심의 총체적 다문서 읽기로 종합하고 체계화하는 거대한 작업이었고, 그동안 시도되지 않았던 만큼 많은 난관과 오랜 시간이 누적되어 이루어진 결과물이다. 다문서 읽기에 정통한 분야뿐 아니라, 주변적 연구로 여겨졌던 분야들을 집대성하고자 한 것이 바로 이 연구가 시도한 큰 도전이라 볼 수 있겠다.

이 연구의 의의는 첫째, 중·고등학생 독자들의 탐색·통합·비판적 읽기 실태를 다각도로 보고하여 국어 교육이 직면한 문제들을 제시하였다는 점이다. 자료 분석 결과, 중학생 독자들의 정보 탐색은 고등학생 독자에 비해 약 2배 더 많이 수행되었으나 정보 통합과 비판은 고등학생의 2/3에 그치고, 출처 인식이 미약한 것으로 확인되었다. 정보 통합과 비판은 인쇄 텍스트, 디지털 텍스트를 모두 포함하였지만 정보 탐색은 디지털 텍스트에서만 이루어졌다는 것을 감안하면, 중학생 독자들의 디지털 텍스트 읽기와 인쇄 텍스트 읽기 능력 간에 불균형이 있음을 시사한다. 또, 인터넷상에서는 여러 텍스트를 깊이 있게 통합하는 것보다 표면적 통합에 그치는 경우가 많았다는 점, 디지털 매체보다 인쇄 매체에서 비판적 다문서 읽기가 더 많이 나타났다는 점 등을 미루어 보면 디지털 텍스트 읽기, 디지털 다문서 읽기, 더 나아가 디지털 리터러시 교육이 떠안은 과제가 여러 측면에서 산적해 있음을 보여준다. 이 연구가 학생 독자들의 불균형적 다문서 읽기 문제, 디지털 다문서 읽기 문제를 해결해 나갈 수 있는 기초 자료가 되기를 바란다.

둘째, 중학생 독자와 고등학생 독자의 다문서 읽기 양상을 바탕으로 각

학교급에 적절한 다문서 읽기 교육 체계와 내용을 마련하여 교육 적용의 실증적 근거를 제공했다는 점이다. 2015 개정 교육과정부터 다문서 읽기가 본격적으로 도입되면서 중·고등학교급에 관련 성취기준이 신설되었고 2022 개정 교육과정에서 대폭 보완되었음에도 불구하고 이론적·실증적 근거가 아직은 미진한 상태이다. 그동안은 주로 개인 연구자들의 관심에 의해 산발적으로 이루어지고 있는 연구 경향 때문인 것으로 생각된다. 이 연구가 그간의 연구들을 종합하고 다문서 읽기 연구를 새로운 영역으로 더욱 확장할 수 있는 디딤돌이 되기를 바란다.

셋째, 많은 연구자들과 교육자들이 관심을 갖는 단일문서 읽기와 다문서 읽기의 차이를 밝혀 관련 후속 연구의 기반을 마련했다는 점이다. 자료 분석 결과, 학교급에 상관없이 단일문서 읽기 시 발화 비율이 다문서 읽기 시보다 2배 이상 높았다. 독자의 사고구술 수준이나 양은 텍스트를 읽는 독자의 사고 수준이나 과정을 비추는 거울이라는 점을 생각해 보면, 단일문서 읽기와 다문서 읽기의 발화율 차이를 단순 양적 차이로만 보기는 어려우며 사고의 질이나 깊이 측면에서 차이가 난다는 것을 방증하는 결과로 볼 수 있다. 또, 단일문서 읽기와 다문서 읽기에 부적 상관관계가 있으나 통계적으로 유의하지 않았다는 결과는 단일문서 읽기가 다문서 읽기의 기반이 됨에도 불구하고 다문서 읽기에 필요한 고유한 능력이 있을 수 있으며, 국어 교육에서 이에 대해 관심을 갖고 학생들을 지도할 수 있는 제도적·실천적 기반을 마련해야 한다는 것을 알 수 있었다. 그동안 명확히 밝히기 어려웠던 주제였지만 이 연구에서 밝힌 작은 결과를 바탕으로 단일문서 읽기와 다문서 읽기의 차이나 상관관계에 대한 추후 연구가 활성화되기를 기대한다.

넷째, 다문서 읽기의 요인을 텍스트, 과제, 출처, 독자로 이론화하고 실제 독자들의 읽기 양상을 교육 내용 설계에 반영하여 제시함으로써 차후 교육과정이나 교과서 등의 개발에 유용한 자료를 제공했다는 점이다. 자료 분석 결과, 중학생 독자들은 텍스트 정보(내용 및 형식)를 고려한 다문서 읽기, 과제 기반 다문서 읽기는 비교적 능숙하게 수행할 수 있었지만, 텍스트의 출처를 다문서 읽기에 종합적으로 고려하는 데는 미숙하였으며 독자의 신념과 배경지식에 기반한 읽기는 거의 나타나지 않았다. 고등학생의 경우 텍스트 정보, 과제, 출처를 고려한 다문서 읽기는 능숙하게 수행했지만, 독자의 배경지식 및 신념에 기반한 다문서 읽기 수행의 빈도와 수준이 낮게 나타났다. 특히, 독자들은 다문서를 읽으면서 주제에 대한 독자의 기존 신념을 확고히 하는 경우가 일반적이었고, 상대적으로 자신의 신념을 성찰하고 반추하는 경우는 드물게 나타났다. 본고의 연구 결과와 앞선 논의들을 반영하여 교육과정의 중학교급에서 '출처와 과제'를 강조하였고, 고등학교급에서 '출처와 독자'를 강조하였다. 이를 반영하여 차후 교육과정이나 교과서, 교수·학습 자료 개발 등에 학교급별 주안점을 달리함으로써 교육을 체계화하는 데 도움이 되길 바란다.

다섯째, 다문서 읽기 요인 중에서도 텍스트의 난도와 독자의 배경지식에 대한 중요성을 강조할 만한 증거를 발견하였고, 이를 통해 다문서 읽기의 연구 영역을 확장하는 데 기여할 수 있을 것이다. 다문서 읽기의 요인에는 여러 가지가 있을 수 있지만 본고의 자료 분석 결과, 텍스트 난도와 독자의 배경지식 요인이 다문서 읽기에 큰 영향을 미치는 것으로 나타났다. 텍스트 난도가 높고 독자의 배경지식 수준이 낮을 때는 정보 탐색이 활발해지고, 정보 통합과 비판은 제대로 이루어지지 않았다. 텍스트 난도가 낮고 독자의 배경지식 수준이 높을 경우 정보 탐색이 둔화되거나 표면적 정보 찾기와는 다른 방식으로 일어나고 정보 통합과 비판이 활발해졌다. 그동안 다문서 읽기 논의에서 강조되어 온, 출처가 여전히 중요하다는 것은 주지의 사실이지만 총체적 다문서 읽기의 렌즈로 바라보았을 때 출처 못지 않게 중요한 것은 텍스트의 난도와 독자의 배경지식 혹은 경험의 수준이었다. 단일문서 읽기에서 전통적으로 강조되어 왔던 요인들이 다문서 읽기에서 더 복합적인 방식으로 작용하며, 중요성이 더 높아질 수 있다는 것을 시사한다. 이상의 결과를 바탕으로 다문서 읽기의 요인에 대한 관심과 후속 연구가 활성화되기를 바란다.

이러한 의의가 있음에도 불구하고 미비점도 있으므로 후속 연구에서는 이를 보완할 필요가 있다. 이 연구의 한계는 첫째, 연구 참여자 선정 기준의 문제이다. 이 연구에서는 전통적 국어 능력과 학습 능력이 우수한 학생들을 참여자로 선정하고 실험을 실시하였다. 읽기의 관점에서 보면 전통적 국어 능력은 대개 인쇄 기반의 단일문서를 정확히 읽는 시험으로 결정되기 때문에 본 실험에서 실시한 디지털 텍스트 읽기 능력, 다문서 읽기 능력, 탐색·통합·비판적 읽기 능력과 정확히 일치하지 않을 수 있다. 그럼에도 불구하고 새로운 읽기 능력을 측정할 수 있는 공인 검사지나 도구가 없는 상황에서, 다문서 읽기에 가장 유의미한 영향을 미친다고 알려져 있는 전통적 국어 능력을 참고한 것은 불가피한 선택이었다. 이를 보완하기 위해 국어 점수 이외에 종합 학습 점수, 학습 태도, 평소의 읽기 능력과 태도, 학생 역량에 대한 담임 선생님의 총평, 학교 수준 등을 종합적으로 고려하여 참여자를 선정하였다. 후속 연구에서 총체적 다문서 읽기 능력 검사 도구 개발 연구, 전통적 읽기 능력과 다문서 읽기 능력의 상관관계 연구 등이 이루어진다면 좀 더 정확한 참여자 선정과 실험, 유의미한 결과를 얻을 수 있을 것이다.

둘째, 주요 연구 결과 중 하나인 다문서 읽기 전략 도출과 적용의 문제이다. 전략 도출 과정을 타당화하기 위해 독자들에게서 수집한 읽기 자료를 지속적 비교 분석 방법을 통해 수차례 코딩하고 독자 집단을 양적 데이터에 근거하여 수준화한 후 상 집단 독자의 읽기 양상을 중심으로 전략을 도출하였다. 다만, 능숙한 수준의 독자에게도 미숙한 점이, 미숙한 수준의 독자에게 능숙한 점이 발견된 경우가 있었기 때문에 상 집단 독자들의 다문서 읽기만을 전략으로 도출하지는 않았다. 흔하지는 않았지만 중 집단에서도 유용한 읽기 방법이 있을 경우 종합적으로 고려하여 전략화한 경우도 있다. 이러한 전략 도출 방법은 실제적이고 유용하다는 장점이 있으나 전문가의 직관이 개입되는 경우가 있어 객관성이 다소 낮아진다는 단점이 있다. 이를 보완하기 위해 전략 관련 선행 연구가 있을 경우 확인하고 이론적으로도 뒷받침하고자 했지만 상 집단의 가장 뛰어난 읽기 양상만을 전략 도출의 근거 자료로 삼았다고 보기는 어렵다. 또한 본고에서 도출한 다문서 읽기 전략을 교육 내용 구성의 토대로 삼았지만 읽기 전략의 효과성을 확인하지는 못했다. 본고의 다문서 읽기 전략은 많은 독자들이 자신의 실제 다문서 읽기 장면에서 효율적으로 수행했다고 판단되는 읽기 양상을 종합하여 제시한 것이기는 하지만, 일반 독자들에게 전략을 가르치고 적용하면 실제로 다문서 읽기 능력이 향상되는가는 밝히지 못하였다. 이런 점들을 보완하기 위해 후속 연구에서는 상·하 집단 독자들의 다문서 읽기 비교 연구, 다문서 읽기 전략의 효과성 검증 연구 등이 이루어질 수 있다.

셋째, 정보 탐색을 분석한 매체의 범주 문제이다. 본고는 정보 탐색의 양상을 디지털 텍스트에만 한정하고 인쇄 텍스트에서는 살펴보지 못했다. 인쇄 텍스트 내 정보 탐색 연구는 2장에서 살폈듯 단일문서 내 정보 탐색 연구에서 시도된 바 있으나, 단일문서 읽기에 방점이 있었기 때문에 본고에 그대로 적용하기는 어려웠다. 또한 인쇄 텍스트에서의 정보 탐색은 정보 탐색의 범주, 정보의 양 자체가 매우 제한적이기에 적극적인 정보 찾아 읽기가 일어나기 어려운 환경이다. 반면에 인터넷에서의 정보 탐색은 독자의 행위를 관찰 가능하다는 점, 정보 탐색의 핵심 요소인 다양한 정보 찾아 읽기가 적극적으로 이루어질 수 있다는 점에서 탐색적 다문서 읽기를 관찰하기에 적절하다. 무엇보다도 현실적으로 다수의 독자가 많은 정보를 얻는 일반적인 경로는 인터넷이라는 점을 고려하여 정보 탐색의 범주를 인터넷으로 설정하였다. 그럼에도 불구하고 정보 통합, 비판은 인쇄 텍스트와 디지털 텍스트 읽기 장면 모두를 분석 대상으로 삼았고, 정보 탐색은 디지털 텍스트 읽기 장면만 분석하였기 때문에 결과 해석에 주의할 필요가 있다. 이러한 점을 보완하기 위해 후속 연구에서는 인쇄 텍스트 장면을 포함하는 정보 탐색 연구, 인쇄 텍스트에서의 정보 탐색과 디지털 텍스트에서의 정보 탐색 비교 연구 등이 이루어질 수 있다.

이렇게 탐색·통합·비판 중심의 총체적 다문서 읽기 교육을 위한 연구를 마무리짓고자 한다. 전술하였듯, 이 연구를 통해 그동안 주목하지 않았던 다문서 읽기의 총체적 특성, 탐색·통합·비판이라는 다문서 읽기의 과정, 다문서 읽기의 요인 등이 부각되고 인쇄 텍스트와 디지털 텍스트에서의 다문서 읽기 특성, 단일문서와 다문서의 읽기 특성 비교 등에 대한 후속 연구가 활발해져서 다문서 읽기 교육과 학교 현장에 긍정적 영향을 미치기 바란다. 그중에서도 탐색·통합·비판의 총체적 특성에 대한 연구가 우선되어야 할 것이다. 이 연구를 계기로 다문서 읽기 교수·학습 방법, 다문서 읽기 평가 등의 연구도 활성화되었으면 하는 바람이다.

마지막으로 강조하고 싶은 것은 다문서 읽기 교육은 반드시 탐색·통합·비판을 중심으로, 총체적으로 이루어져야 한다는 것이다. 이제 더 이상 하나의 인쇄된 글만 읽는 시대는 지났다. 따라서 미래를 살아가는 자들을 교육하기 위해서는 다문서 읽기의 총체적 특성에 관심을 기울이고, 그에 대한 체계적인 교육 내용과 방법, 평가 방안을 마련해야 한다. 물론, 탐색·통합·비판이 반드시 순차적인 것은 아니며 동시에 작용할 수도 있고, 대부분의 현실 독자들에게 세 과정이 양적·질적으로 균등하게 나타나지 않을 수도 있다. 그러나 건강한 다문서 독자가 되기 위해서는 탐색·통합·비판 과정의 균등성, 실행의 총체성이 필요하다는 것에 유념할 필요가 있다. 총체적 다문서 읽기 교육이 읽기 교육 혹은 국어 교육의 방향 설정이나 문제 해결을 위한 만능열쇠가 되리라 보는 것은 아니다. 그러나 그것이 독자가 텍스트에 담긴 복잡다단한 세계를 이해하고 자신의 '눈'을 갖는 최소한의 디딤돌이 될 수는 있을 것이다.

참고문헌

1. 기본 자료

<교육과정>

문교부(1955). 중학교 교과과정. 문교부령 제45호. (1차 교육과정)

문교부(1955). 고등학교 및 사범학교 교과과정. 문교부령 제46호. (1차 교육과정)

문교부(1963). 중학교 교육과정. 문교부령 제181호. (2차 교육과정)

문교부(1963). 인문계 고등학교 교육과정. 문교부령 제181호. (2차 교육과정)

문교부(1974). 인문계 고등학교 교육과정. 문교부령 제350호. (3차 교육과정)

문교부(1979). 중학교 교육과정. 문교부령 제350호. (3차 교육과정)

문교부(1981). 중학교 교육과정. 문교부 고시 제442호. (4차 교육과정)

문교부(1981). 고등학교 교육과정. 문교부 고시 제442호. (4차 교육과정)

문교부(1988). 중학교 교육과정. 문교부 고시 제88-7호. (5차 교육과정)

문교부(1988). 고등학교 교육과정. 문교부 고시 제88-7호. (5차 교육과정)

교육부(1992). 중학교 교육과정. 교육부 고시 제1992-11호. (6차 교육과정)

교육부(1992). 고등학교 교육과정. 교육부 고시 제1992-19호. (6차 교육과정)

교육부(1997). 국어과 교육과정. 교육부 고시 제1997-15호. (7차 교육과정)

교육과학기술부(2007). 국어과 교육과정. 교육인적자원부 고시 제2007-79호. (2007 개정 교육과정)

교육과학기술부(2009). 국어과 교육과정. 교육과학기술부 고시 제2012-14호. (2009 개정 교육과정)

교육부(2015). 국어과 교육과정. 교육부 고시 제2015-74호. (2015 개정 교육과정)

교육부(2022). 국어과 교육과정. 교육부 고시 제2022-33호. (2022 개정 교육과정)

<참고 사이트>

http://ncic.go.kr/(한국 교육과정, 최종 검색일: 2024.1.11.)

http://nzcurriculum.tki.org.nz(뉴질랜드 교육과정, 최종 검색일: 2024.1.11.)

http://www.acara.edu.au(호주 교육과정, 최종 검색일: 2024.1.11.)

http://www.corestandards.org(미국 교육과정, 최종 검색일: 2024.1.11.)

http://www.mext.go.jp/a_menu/shotou/new-cs/1384661.htm(일본 교육과정, 최종
　　검색일: 2024.1.11.)

https://www.oecd.org/pisa/(PISA 홈페이지, 최종 검색일: 2024.1.11.)

https://www.iea.nl/studies/iea/pirls(PIRLS 홈페이지, 최종 검색일: 2024.1.11.)

<실험 자료 텍스트 출처>

Bekoff. M. (2010). 윤성호 역(2011). 동물 권리 선언 우리가 동물의 소리에 귀 기울
　　여야 하는 여섯 가지 이유. 미래의창.

Goldstein, P. et al. (2002). 박민아·정동욱·정세권 역(2009). 논쟁 없는 시대의 논쟁:
　　리얼리티 TV, 윤리적 관광, 동물실험, 대체의학, 맞춤아기. 이음.

최훈(2013). 동물실험 옹호 논증의 논리적 분석. 철학탐구, 34, 221-243.

큐브(2015). 동물실험의 필요성에 대해. 네이버 블로그.(2024년 1월 현재, 검색 불가)

한국실험동물협회·한국실험동물학회. (2016). 31년간의 자동제어 기술 노하우를 바탕
　　으로 고품질 실험동물을 생산하는 기업 (주)나라바이오텍. 한국실험동물협회·한국
　　실험동물학회 뉴스레터, 4(4), 38-39. (http://www.kalas.or.kr)

황경남(2008). 동물실험은 필요악인가?. 한국경제신문. (https://www.hankyung.com/
　　news/article/2008030674351)

2. 국내 문헌

<학위 논문 및 학술 논문>

강미정(2017). 다중 텍스트 읽기 교육 연구. 한국교원대학교 박사학위논문.

권점례·이경언·민용성·김현미·김기철·김현정(2018). 초·중등학교 교과 교육과정 국
　　제 비교 연구: 국어, 사회, 수학, 체육, 음악 교과를 중심으로(RRC 2018-10). 한국교
　　육과정평가원.

기세령(2014). 초등학생 독자의 인터넷 읽기 전략 연구. 독서연구, 31, 221-266.

김도남(2004). 복수 텍스트의 독서 관점 고찰. 국어교육학연구, 19, 189-218.

김봉순(1996). 텍스트 의미구조 표식의 기능에 대한 실험 연구. 독서연구, 1, 151-
　　193.

김유미(2013). 연관 텍스트를 활용한 읽기의 맥락 이해 지도 방안 연구. 우리어문연
　　구, 46, 205-234.

김재봉(1994). 맥락의 의사소통적 기능(1): 맥락의 선택과 맥락효과. 인문과학연구, 16, 1-18.

김재봉(2007). 2007년 개정 국어과 교육과정과 맥락의 수용 문제. 새국어교육, 77, 69-98.

김재춘(2017). 교육과정과 교육평가. 교육과학사.

김정겸·김지숙(2010). 근거이론적 접근을 통한 대학생의 수업참여 특성 이해.

김종윤(2014). 다문서 읽기 연구의 연구 동향과 전망. 국어교육학연구, 49(3), 137-163.

김종윤(2017). 다문서 읽기 환경을 고려한 비판적 읽기 개념의 이론적 확장. 국어교육, 157, 223-258.

김종윤·서수현·김지연·조병영·김인숙·옥현진(2018ㄱ). 디지털 리터러시 인지적 영역의 평가 요소 개발. 청람어문교육, 66, 133-166.

김종윤·이승미·박선화·임윤진·배화순(2018ㄴ). 성취기준 질 제고를 위한 국제 비교 연구(CRC 2018-15). 교육과정평가원.

김태호(2016). 일반계 고등학생의 논술 수행에 나타난 자료 읽기 및 통합 양상 연구. 청람어문교육, 60, 119-153.

김혜정(2002). 텍스트 이해에서 의미구성의 층위와 인지적 상호작용. 국어교육학연구, 15. 273-317.

김혜정(2009). 읽기의 맥락과 맥락 읽기. 독서연구, 21, 33-79.

김혜정(2011). 국어과 교육내용으로서의 맥락의 교육적 실행연구－중등 읽기 영역에서의 교수법 및 교재 구성을 중심으로. 한말연구, 28, 61-87.

노은희·정혜승·민병곤·서수현·서영진·김현정·최소영·남가영·최숙기·김정우·옥현진·가은아·정현선·서혁석·김종윤·김정영·김희동·박유란·문해원·김광희·오리사·박은희·김영아·서규창·김잔디·황인정·이명섭·한상아·이귀영·배현진(2022ㄱ). 『2022 개정 국어과 교육과정 시안 개발 연구』, 충북: 한국교육과정평가원.

노은희·정혜승·민병곤·서수현·서영진·최숙기·서수현·남가영·김정우·옥현진·최소영·박종임·김현정·박혜영·정진석·조재윤·가은아·김종윤·이경남·김광희·김정은·김희동·문해원·박유란·나혜정·서규창·오윤주·장은주·정형근·김잔디·김현숙·박현진·배현진·이귀영·이지나·이지은·한상아(2022ㄴ), 『2022 개정 국어과 교육과정 시안(최종안) 개발 연구』, 충북: 한국교육과정평가원.

박수자(2001). 맥락 기반 읽기 지도의 관점. 한국초등국어교육, 47, 69-92.

박수자(2019). 과제 기반 다문서 읽기활동을 위한 학습독자의 읽기 목적 지도 탐색. 교육연구, 76, 35-52.

박수자(2021). 읽기역량 계발을 위한 읽기과제 개발 방안 탐색. 교육연구, 82, 7-29.

박인용·김완수·서민희·정혜경·한정아·임의진·김미희·정애경·민선홍(2017ㄱ). 2016년 국가수준 학업성취도 평가 결과: 중학교 학업성취도 결과(ORM 2017-43-1). 한국교육과정평가원.

박인용·김완수·서민희·정혜경·한정아·임의진·김미희·정애경·민선홍(2017ㄴ). 2016년 국가수준 학업성취도 평가 결과: 고등학교 학업성취도 결과(ORM 2017-43-2). 한국교육과정평가원.

박정진·이형래(2009). 기획 주제: 텍스트, 상호텍스트, 콘텍스트; 읽기 교육에서의 콘텍스트: 의미와 적용. 독서연구, 21, 9-31.

박혜영·김미경·박지선·이인화·이민형·옥현진(2018). 교과 교육과정 국제 비교 연구: 언어교육(자국어, 영어)을 중심으로(CRC 2018-32). 한국교육과정평가원.

소경희(2017). 교육과정의 이해. 교육과학사.

송병선(2015). 상호텍스트성 관점으로 보르헤스의 작품 읽기: 「배신자와 영웅에 관한 주제」를 중심으로. 이베로아메리카, 17(2), 1-27.

오은하(2016). 인터넷 기사문의 댓글에 대한 내용 분석: 독자들의 비판적 읽기 양상 탐색을 중심으로. 독서연구, 39, 123-158.

오은하(2020ㄱ). 다문서 이해 교육 내용 체계화 연구: 탐색, 통합, 비판을 중심으로. 이화여자대학교 박사학위논문.

오은하(2020ㄴ). 다문서 이해에 대한 텍스트 구조적 접근-고등학생 독자들의 다문서 구조화 양상 분석을 중심으로. 국어교육, 170, 123-159.

오은하(2023ㄱ). 디지털 텍스트 탐색 과정에서 나타나는 고등학생 독자들의 읽기 행동 분석. 국어교육학연구, 58(1), 101-140.

오은하(2023ㄴ). 다문서의 텍스트성에 대한 교육적 고찰. 국어교육학연구, 58(2), 75-114.

옥현진·오은하·김종윤(2018). 중학생 학습자를 위한 디지털 리터러시 인지적 영역 성취기준 개발. 국어교육연구, 41, 81-112.

유상희·옥현진·서수현(2018). 상황 기반 리터러시 평가를 위한 시론: 리터러시 평가에서 '상황'을 고려한다는 것은 어떤 의미인가?. 교과교육학연구, 22, 264.

이강일·양일호(2019). 과학기술관련 사회적 쟁점에 대한 다문서 읽기에서 시선 이동.

Brain, Digital, & Learning, 9(1), 21-30.

이소라(2014). 청소년 독자의 인터넷 글 읽기와 눈동자 움직임 특성 분석. 국어교육학연구, 49(2), 417-444.

이소라(2017ㄱ). 인식론적 신념이 독자 신념과 다문서 읽기 전략에 미치는 영향. 독서연구, 43, 183-212.

이소라(2017ㄴ). 다중관점 읽기의 발달 양상과 교육 내용 연구: 인식론적 신념을 기반으로. 이화여자대학교 박사학위논문.

이재기(2006). 맥락 중심 문식성 교육 방법론 고찰. 국어교육학연구, 12(1), 317-361.

임병빈(1993). 읽기속도 숙달 연습과 의미파악 훈련을 통한 효율적인 영어독해력 교수학습 방안. ENGLISH TEACHING(영어교육), 46, 67-104.

장성민(2015). 고등학생 필자의 다문서 읽기를 통한 작문 과제 수행에 관한 연구. 작문연구, 25, 91-225.

장성민(2021). 국어 교사의 다문서 문식성 교육 능력 신장을 위한 지식 구성 및 교육적 적용 방안 탐색. 국어교육, 175, 33-80.

장성민(2022). 디지털 다문서 환경에서의 읽기·쓰기: 개인차 요인, 다문서 선택과 사용, 쓰기 결과물 사이의 영향 관계. 독서연구, 65, 41-80.

조병영(2012). 청소년 독자의 인터넷 독서 전략에 관한 문헌 연구. 국어교육학연구, 44, 483-515.

조병영·서수현(2014). 미국 공통핵심기준의 가능성과 한계에 대한 비판적 고찰-읽기 영역을 중심으로. 국어교육학연구, 49(1), 626-656.

조성민·김현정·이소연·구남욱·이인화(2018). PISA 2015 상위국 성취 특성 및 교육맥락변인과의 구조적 관계 분석(RRE 2018-2). 한국교육과정평가원.

천경록(2002). 읽기 교육 방법과 사고구술. 한국초등국어교육, 39-65.

최숙기(2013). LESC 온라인 독해 과정 모형에 따른 청소년 독자의 읽기 특성 분석. 독서연구, 30, 169-224.

최숙기(2014). 복합 문서 처리 전략 검사 도구의 타당도 검증 및 전략 수행 양상 분석. 작문연구, 21, 291-313.

최숙기(2016). 아이트래커를 활용한 중학생의 다문서 읽기 양상 분석. 독서연구, 39, 159-191.

한국인터넷진흥원(2018). 2018 인터넷 이용 실태 조사 통계표. 한국인터넷진흥원.

한국인터넷진흥원(2022). 2022 인터넷 이용 실태 조사: 요약보고서. 한국인터넷진흥원.

한철우·천경록·김명순·박영민·이재기·최숙기·가경신·최병흔·홍인선·이재형·임택균·정미경(2012). 국어 교육 연구 방법론. 박이정.

3. 번역서

Adler. (1972). 민병덕 역(1993). 독서의 기술. 범우사.

Beaugrande. R., & Dressler, W. (1981). 김태옥·이현호 공역(1995). 텍스트 언어학 입문. 한신문화사.

Glaser, B. G. (1992). 김인숙·장혜경(2014). 근거이론 분석의 기초: 글레이저의 방법. 학지사.

Irwin. J. W. (2007). 천경록·이경화·서혁 역(2012). 독서 교육론(독해 과정의 이해와 지도). 박이정.

Kintsch. W. (1998a). 김지홍·문선모 역(2010). 이해: 인지 패러다임 1. 나남출판.

Kintsch. W. (1998b). 김지홍·문선모 역(2010). 이해: 인지 패러다임 2. 나남출판.

Kristeva. J. (1974). 김인환 역(2000). 시적 언어의 혁명. 동문선.

Lave, J. & Wenger, E. (1998). 손민호 역(2010). 상황 학습: 합법적 주변 참여. 강현출판사.

Spivey, N. N. (1996). 신헌재 역(2004). 구성주의와 읽기 쓰기. 박이정.

4. 국외 문헌

Adler, M. J., & Van Doren, C. (1972). *How to Read a Book: The Classic Guide to Intelligent Reading* (revised ed. ed.). Touchstone.

Afflerbach, P., & Cho, B. Y. (2009). Identifying and describing constructively responsive comprehension strategies in new and traditional forms of reading. In Israel. S. E., & Duffy, G. G. (Eds.), *Handbook of research on reading comprehension*(pp.69–114). New York: Routledge.

Alexander, P. A., & Jetton, T. L. (1996). The role of importance and interest in the processing of text. *Educational psychology review*, 8(1), 89–121.

Alexander, P. A., & Jetton, T. L. (2000). Learning from text: A multidimensional and developmental perspective. In M. L. Kamil, P. B. Mosenthal, P. D. Pearson,

& R. Barr (Eds.), *Handbook of reading research* (Vol. 3, pp.285-310). Lawrence Erlbaum Associates Publishers.

Anderson, R. C., & Pearson P. D. (1984). A schema-theoretic view of basic processes in reading comprehension. In P. D. Pearson, R. Barr, M. L. Kamil and P. Mosenthal (Eds.), *Handbook of Reading Research* (Vol. 1, pp.255-291). New York: Longman.

Anmarkrud, Ø., Bråten, I., & Strømsø, H. I. (2014). Multiple-documents literacy: Strategic processing, source awareness, and argumentation when reading multiple conflicting documents. *Learning and Individual Differences*, 30, 64-76.

Austin, J. L. (1975). *How to do Things with Words*. Harvard University Press.

Baker, L., & Brown, A. L. (1984). Metacognitive skills and reading. In P. D. Pearson, R. Barr, M. L. Kamil and P. Mosenthal (Eds.), *Handbook of Reading Research*(Vol. 1, pp.353-394). New York: Longman.

Bakhtin, M. M. (1981). *The dialogic imagination: Four essays* (C. Emerson, Trans., M.Holquist, Ed.). Austin, TX: University of Texas Press.

Belkin, N. J. (1996). Intelligent information retrieval: whose intelligence?. *ISI*, 96, 25-31.

Bilal, D. (2000). Children's use of the Yahooligans! Web search engine: I. Cognitive, physical, and affective behaviors on fact-based search tasks. *Journal of the American Society for Information Science*, 51, 646-665.

Braasch, J. L., McCabe, R. M., & Daniel, F. (2016). Content integration across multiple documents reduces memory for sources. *Reading and Writing*, 29(8), 1571-1598.

Bransford, J. D., Franks, J. J., Morris, C. D., &Stein, B. S. (1979). Somegeneral constraints on learning and memoryresearch. In L. S. Cermak & F. I. M. Craik (Eds.), *Levels ofprocessing in human memory* (pp.226-243). Hillsdale, New Jersey: Lawrence Erlbaum Associates, Inc.

Bråten, I., Britt, M. A., Strømsø, H. I., & Rouet, J. F. (2011). The role of epistemic beliefs in the comprehension of multiple expository texts: Toward an integrated model. *Educational Psychologist*, 46(1), 48-70.

Bråten, I., & Strømsø, H. I. (2006). Epistemological beliefs, interest, and gender as predictors of Internet-based learning activities. *Computers in Human Behavior*,

22(6), 1027-1042.

Bråten, I., & Strømsø, H. I. (2010). When law students read multiple documents about global warming: Examining the role of topic-specific beliefs about the nature of knowledge and knowing. *Instructional Science*, 38, 635-657.

Bråten, I., & Strømsø, H. I. (2011). Measuring strategic processing when students read multiple texts. *Metacognition and Learning*, 6(2), 111-130.

Bråten, I., Strømsø, H. I., & Britt, M. A. (2009). Trust matters: Examining the role of source evaluation in students' construction of meaning within and across multiple texts. *Reading Research Quarterly*, 44(1), 6-28.

Bråten, I., Strømsø, H. I., & Samuelstuen, M. S. (2008). Are sophisticated students always better? The role of topic-specific personal epistemology in the understanding of multiple expository texts. *Contemporary Educational Psychology*, 33(4), 814-840.

Britt, M. A., & Aglinskas, C. (2002). Improving students' ability to identify and use source information. *Cognition and instruction*, 20(4), 485-522.

Britt, M. A., Perfetti, C. A., Sandak, R., & Rouet, J. F. (1999). Content integration and source separation in learning from multiple texts. *Narrative comprehension, causality, and coherence: Essays in honor of Tom Trabasso*, 209-233.

Britt, M. A., & Rouet, J. F. (2012). Learning with multiple documents: Component skills and their acquisition. *Enhancing the quality of learning: Dispositions, instruction, and learning processes*, 276-314.

Brown, D. (1990). *Intertextual Dynamics within the Literary Group-Joyce, Lewis, Pound and Eliot* (pp.145-151). Basingstoke: Macmillan.

Brownlee, J., Purdie, N., & Boulton-Lewis, G. (2001). Changing epistemological beliefs in pre-service teacher education students. *Teaching in higher education*, 6(2), 247-268.

Cerdán, R., & Vidal-Abarca, E. (2008). The effects of tasks on integrating information from multiple documents. *Journal of Educational Psychology*, 100, 209-222.

Chafe, W. (1994). *Discourse, consciousness, and time: The flow and displacement of conscious experience in speaking and writing*. University of Chicago Press.

Cho, B. Y. (2013). Adolescents' constructively responsive reading strategy use in a critical Internet reading task. *Reading Research Quarterly*, 48(4), 329–332.

Cho, B. Y. (2014). Competent adolescent readers' use of Internet reading strategies: A think–aloud study. *Cognition and Instruction*, 32(3), 253–289.

Cho, B. Y., & Afflerbach, P. (2017). An evolving perspective of constructively responsive reading comprehension strategies in multilayered digital text environments. *Handbook of research on reading comprehension*, 109–134.

Cicchetti, D. V., & Sparrow, S. S. (1981). Developing criteria for establishing interrater reliability of specific items: Applications to assessment of adaptive behavior. *American Journal of Mental Deficiency*, 86, 127–137.

Cirilo, R. K., & Foss, D. J. (1980). Text structure and reading time for sentences. *Journal of Verbal Learning & Verbal Behavior*, 19(1), 96–109.

Coiro, J. (2011). Predicting reading comprehension on the Internet: Contributions of offline reading skills, online reading skills, and prior knowledge. *Journal of literacy research*, 43(4), 352–392.

Coiro, J., & Dobler, E. (2007). Exploring the online reading comprehension strate giesused by sixth–grades killed readers to search for and locate information on the Internet. *Reading Research Quarterly*, 42, 214–257.

Coiro, J., & Moore, D. W. (2012). New literacies and adolescent learners: An interview with Julie Coiro. *Journal of Adolescent & Adult Literacy*, 55(6), 551–553.

Coté, N., & Goldman, S. R. (1999). Building representations of informational text: Evidence from children's think–aloud protocols. *The construction of mental representations during reading*, 169–193.

Ellis, A. (1958). Rational psychotherapy. *Journal of General Psychology*, 59, 35–49.

Ellis, A. (1962). *Reason and emotion in psychotherapy*. Secaucus, NJ: Citadel.

Ericsson, K. A., & Simon, H. A. (1980). Verbal reports as data. *Psychological review*, 87(3), 215–251.

Fairclough, N. (1995). *Critical discourse analysis: The critical study of language*. New York: Longman.

Fries, C. C. (1963). *Linguistics and reading*. New York: Holt, Rinehart and Winston.

Garner, R., & Chambliss, M. J. (1995). Do adults change their mind after reading persuasive text? In A. J. Pace (Ed.), *Beyond prior knowledge:Issues in text processing and conceptual change*. Norwood, NJ: Ablex.

Gaskins, I. W. (1998). There's more to teaching at-risk and delayed readers than good reading instruction. *The reading teacher*, 51(7), 534-547.

Gaskins, I., & Elliot, T. T. (1991). *Implementing cognitive strategy instruction across the school: The Benchmark manual for teachers*. Brookline Books.

Gevinson, S. M. (1990). *The shape of literary understanding: A study of four expert readers reading three short stories*. Unpublished doc-toral dissertation. Chicago: The University of Chicago.

Glaser, B., & Strauss, A. (1967). Grounded theory: The discovery of grounded theory. *Sociology the journal of the British sociological association*, 12 (1), 27-49.

Goldman, S. R. (2004). Cognitive aspects of constructing meaning through and across multiple texts. *Uses of intertextuality in classroom and educational research*, 317-352.

Goldman, S. R. Braasch, J. L., Wiley, J., Graesser, A. C., & Brodowinska, K. (2012a). Comprehending and learning from Internet sources: Processing patterns of better and poorer learners. *Reading Research Quarterly*, 47(4), 356-381.

Goldman, S. R., Lawless, K. A., Pellegrino, J. W., Braasch, J. L. G., Manning, F. H., & Gomez, K. (2012b). A technology for assessing multiple source comprehension: An essential skill of the 21st century. *Technology-based assessments for 21st century skills: Theoretical and practical implications from modern research*, 171-207.

Gough, P. B. (1972). One second of reading. In J. F. Kavanagh, & I. G. Mattingly (Eds.), *Language by ear and by eye: The relationships between speech and reading. Cambridge*, MA: MIT Press.

Greene, J. C., Caracelli, V. J., & Graham, W. F. (1989). Toward a conceptual framework for mixed-method evaluation designs. *Educational evaluation and policy analysis*, 11(3), 255-274.

Grimes, J. E. (1975). *The thread of discourse*. The Hague: Mouton.

Guinee, K. Eagleton, M. B., & Hall, T. E. (2003). Adolescents' Internet search strategies: Drawing upon familiar cognitive paradigms when accessing electronic information sources. *Journal of Educational Computing Research*, 29(3), 363-374.

Guthrie, J. T. (1988). Locating information in documents: Examination of a cognitive model. *Reading Research Quarterly*, 178–199.

Guthrie, J. T., & Kirsch, I. S. (1987). Distinctions between reading comprehension and locating information in text. *Journal of Educational Psychology*, 79(3), 220–227.

Guthrie, J. T., & Mosenthal, P. (1987). Literacy as multidimensional: Locating information and reading comprehension. *Educational Psychologist*, 22(3–4), 279–297.

Haertel, E. (1985). Construct validity and criterion–referenced testing. *Review of Education Research*, 55, 23–46.

Halliday, M. A. K., & Hasan, R. (1989). *Language, Context, and Text Aspects of Language in a Social–Semiotic Perspective* (2nd ed.). Oxford Oxford University.

Hartman, D. K. (1995). Eight readers reading: The intertextual links of proficient readers reading multiple passages. *Reading Research Quarterly*: 520–561.

Henry, L. A. (2006). SEARCHing for an answer: The critical role of new literacies while reading on the Internet. *The reading teacher*, 59(7), 614–627.

Hofer, B. K., & Pintrich, P. R. (1997). The development of epistemological theories: Beliefs about knowledge and knowing and their relation to learning. *Review of educational research*, 67(1), 88–140.

Hymes, D. (1967). Models of the interaction of language and social setting. *Journal of social issues*, 23(2), 8–28.

Jacobson, M. J., & Spiro, R. J. (1995). Hypertext learning environments, cognitive flexibility, and the transfer of complex knowledge: An empirical investigation. *Journal of educational computing research*, 12(4), 301–333.

Jakobson, R. (1960). Linguistics and poetics. In *Style in language* (pp.350–377). MA: MIT Press.

Jetton, T. L., & Alexander, P. A. (2004). Domains, teaching, and literacy. *Adolescent literacy research and practice*, 15–39.

Kardash, C. M., & Howell, K. L. (2000). Effects of epistemological beliefs and topic-specific beliefs on undergraduates' cognitive and strategic processing of dual-positional text. *Journal of Educational Psychology*, 92(3), 524–535.

Kardash, C. M., & Scholes, R. J. (1995). Effects of preexisting beliefs and repeated readings on belief change, comprehension, and recall of persuasive text. *Contemporary Educational Psychology*, 20(2), 201‒221.

Kim, J. Y. (2014). *Strategy and bias in comprehension of multiple texts: How do readers with topic beliefs use strategies when reading controversial documents?* (Doctoral dissertation, University of Maryland, College Park).

Kintsch, W. (1988). The role of knowledge in discourse comprehension: A construction‒integration model. *Psychological review*, 95(2), 163‒182.

Kintsch, W., & Van Dijk, T. A. (1978). Toward a model of text comprehension and production. *Psychological review*, 85(5), 363‒394.

Kucan, L., & Beck, I. L. (1997). Thinking aloud and reading comprehension research: Inquiry, instruction, and social interaction. *Review of educational research,* 67(3), 271‒299.

Kristeva, J. (1969). Narration et transformation. *Semiotica*, 1(4), 422‒448.

Kristeva, J. (1978). *Semiótica I*, Madrid: Fundamentos.

Kristeva, J. (1986). *The kristeva reader*. Columbia University Press.

Lankshear, C., & Knobel, M. (2003). New technologies in early childhood literacy research: A review of research. *Journal of early childhood literacy*, 3(1), 59‒82.

Lawless, K. A., Brown, S. W., Mills, R., & Mayall, H. J. (2003). Knowledge, interest, recall and navigation: A look at hypertext processing. *Journal of Literacy Research*, 35(3), 911‒934.

Lemke, J. (1985). Ideology, intertextuality, and the notion of register. In J. Benson, & W. W. Greaves (Eds.), *Systematic perspectives on discourse* (Vol. 1, pp.275‒294). Norwood, NJ: Ablex.

Le Bigot, L., & Rouet, J. F. (2007). The impact of presentation format, task assignment, and prior knowledge on students' comprehension of multiple online documents. *Journal of Literacy Research*, 39, 445‒470.

Leu, D. J., Kinzer, C. K., Coiro, J. L., & Cammack, D. W. (2004). Toward a theory of new literacies emerging from the Internet and other information and communication technologies. *Theoretical models and processes of reading*, 5(1), 1570‒1613.

Leu, D. J., Castek, J., Hartman, D., Coiro, J., Henry, L., Kulikowich, J., & Lyver, S. (2005). *Evaluating the development of scientific knowledge and new forms of reading comprehension during online learning*. Final report presented to the North Central Regional Educational Laboratory/Learning Point Associates. Retrieved May, 15, 2006.

Levin, J. R. (1986). Four cognitive principles of learning-strategy instruction. *Educational Psychologist*, 21, 3-17.

Levine, J. M., & Murphy, G. (1943). The learning and forgetting of controversial material. *Journal of Abnormal and Social Psychology*, 38, 507-517.

List, A., & Alexander, P. A. (2017). Analyzing and integrating models of multiple text comprehension. *Educational Psychologist*, 143-147.

Lord, C. G., Ross, L., & Lepper, M. R. (1979). Biased assimilation and attitude polarization: The effects of prior theories on subsequently considered evidence. *Journal of Personality and Social Psychology*, 37, 2098-2109.

Magliano, J. P., & Millis, K. K. (2003). Assessing reading skill with a think-aloud procedure and latent semantic analysis. *Cognition and Instruction*, 21(3), 251-283.

Maier, J., & Richter, T. (2014). Fostering multiple text comprehension: How metacognitive strategies and motivation moderate the text-belief consistency effect. *Metacognition and learning*, 9(1), 51-74.

Malinowski, B. (1923). The problem of meaning in primitive languages, Supplement I in C.K. Ogden and I.A. Richards (of the 10th ed. (1972)), 296-336.

McDonald, S., & Stevenson, R. J. (1996). Disorientation in hypertext: The effects of three text structures on navigation performance. *Applied ergonomics*, 27(1), 61-68.

McGinley, W. (1992). The role of reading and writing while composing from sources. *Reading Research Quarterly*, 227-248.

McNamara, D. S. (2001). Reading both high-coherence and low-coherence texts: Effects of text sequence and prior knowledge. *Canadian Journal of Experimental Psychology/Revue canadienne de psychologie expérimentale*, 55(1), 51-62.

Mead, G. H. (1934). *Mind, self, & society: From the standpoint of a social behaviorist*. Chicago: University of Chicago Press.

Mercer, N., Edwards, D., & Maybin, J.(1988), Putting context into oracy, In McLure, M. Phillips, T., & Wilkinson, A.(Eds.), *Oracy Matters: The Development of Talking and Listening in Education*, Open University Press, 122-132.

Merton, R. K. (1968). *Social theory and social structure*. New York: Free Press.

Meyer, B. J., & Rice, G. E. (1984). The structure of text. *Handbook of reading research*, 1, 319-351.

Mikulecky, B. S., & Jeffries, L. (1996). *Reading power: Reading for pleasure, comprehension skills, thinking skills, reading faster*. Pearson Education ESL.

Miller, A. G., McHoskey, J. W., Bane, C. M., & Dowd, T. G. (1993). The attitude polarization phenomenon: Role of response measure, attitude extremity, and behavioral consequences of reported attitude change. *Journal of Personality and Social Psychology*, 64, 561-574.

Morris, C., Stein, B., & Bransford, J. (1979). Prerequisites for the utilization of knowledge in the recall of prose passages. *Journal of Experimental Psychology: Human Learning and Memory*, 5, 253-261.

Nachar, N. (2008). The Mann-Whitney U: A test for assessing whether two independent samples come from the same distribution. *Tutorials in quantitative Methods for Psychology*, 4(1), 13-20.

Nokes, J. D., Dole, J. A., & Hacker, D. J. (2007). Teaching high school students to use heuristics while reading historical texts. *Journal of Educational Psychology*, 99, 492-504.

OECD (2009), *PISA 2009 assessment framework*, Paris: OECD.

Peirce, C. S. (1931). *What is a sign? Three divisions of logic*. Collected papers (Vols I-VIII, C. Hartshorne & P. Weiss, Eds).

Perfetti, C. A., Rouet, J. F., & Britt, M. A. (1999). Toward a theory of documents representation. In Van Oostendorp, H., & Goldman, S. R. (1998). *The construction of mental representations during reading*(pp.88-108). Psychology Press.

Perry, W. G. (1981). Cognitive and ethical growth: The making of meaning. In A. W. Chickering (Ed.), *The modern American college* (pp.76-116). San Francisco: Jossey-Boss.

Plottet, J. P. (1978). Introduction. In J. P. Plottel, & H. Charney (Eds.), *Intertextuality:*

New perspectives in criticism (pp.xi–xx). New York: New York Literary Forum.

Pressley, M., & Afflerbach, P. (1995). *Verbal protocols of reading: The nature of constructiue responsiue reading.* Hillsdale, NJ: Erlbaum.

Raphael, T. E. (1984). Teaching learners about sources of information for answering comprehension questions. *Journal of Reading,* January, 303–311.

Richter, T., Schroeder, S., & Wöhrmann, B. (2009). You don't have to believe everything you read: Background knowledge permits fast and efficient validation of information. *Journal of Personality and Social Psychology,* 96, 538–558.

Rieh, S. Y., & Belkin, N. J. (1998). *Understanding judgment of information quality and cognitive authority in the WWW.* In Proceedings of the 61st annual meeting of the american society for information science (Vol. 35, pp.279–289).

Rieh, S. Y. (2002). Judgment of information quality and cognitive authority in the Web. *Journal of the American society for information science and technology,* 53(2), 145–161.

Rouet, J. F. (2006). *The skills of document use: From text comprehension to Web-based learning.* Psychology Press.

Rouet, J. F., & Britt, M. A. (2011). Relevance processes in multiple document comprehension. *Text relevance and learning from text,* 19–52.

Rouet, J. F. Britt, M. A., & Durik, A. M. (2017). RESOLV: Readers' representation of reading contexts and tasks. *Educational Psychologist,* 52(3), 200–215.

Rouet, J. F., Britt, M. A., Mason, R. A., & Perfetti, C. A. (1996). Using multiple sources of evidence to reason about history. *Journal of Educational Psychology,* 88, 478–493.

Rouet, J. F., & Coutelet, B. (2008). The acquisition of document search strategies in grade school students. *Applied Cognitive Psychology: The Official Journal of the Society for Applied Research in Memory and Cognition,* 22(3), 389–406.

Rouet, J. F., Ros, C., Goumi, A., Macedo–Rouet, M., & Dinet, J. (2011). The influence of surface and deep cues on primary and secondary school students' assessment of relevance in Web menus. *Learning and Instruction,* 21(2), 205–219.

Rowe, D. W. (1987). Literacy learning as an intertextual process. In J. E. Readence, & R. S. Baldwin (Eds.), *Research in literacy: Merging perspectives* (36th yearbook of the National Reading Conference, pp.101-112). Rochester, New York: National Reading Conference.

Rukavina, I., & Daneman, M. (1996). Integration and its effect on acquiring knowledge about competing scientific theories for text. *Journal of Educational Psychology*, 88(2), 272-287.

Rumelhart, D. E. (1977). Understanding and summarizing brief stories. In D. Laberge & S. J. Samuel(Eds.), *Basic Processes in Reading: Perception and Comprehension.* (pp.265-303.). Hillsdale, N. J: Lawrence Erlbaum.

Salmerón, L., Strømsø, H. I., Kammerer, Y., Stadtler, M., & van den Broek, P. (2018). Comprehension processes in digital reading. *Learning to read in a digital world*, 91-120.

Sanchez, C. A., Wiley, J., & Goldman, S. R. (2006). Teaching students to evaluate source reliability during Internet research tasks. In S. A. Barab, K. E. Hay, & D. T. Hickey (Eds.), *Proceedings of the Seventh International Conference on the Learning Sciences* (pp.662-666). Bloomington, IN: International Society of the Learning Sciences.

Saracevic, T. (2007). Relevance: A review of the literature and a framework for thinking on the notion in information science. Part III: Behavior and effects of relevance. *Journal of the American Society for information Science and Technology*, 58(13), 2126-2144.

Saussure, F. D. (1966). *Course in General Linguistics*. New York: The Philosophical Library, Inc.

Schmar-Dobler, E. (2003). Reading on the Internet: The link between literacy and technology. *Journal of adolescent & adult literacy*, 47(1), 80-85.

Shiveley, J. M., & Vanfossen, P. J. (1999). Critical thinking and the Internet: Opportunities for the social studies classroom. *The Social Studies*, 90(1), 42-46.

Smith, F. (1973). *Psycholinguistics and reading*. Holt, Rinehart & Winston.

Snow, C. (2002). *Reading for understanding: Toward an R & D program in reading comprehension*. Rand Corporation.

Spivey, N. N. (1984). *Discourse Synthesis: Constructing Texts in Reading and Writing*. The University of Texas at Austin.

Spivey, N. N. (1992). Discourse synthesis: creating texts from texts. Reading empirical research studies: *The rhetoric of research*, 469–512.

Spivey, N. N. (1996). *The constructivist metaphor: Reading, writing and the making of meaning*. London: Academic Press.

Spivey, N., and J. King. (1994). Readers as writers composing from sources. In *Theoretical models and processes of reading*, edited by R. Ruddell, M. Ruddell, and H. Singer, 668–694. Newark, DE: International Reading Association.

Stadtler, M., & Bromme, R. (2008). Effects of the metacognitive computertool met.a.ware on the web search of laypersons. *Computers in Human Behavior*, 24, 716–737.

Stein, H., Lennert, K., Feller, A. C., & Mason, D. Y. (1984). *Immunohistological analysis of human lymphoma: correlation of histological and immunological categories*. In Advances in cancer research (Vol. 42, pp.67–147). Academic Press.

Strauss, A., & Corbin, J. M. (1990) Grounded theory research: Procedures, canons, and evaluative criteria. *Qualitative Sociology*, 13(1), 3–21.

Strømsø, H. I. (2017). Multiple models of multiple–text comprehension: A commentary. *Educational Psychologist*, 52(3), 216–224.

Strømsø, H. I., Bråten, I., & Britt, M. A. (2010). Reading multiple texts about climate change: The relationship between memory for sources and text comprehension. *Learning and Instruction*, 20(3), 192–204.

van den Broek, P., Risden, K., & Husebye–Hartmann, E. (1995). The role of readers' standards for coherence in the generation of inferences during reading. In Part of this research was reported at *the Annual Meeting of the American Educational Research Assn*, Chicago, 1991. Lawrence Erlbaum Associates, Inc..

van Dijk, T., & Kintsch, W. (1983). *Strategies of discourse comprehension*. New York: Academic Press.

Vygotsky, L. (1978). Interaction between learning and development. *Readings on the development of children*, 23(3), 34–41.

Walz, J. (2001). Critical reading and the Internet. *French Review*, 1193–1205.

Wiley, J., Goldman, S. R., Graesser, A. C., Sanchez, C. A., Ash, I. K., & Hemmerich, J.A. (2009). Source evaluation, comprehension, and learning in Internet science inquiry tasks. *American Educational Research Journal*, 46(4), 1060–1106.

Wilson, D., & Sperber, D. (2002). *Relevance theory*. Handbook of pragmatics.

Wineburg, S. (1991). Historical problem solving: A study of the cognitive processes used in the evaluation of documentary and pictorial evidence. *Journal of educational Psychology*, 83(1), 73–87.

Wineburg, S. (1998). Reading Abraham Lincoln: An expert/expert study in the interpretation of historical texts. *Cognitive Science*, 22(3), 319–346.

Witte, S. P. (1992). Context, text, intertext: Toward a constructivist semiotic of writing. *Written communication*, 9(2), 237–308.

Wittgenstein, L. (1953). Philosophical investigations. Oxford: Basil Blackwell.

Wolfe, M. B., & Goldman, S. R. (2005). Relations between adolescents' text processing and reasoning. *Cognition and Instruction*, 23(4), 467–502.

〈글 1〉

동물실험: 과연 선인가 악인가?⟲

- 저자: 톰 리건(문화와 동물 재단 의장)
- 출처:『논쟁 없는 시대의 논쟁』(영국사
  상연구소 엮음, 박민아 외 번역,
  이음, 2009.)⟲

(1문단) 동물실험에 주로 희생되는 포유동물들은 어떤 일은 즐길 만하고 어떤 일은 고통스럽다는 것을 알고 있다. 따라서 그들이 좋아하는 일을 찾거나 고통스러운 일을 피하려 하는 것은 그리 놀랄 만한 일이 아니다. 더군다나 인간이나 다른 포유동물들은 모두 경험을 통해 학습하고 과거를 기억하며 미래를 예상하는 인식 능력을 갖고 있다. 이를 근거로 찰스 다윈(1871)은 "인간과 고등동물(인간 이외의 포유동물)의 정신적 차이는 정도의 차이지 질적으로 다른 종류의 차이는 아니다"라고 결론지었다.⟲

(2문단) 이런 측면에서 볼 때, 삶의 주체로서의 동물은 우리와 동등한 존재이다. 그리고 이 경우에도 인간과 동물의 동등함은 도덕적으로 중요하다. 논리적으로 말하자면, 인간이 입는 위협은 도덕적으로 문제가 되지만 동물에게 주는 위협은 도덕적으로 문제될 것이 없다는 말은 틀렸다. 인간이 권리를 갖는다면, 분명 동물들도 권리(동물권)를 가질 것이다.⟲

(3문단) 그러나 상당한 수의 동물들이 동물권을 빼앗긴 채 윤리적 이치에

맞지 않게 이용되고 있다. 예를 들어, 2009년 CNN에서 미국 군대가 가상의 전투 상황에서 이루어지는 의료 훈련 및 실험을 동물들을 대상으로 진행하는 것이 공개됐다. 훈련 동영상에서는 살아 있는 원숭이를 마취시킨 뒤 가상의 신경가스를 투여하고 다시 해독제를 주사하여 고통을 완화하는 실험을 한다고 설명했다. 이처럼, 실험에 동원되는 동물들은 동물 윤리를 어기면서 인간의 생명 구원을 위해 무분별하게 희생되는 존재이다.◯

(4문단) 동물 보호 윤리는 동물도 상처받을 수 있으며, 고통과 두려움을 느낀다는 사실을 전제로 한다. 동물실험이 의학 연구에 유용하게 활용되는 강력한 이유는, 인간의 생명에 관련된 고통을 줄이기 위해 동물이 대신 고통을 당할 수밖에 없다는 논리이다. 즉, 인간의 의학적 이익을 위한 것이다. 그러나 인간의 고통을 줄인다는 목적이 모든 수단을 허용하는 것은 아니다. 따라서 생명 존중을 위배하고 인간성의 파괴를 가져올 수 있는 무분별한 동물실험은 허용되어서는 안 될 것이다.◯

<글 2>

동물실험 옹호 논증의 논리적 분석⟨〉

- 저자: 최 훈(대학 교수)
- 출처:『철학탐구』학술지(2013.11.)⟨〉

(1문단) 동물실험이 옹호(찬성)될 수 있는 가장 강력한 이유는 동물실험이 인간에게 주는 의학적 이익 때문이다. 미국의 존스 홉킨스 대학에 따르면, 동물실험은 소아마비, 홍역, 풍진, 간염 예방 접종을 개발하는 데 도움을 주었다. 이와 관련하여 미국 의학 협회는 <동물의 사용(1992)>이라는 보고서에서 20세기 의학의 거의 모든 진보(발전)는 직접적이든 간접적이든 동물을 활용함으로써 이루어졌다고 밝혔다. 또한 이런 실험의 결과로 수많은 전염병(천연두, 소아마비, 홍역)을 예방하게 되었으며, 생명을 살리는 수많은 기술(수혈, 화상 치료, 심장 절개 및 뇌 수술)이 발전하게 되었다고 말하였다.⟨〉

(2문단) 국제의학기구협회(2011)에서도 동물실험이 생물학 발전에 기여하는 역할이 크다는 점, 인간 생명에 관계된 질병의 예방과 처치에 필요하다는 점 때문에 동물실험에 찬성한다. 신경 및 소화는 물론 심혈관 관련 분야, 전염병 연구, 암 연구 등 다양한 범주에서 동물실험의 필요성이 여전히 크다고 보는 것이다.⟨〉

(3문단) 현대 철학자 코헨은 동물에게 도덕적 지위나 동물권이 없음을 주장하며 동물실험을 옹호하는 사람으로 유명하다. 그는 "동물은 도덕적 잘못을 저지르지 않는다. 동물은 사람을 공격할 때 도덕적인 이유로 공격하는 것이 아니다(Cohen, 2001)."라고 말한다. 그러면서 그는 1948년에 어린이 캠

프에서 보조 교사를 할 때 어린이나 학부모들이 소아마비에 걸릴까 봐 얼마나 두려움에 떨었는지를 보고하였다(Cohen & Regan, 2001). 1952년에는 미국에서 5만 8천 명 이상이 소아마비에 걸렸고 그중 수천 명이 죽었다. 그러던 것이 미시간 대학교 의료 센터에서 소아마비 백신에 대한 동물실험이 성공을 거둔 이후, 이제 전 세계에서 소아마비는 거의 없어졌다.◯

(4문단) 동물실험 덕분에 무서운 질병을 예방·치료할 수 있게 되었고 수명은 연장되었으며 삶의 질은 개선된 것이다. 코헨은 "의학에서의 놀라운 진보와 인간에게 소중한 수많은 업적들은 실험실에서 동물을 사용한 연구를 통해서 가능했다. 그 이익은 거기에 참여한 동물의 희생을 훨씬 뛰어넘는다."라고 말한다. 동물실험이 동물에게 직접적 고통을 주는데도 불구하고 완전히 포기할 수 없는 이유는 여기에 있다.◯

<글 3>

동물실험 약물의 92%가 임상시험 통과 못해○

- 저자: 마크 베코프(동물행동학회 회원,
  인간-동물 관계 연구소 연구원)
- 출처: 『동물권리선언』(윤성호 외 번역,
  미래의 창, 2011)○

(1문단) 과학 연구를 목적으로 동물에게 해를 입히는 일을 윤리적으로 정당화하기에는 동물들의 마음과 감정이 우리 인간과 너무나도 비슷하다. 반대로 사람에게 도움을 주기 위한 목적으로 동물을 사용하기에는 사람과 동물이 신체적으로 너무나 다르다. 미국 식품의약국(FDA)에 따르면, 동물실험을 통과한 100가지 의약품 가운데 92가지는 사람을 대상으로 한 임상시험을 통과하지 못하고 있다. 이는 동물실험을 통해 안전성과 효능이 검증된 약품의 약 90퍼센트가 인간에게는 같은 효과를 나타내지 못함을 의미한다.○

(2문단) 대표적인 예가 '탈리도마이드 사건'이다. 탈리도마이드는 독일 제약회사 그뤼넨탈이 1957년 출시한 임산부 입덧 방지약의 주성분이다. 당시 이 약을 먹은 여성들은 팔, 다리뼈가 없거나 극단적으로 짧아 손발이 몸통에 붙어 있는 기형아를 낳았다. 약을 출시하기 전 쥐와 개, 고양이를 대상으로 한 실험에서는 나타나지 않았던 현상이었다. 뒤늦게 인간과 좀 더 유사한 원숭이를 대상으로 실험한 결과 기형아를 낳는 결과가 나왔고, 약은 결국 시장에서 퇴출되었다. 하지만 이미 1만 명 이상의 기형아가 태어난 뒤였다. 반대로 백혈병 치료제로 잘 알려진 '글리벡'은 쥐에서는 독성을 보였지만 원숭이와 사람에게 투여했을 때는 효과가 나타났다. 아스피린과 페니실린

<부록> 실험 자료 텍스트 **313**

등 많은 의약품이 인간과 다른 동물에게서 전혀 다른 반응을 나타내며 비효율적인 측면이 있다.◯

(3문단) 이제 현대 과학은 무분별한 동물실험과 그로 인해 희생되는 실험동물을 줄여야 한다. 동시에 인체 반응과 유사한 실험 결과를 이끌어 내는 별도의 실험 방법 개발에 초점이 맞추어져야 한다. 이미 동물실험을 대체할 수 있는 대체시험으로는 미생물 실험, 세포 배양법 등이 사용되고 있다. 또한 컴퓨터 모델링을 이용하는 '인 실리코(in silico)' 등 첨단 과학을 이용한 실험법도 개발되고 있다.◯

(4문단) 다국적 제약회사인 화이자(Pfizer)의 경우에는 지난 10년 동안 83개의 후보 약물들로부터 나온 데이터를 컴퓨터를 이용해 분석한 결과 88%까지 일치했다고 한다. 미국 독성물질 국가관리처는 지난 30년간 동물실험으로 단 2,500종의 화학물질을 실험하는 데 그쳤지만, 로봇을 이용하면 이 정도의 물질을 농도별로 실험하는 데 반나절이면 충분하다고 밝혔다. 그만큼 대체시험이 정확하면서도 효율적일 수 있다는 것이다.◯

<글 4>

동물실험은 필요악인가?◯

- 저자: 황경남(기자)
- 출처: 한국경제뉴스(2008.03.)◯

(1문단) 1937년, 어린이가 먹기 쉽도록 하기 위해 항생제에 넣은 '다이에틸렌글리콜'이라는 성분으로 인해 107명의 사람들이 죽었는데 사망자 대부분이 아이들이었다. 그 후 과학자들이 동물에게 이 약물을 넣은 결과 이들도 살아나지를 못했다. 과학계는 이 일로 인해 모든 약물 검사에 동물을 사용해야 한다는 확신을 갖게 되었다. 이러한 경향은 현재까지 계속돼 동물실험의 효율성(쓸모)을 주장하는 주요 근거를 이룬다.◯

(2문단) 동물실험은 사람을 대상으로 하는 임상시험에 비해 통제가 간단하고 생식 기간이 짧아 연구에 드는 시간을 절약할 수 있다. 이러한 이유로 과학자는 의약 제품에 영향을 미치는 것이 무엇인지를 효율적으로 분석할 수 있다. 반면 사람 대상의 임상시험은 사람의 행동이나 생각을 제한하기가 어렵기 때문에 동물실험에 비해 많은 시간이 들고 정확성이 떨어진다.◯

(3문단) 무엇보다도, 동물실험의 필요성을 인정하는 중요한 근거는 대체시험이 모든 동물실험을 대신할 수 없다는 데 있다. 의료계 또한 동물실험은 인간을 위해 어쩔 수 없다고 주장한다. 강병철 서울대 의대 실험동물학 교수는 "현실적으로 동물실험을 대체할 방법이 많지 않다"면서 "위염 치료제, 당뇨병 치료제 등이 인체에 어떤 영향을 미치는지 확인하려면 동물실험 외에는 방법이 없다"고 말했다. 연세대 의생명연구센터 관계자도 "동물실험 반대

론자들이 주장하는 대체 시험의 하나인 미생물 실험은 신뢰도가 훨씬 낮다"고 했다.◯

(4문단) 동물실험을 대체하기 위해서는 그러한 방법들이 세포생물학, 유전학 등 다양한 영역에서의 적절성을 사전에 충분히 평가 받아야 한다. 이에 동물실험을 대체하는 방법을 개발하는 데는 오랜 시간과 경제적 지원을 필요로 하는 것이 사실이다. 또한 컴퓨터 모델 또는 시뮬레이션의 대체시험은 인간과 유사한 반응을 나타내지 못한다. 대체시험이 인간의 반응과 90%까지 유사하다고 하더라도 10%의 오류가 인간의 생명이나 건강에 치명적 영향을 미칠 수 있다. 따라서 정부나 과학계는 정확성이 떨어지는 대체시험보다는 동물실험이 시간과 재정(돈)을 아끼는 좀 더 효율적인 방법이라고 본다.◯

<글 5>

동물실험의 필요성에 대해

- 저자: 닉네임 '큐브'(청소년 기자)
- 출처: 네이버 블로그(2015.08.)

(1문단) 우리가 오늘 점심에 먹었던 약, 가까이서 접할 수 있는 약물들은 대부분 동물실험의 단계를 거쳐서 생산되었다. 동물실험의 목적은 소아마비, 결핵, 암 등과 같은 위험한 병들에 대처할 백신(예방 접종)과 치료제를 만드는 것이다. 동물들은 비록 희생되지만 치료제 개발에 이용됨으로써 인간의 생명을 엄청 많이 살릴 수 있다.

(2문단) 또한 대학교나 기업체 연구소에서 시행되는 동물실험은 엄격한 규제를 받기 때문에 생명 윤리 위반에 대해서는 걱정하지 않아도 된다. 실제 한 대학교 연구소의 연구원의 말씀을 통하면, 실험을 위한 동물들을 구입할 때 동물실험에 대한 허가를 받는 데 많은 시간이 걸려서 계획했던 실험 시간을 벗어난다고 하신다. 이런 엄격한 규제 밑에 있는 동물실험은 검사를 거쳤기 때문에 실험의 정확성이나 생명 윤리에 대한 문제점을 최소화할 수 있다.

(3문단) 일반적으로 실험 결과가 인정을 받기 위해서는 동일한 조건으로 실험을 반복할 때 동일한 결과가 나와야 한다. 그러나 살아있는 생명체를 그대로 사용하는 동물실험의 경우, 각 동물의 유전적 차이나 질병 여부 등에 따라서 같은 실험을 해도 서로 다른 결과가 나올 수 있다. 이러한 경우들을 방지하기 위해 유전적으로 동일한 상태의 동물들을 번식, 육성할

수 있는 방법들을 개발하는 중이다. 그 중 대표적인 예로 다양한 종류의 '실험동물(쥐, 토끼, 개 등)'을 대량으로 생산하고 있다. 이는 인간의 이익을 위한 것이기 때문에 생명을 복제했다고 해서 윤리적으로 공격을 할 사람은 없을 것이다.〇

(4문단) 이러한 측면에서 의학 연구 목적을 위해 동물실험이 불가피한 것은 충분히 정당성을 인정받을 수 있다. 동물실험이 금지되면, 2000년 넘게 이어져 온 의학적 발전은 더 이상 있을 수 없다. 또한 의약품의 개발 등 의학적 혁신을 통한 수많은 인간 생명의 구원도 절대 불가능해질 것이다. 동물실험을 못 한다면 직접 인체 실험을 해야 할지도 모른다.〇

<글 6>

31년간의 자동 제어 기술 노하우를 바탕으로
고품질 실험동물을 생산하는 기업 ㈜나라바이오텍⟨⟩

• 저자: ㈜나라바이오텍
• 출처: 실험동물과학 잡지(한국실험동물
  협회 뉴스레터, 2016.12.)⟨⟩

(1문단) 인류의 생명 연장과 건강한 삶을 위해 생명과학 분야가 발달되면서 보다 수준 높은 연구를 위한 최고 품질의 실험동물을 안정적으로 공급하는 것이 주요한 과제로 떠오르고 있다. 이에, ㈜나라바이오텍에서는 연구자들의 사용 요구를 반영한 명품 실험동물을 안정적으로 생산, 공급하고 있다. 또한 우수한 인력, 관리 시스템, 최첨단 시설과 설비 및 자동 제어 시스템을 활용하여 운영하고 있다.⟨⟩

(2문단) 1985년에 주식회사 나라계전 창립에서 시작하여 지속적인 자동제어 기술을 축적해 왔다. 즉, 온도 및 습도를 자동으로 제어하는 동물실을 통해 미생물에 감염되지 않은 실험동물을 생산하고 있다. 자동제어 외에도 생산 시설, 건설 등 여러 분야에서 인간과 환경의 동반자로서 보다 나은 미래를 만들어 가기 위해 노력하고 있다. 이러한 기술을 바탕으로 2006년에 ㈜나라바이오텍을 설립하여 실험동물을 공급해오고 있다. 최근에는 다양한 국제적인 기관으로부터 책임 있는 동물 관리 및 사용을 위하여 헌신적인 노력을 기울이고 있음을 인정받았다.⟨⟩

(3문단) ㈜나라바이오텍에서는 각종 연구기관에서 요구하는 다양한 계통

의 실험동물을 최대한 맞춰 공급하고자 노력하고 있다. 4,001m2(1,210평)의 최신 시설에 최고의 장비를 도입하여 사육실을 운영하고 있으며, 이를 통해 고객에게 최고 품질의 안전한 실험동물을 공급하고 있다. 또한 실험동물의 병균 감염을 줄이기 위해 배송 차량에도 좋은 환경을 유지하기 위한 노력을 해오고 있다.◯

　(4문단) 위생적인 환경, 정기적인 관리를 통해 항상 깨끗하고 균일한 고품질의 실험동물을 생산하고자 노력하고 있다. ㈜나라바이오텍에서는 배송차, 복도, 사육실, 실험실을 포함한 사육 시설 전체에 25~30곳의 균 검사를 매달 진행하고 있다. 그 외에도 실험동물의 사료, 동물 우리에 까는 짚 관리를 함께 진행하여 동물의 사육 환경에서 발생할 수 있는 병균들을 없애고 있다. ㈜나라바이오텍은 생명과학의 기초가 되는 고품질 실험동물, 신뢰를 바탕으로 생명 공학의 발전을 위한 고품질 서비스로 여러분을 지원해 드릴 것을 약속한다.◯

오은하

이화여자대학교 국어교육학과에서 석·박사 학위를 받았다. 수원대학교 교양학부 객원 교수 직을 거쳐 지금은 이화여대, 경인교대, 세종대, 경기대에서 국어교육론, 독서교육론, 작문교육 론, 국어과 교육과정 및 평가, 사고와 표현 등을 강의하고 있다. 최근 논문은 「다문서의 텍스트성에 대한 교육적 고찰」, 「디지털 텍스트 탐색 과정에서 나타나는 고등학생 독자들의 읽기 행동 분석」, 「성인의 어휘 능력 조사 결과 분석－어휘 등급과 응답자 수준 비교를 중심으로」, 「통합적 국어교육의 내용 마련을 위한 예비 교사의 언어 활동 인식 분석－듣기, 말하기, 읽기, 쓰기에 대한 은유 분석을 중심으로」 등이 있다. 공동 번역서로 『독서 교육의 이론과 실제를 위한 독서심리학』이 있다.

이화연구총서 33

디지털 시대, 학생 독자들은 다문서를 어떻게 읽는가?
탐색·통합·비판 중심의 읽기 교육을 위하여

초판 1쇄 인쇄 2024년 2월 15일
초판 1쇄 발행 2024년 2월 28일

지은이 오은하
펴낸이 이대현
편집 이태곤 권분옥 임애정 강윤경
디자인 안혜진 최선주 이경진 | 마케팅 박태훈 한주영
펴낸곳 도서출판 역락 | 등록 1999년 4월 19일 제303-2002-000014호
주소 서울시 서초구 동광로46길 6-6 문창빌딩 2층(우06589)
전화 02-3409-2060(편집부), 2058(영업부) | 팩스 02-3409-2059
전자우편 youkrack@hanmail.net | 홈페이지 www.youkrackbooks.com

ISBN 979-11-6742-675-8 93370